CAROLINE FAILLET

WEB3, LA NOUVELLE GUERRE DIGITALE

REPRENDRE LE POUVOIR AUX GÉANTS DU NUMÉRIQUE

DUNOD

Éditorial : Innocentia Agbe, Vincent Langlois

Fabrication : Bertrand Thévenot

Mise en page : Nord Compo

Conception de couverture : Studio Dunod

Maquette intérieure : Marion Alfano

Illustrations intérieures : Agata Frydrych

11 rue Paul Bert, 92240 Malakoff

www.dunod.com

ISBN 978-2-10-084585-9

Sommaire

PARTIE 2
LA NOUVELLE GUERRE DIGITALE

PARTIE 3
SCÉNARIOS DE RECONQUÊTE DANS LE WEB3

PARTIE 4
SE PRÉPARER ET ADAPTER SA STRATÉGIE DIGITALE

Préface

La question de l'autonomie technologique n'est pas nouvelle. Depuis le plan Calcul initié sous la présidence du général de Gaulle, les velléités d'affranchissement de la France – mais aussi de l'Union européenne – des technologies américaines ont été à peu près constantes. L'épopée du Minitel ne répondait pas à autre chose : l'idée de construire une infrastructure numérique qui puisse être portée à l'échelle nationale puis exportée de sorte à créer *ex nihilo* une industrie cybernétique française a été une quasi-obsession tout au long des années 1960.

L'épilogue du plan Calcul est connu : la suprématie de TCP/IP sur toute autre forme de système d'infrastructure de transport et d'inter-compatibilité informatique va s'avérer totale. En particulier, ce qui va en surprendre plus d'un, c'est l'avènement de l'industrie informatique au détriment de celle des télécommunications – particulièrement lorsque l'on observe combien cette dernière avait fait l'objet de tous les soins de la part des gouvernements européens. Certes, il y aura des succès comme le GSM, qui deviendra une norme hégémonique à la fin des années 1990, mais la réalité de la décennie 2020 est cruelle : elle voit une nation, les États-Unis, prendre un leadership presque intégral sur un secteur économique et industriel qui tire désormais la croissance mondiale. Ainsi, la seule industrie des microprocesseurs pèse en 2021 sensiblement plus lourd que l'ensemble du secteur de l'énergie, qui a pourtant été central à l'économie du XXe siècle. À cet égard, la faiblesse de l'analyse stratégique européenne interpelle. Avec le recul de l'histoire, il devient évident que de très nombreux arbitrages n'ont pas été particulièrement perspicaces. À commencer par le choix du Minitel et d'un réseau synchrone (RNIS) par rapport à Cyclades et à sa technologie en paquets, si avancée par rapport à tout ce qui existait à l'époque. Mais aussi le choix de s'en remettre à des acteurs très centralisés comme Alcatel, Siemens ou Bull, entreprises au sein desquelles l'innovation devait passer par des processus hiérarchiques laborieux, incrémentaux et systématiquement liés à des politiques industrielles décidées en haut lieu.

La force des États-Unis aura été dès le départ, en raison de contraintes militaires, de chercher à mettre en place un système décentralisé. Si la recherche et les premières infrastructures de transport ont été financées par des fonds fédéraux, très vite ce sont des acteurs de toutes natures, petits et grands, qui choisiront de développer des offres totalement nouvelles, qu'il s'agisse des mini-ordinateurs, bientôt suivis des micro-ordinateurs, ou encore des disques durs, des environnements graphiques, des jeux vidéo…

Ce qui caractérise avant tout cet écosystème, c'est tout à la fois le temps long et la culture de l'innovation : une culture finalement unique faite de sciences fondamentales, de confrontation décontractée… Trente-cinq ans après ses premiers grands succès, cet écosystème reste, il faut l'avouer, presque inimité. Bien entendu, il a aussi su engendrer ses propres démons. Ainsi, partie du mythe de l'autonomie et de la décentralisation, la technologie numérique a en réalité fait émerger des entreprises aux architectures ultra-centralisatrices, en particulier en ce qui concerne la data, et qui ont été et sont encore aujourd'hui sources de très nombreux abus. Néanmoins, cette culture alternative et hippie, qui a été à l'origine de la Silicon Valley, n'a pas entièrement disparu. Elle a réussi à surmonter tous les aléas qu'ont représentés l'argent facile, l'efficacité des lobbyistes technologiques travaillant pour les méta-plateformes à Washington, la domination des modèles d'affaires à base de publicité, la mauvaise foi évidente des grandes plateformes vis-à-vis des externalités négatives qu'elles génèrent…

En effet, cette culture a réussi à se maintenir sur de nombreux plans, en particulier dans les écrits des intellectuels californiens comme Noam Chomsky, Margaret O'Mara, Sebastian Thrun, Jaron Lanier… Elle prêche la décentralisation, l'autonomie et des rapports équilibrés entre les agents. En 2009, un événement en particulier démontra combien cette philosophie est restée vivace au travers de l'émergence de la blockchain, inventée par un inconnu se dissimulant sous le pseudonyme de Satoshi Nakamoto.

Ce pseudonyme ne laissa en réalité personne vraiment dupe du fait que cet individu n'est probablement pas japonais, du moins pas japonais vivant et travaillant au Japon. Pour beaucoup d'observateurs, son inventeur ne peut être que californien, tant l'invention de la blockchain répond aux mythes les plus fondateurs de la culture technologique californienne : l'absence de confiance préalable (ce que l'on appelle les technologies *permissionless*), un niveau de décentralisation hors du commun et une gouvernance algorithmique censée éviter de nombreux biais que peuvent avoir les agents humains. On retrouve dans ses caractéristiques les énoncés mêmes de théorèmes qu'ont en leurs temps mis en avant des acteurs comme Claude Shannon ou, beaucoup plus tard, différents penseurs de la vallée.

Tout cela n'est évidemment pas passé inaperçu. Ceux-là mêmes qui avaient accompagné l'avènement du Web 1.0 puis du Web 2.0 (Marc Andreessen…) se sont réveillés et ont décidé d'investir des dizaines de milliards de dollars dans ces nouvelles technologies que sont les *smart contracts*, les DAO (*decentralized autonomous organizations)*, les NFT ainsi qu'auxiliairement les métavers, les environnements augmentés, etc.

À maints égards, on assiste à une répétition des phénomènes que l'on avait connus à la fin des années 1990 et aux alentours des années 2007-2008, juste avant la grande crise financière : des investissements débridés, sans aucun rapport avec la réalité économique, mais suscités par l'espoir de gains magiques que seule la technologie aurait prétendument rendu possibles.

La récente crise du secteur technologique, initialement due à la déstabilisation des marchés financiers, n'épargne évidemment pas le Web3. Les NFT en particulier, connaissent un effondrement que seule semble égaler la crise de 2000. Nombreux sont les sceptiques qui se réveillent et en profitent pour démolir à tout va l'ensemble du discours relatif à cette nouvelle ère. Les décideurs et influenceurs européens ne sont pas en reste : aussi bien dans des hebdomadaires français de premier plan que dans les quotidiens londoniens, on se moque des investisseurs qui avaient cru être plus malins que les autres. Pourtant au-delà de l'infortune de ces investisseurs de la première vague du Web3, il serait regrettable de ne pas percevoir combien ces technologies sont une opportunité, une opportunité en particulier pour l'Europe.

Car l'Europe, comme chacun sait, a raté les deux premières grandes vagues d'Internet et se retrouve reléguée en position de suiveur par rapport aux États-Unis et à la Chine. Pourtant l'histoire nous enseigne qu'elle ne se répète pas. Et l'histoire de la technologie ne cesse de nous démontrer que les points d'inflexion sont extrêmement nombreux. Ainsi, dans les architectures informatiques, l'on est passé de dispositifs très centralisés, avec les *mainframes* (ordinateurs centraux), à des systèmes décentralisés, avec la micro-informatique, qui se sont recentralisés avec le cloud et que le Web3 propose de redécentraliser.

Or il est vraisemblable que nous soyons désormais à un point d'inflexion très singulier. D'une part donc l'avènement du Web3 et d'autre part, contrairement à ce qu'avait affirmé John Perry Barlow dans sa « déclaration d'indépendance du cyberespace », la prise de conscience que le développement pérenne d'une nouvelle forme de société passe par une relation d'interdépendance entre l'innovation et la régulation. Or, à cet égard, l'espace européen est incontestablement en avance sur toute autre entité – État ou union. Les mises en place du règlement général sur la protection des données (RGPD) et, plus récemment, du Digital Service Act (DSA) et du Digital Markets Act ont été presque unanimement saluées par les observateurs du monde entier. La question ou plutôt les questions que pose le Web3 concernent la façon dont nous devrions interagir avec ces technologies. Le régulateur va-t-il chercher à leur donner toute la place à laquelle elles peuvent prétendre, faciliter l'établissement de contrat au sein de la blockchain ou, comme on pourrait le craindre, va-t-il vouloir que le contrat s'établisse au-dessus de la blockchain, celle-ci ne devenant dans ce cas-là qu'un événement transactionnel, la preuve en elle-même se situant à l'extérieur de la blockchain, dans une administration ou chez un notaire ? On conçoit combien cette question semble technique et finalement éloignée de grands enjeux principiels de droit. Mais elle résume finalement assez bien les arbitrages auxquels nous faisons face. Je peux me tromper mais il me semble que les États ou les unions qui demain parviendront à réussir le mieux seront ceux qui auront compris le potentiel extraordinaire de technologies dont le niveau de sophistication est tel qu'il permet d'éviter les risques de domination des individus et de centralisation des données.

Le potentiel est immense : c'est celui de nouvelles formes d'interactions entre les usagers d'une part et les offres de services publics et sociaux d'autre part. C'est le fait de réussir à développer des services dans lesquels l'on aurait spontanément confiance et qui permettraient une beaucoup plus grande inclusion économique et sociale aussi bien dans les pays développés que dans les pays en développement. Pour ceux qui en doutent, l'exemple du Bitcoin reste édifiant : une technologie qui permet de réaliser une transaction et de stocker de la valeur à une échelle globale, qui existe depuis désormais plus d'une décennie sans avoir jamais à aucun moment vu son infrastructure remise en cause. Une telle technologie, au-delà de ses défauts de jeunesse, recèle une puissance transformative immense.

Comprendre ce potentiel est essentiel pour tracer une perspective technologique et politique du monde qui vient ; c'est la vertu de ce livre *Web3, la nouvelle guerre digitale*, qui décortique avec une grande aisance les dynamiques qui sous-tendent le Web3. C'est à cet égard que cet ouvrage est à recommander, aussi bien aux entrepreneurs qui souhaitent développer une start-up qu'aux décideurs publics. D'autant plus qu'il est bien possible que la révolution numérique connaisse dans les années à venir une accélération qui n'aura rien de comparable avec tout ce que nous avons vécu jusqu'à présent.

Gilles BABINET
Entrepreneur du Web
Coprésident du Conseil national du numérique

Introduction

Imaginons un instant. Monsieur Michaud est depuis peu l'heureux propriétaire d'un trois-pièces avec balcon dans une magnifique résidence de cent cinquante appartements donnant sur un parc boisé, à une dizaine de minutes en tramway d'une grande métropole. Une situation rêvée pour couler une paisible retraite. L'assemblée générale des copropriétaires est prévue dans deux mois, et déjà les propositions d'ordre du jour lui donnent le tournis ; il a cependant la ferme intention de s'impliquer et de veiller au mieux à ses intérêts. Au programme, notamment : le ravalement de la façade, inévitable bien qu'une partie des propriétaires s'y opposent, et les arbres, qui pour certains doivent être taillés et pour d'autres plantés, mais il n'y a de consensus ni sur les tailles à appliquer ni sur les essences à sélectionner. De plus, les résidents les plus âgés s'opposent à ce qu'on autorise des fêtes dans le parc ; le local à poussettes est vétuste, et certains pensent qu'il faut le transformer en parking à vélos électriques alors que d'autres préféreraient simplement le rénover ; comme une clôture a été vandalisée, certains copropriétaires considèrent que la priorité absolue est l'installation de caméras de vidéosurveillance, ce qui serait pourtant illégal. Enfin, de nombreux documents sont demandés par le notaire, des simulations d'emprunt tardent à venir des banquiers, tandis que certains copropriétaires ne payent pas leurs charges et que le syndic n'a toujours ni actualisé ni envoyé les documents nécessaires. Il faudrait d'ailleurs en changer, mais qui pour s'en occuper ?

Monsieur Michaud est dépassé par l'ampleur de la tâche mais, par chance, son petit-fils Arthur lui propose une aide salvatrice. Depuis son iPhone dernier cri, il crée un groupe Facebook des copropriétaires pour fluidifier la discussion avec le conseil syndical. Google et YouTube lui permettent de trouver en un temps record des informations précieuses sur la forme et la robustesse des arbres ou la légalité des caméras de surveillance dans un espace privé, sans parler de divers modèles de documents légaux. Arthur lui déniche aussi un comparatif entre différentes banques et lui montre que son syndic est fort mal noté sur Google par ses clients avec seulement 2,6 étoiles sur 5 ! Amazon lui propose des écrans antibruit qui permettraient d'atténuer le tumulte de fêtes dans le parc, ainsi qu'un nouveau modèle de clôture plus solide et à un prix imbattable. Avant de partir, Arthur saisit un compte-rendu de l'ensemble de ces trouvailles sur Pages d'Apple pour son grand-papa pour le moins impressionné et rassuré.

Qu'il est doux et bon de vivre dans le monde d'Arthur où toutes les vicissitudes du quotidien sont balayées d'un clic ! Les « Gafam » (Google, Apple, Facebook, Amazon et Microsoft) sont nos meilleurs amis. Nos meilleurs amis, vraiment ? Car, finalement, nous nous apercevons que ces Gafam, nos complices de tous les jours, sont devenus en quelques années, et de loin, les entreprises les plus riches et les plus puissantes du monde alors que, dans le même temps, les petits commerces en bas de la résidence ont fermé les uns après les autres. Il ne reste plus que le coiffeur et le boulanger. La supérette et la maison de la presse ne sont plus que de vieux souvenirs, devenus de petits entrepôts pour le *quick commerce*, celui qui nous propose de nous livrer nos courses urgentes en moins de 10 minutes. Un monde pas si doux. D'ailleurs, le groupe Facebook de la résidence a dû se confronter au problème des nombreux utilisateurs qui tenaient des propos déplacés sur les locataires du 3e étage, mettant à mal la bonne entente dans la résidence – il a donc fallu le fermer… Depuis qu'Arthur est allé voir les caméras sur Google Shopping, Monsieur Michaud est sans cesse démarché par e-mail et par téléphone par des sociétés de télésurveillance. En outre, il n'a jamais réussi à convertir le document Pages d'Arthur en un fichier Microsoft Word qu'il puisse lire sur son ordinateur Dell, tant les deux géants ont tout mis en œuvre pour que nous restions dans leur giron. À bien y réfléchir, Monsieur Michaud sent que les superpouvoirs de son petit-fils le rendent tout à la fois puissant et minuscule, libre et manipulé…

Et pourtant, Internet est né d'une promesse grandiose, celle de la réalisation du vieux rêve philosophique d'une langue universelle, en rendant possible la communication instantanée et quasiment gratuite entre tous les habitants de la planète. La période héroïque du Web, dans les années 1960 et 1970, avait rassemblé des militaires, des passionnés d'informatique, des universitaires ; l'échange de fichiers d'un ordinateur à l'autre grâce à un protocole commun avait représenté une vraie aventure. En 1984, Apple lançait le Macintosh 128K, à l'aide d'un spot publicitaire réalisé par Ridley Scott. Dans un univers inspiré d'Orwell, on y voyait une jeune athlète lancer un marteau sur l'image géante d'un dictateur en train d'hypnotiser une foule d'hommes grisâtres[1]. La marque à la pomme utilisera souvent le langage de la subversion dans sa publicité. En 1997, des célébrités comme Gandhi, Einstein, Picasso ou Lennon nous invitaient ainsi à « penser différemment » en achetant des ordinateurs. En 1998, deux étudiants de l'université de Stanford créaient le moteur de recherche Google. Six ans plus tard, c'était un étudiant de Harvard qui fondait un réseau social universitaire qui sera baptisé Facebook. Trois ans après, Steve Jobs, de retour dans l'entreprise qu'il avait fondée, lançait le premier iPhone. Une époque où les acteurs du marché se nommaient AltaVista, Netscape, IBM, MySpace, Friendster, Windows Live Messenger, Blueberry, Nokia ou encore Yahoo!, qui nous semble aujourd'hui remonter à la préhistoire.

Tout s'est depuis mille fois consolidé et concentré autour de quelques entreprises majeures : dans le monde occidental et au-delà, les points d'entrée d'Internet se sont désormais resserrés sur Facebook (sa filiale Instagram comprise) et Google (à travers son moteur de recherche et sa filiale YouTube). Google domine à la fois le marché de la recherche en ligne et le marché du système d'exploitation des smartphones avec Android. Quant à Amazon, il est lui-même devenu un moteur d'achat et une place de marché colossale, ainsi que le premier fournisseur de *cloud computing*. Microsoft reste de son côté le leader des suites bureautiques. Les fermes de serveurs informatiques sont devenues les poumons de nos sociétés, grâce auxquels nous travaillons, nous nous déplaçons, nous nous amusons, nous faisons des rencontres. Les Gafam sont devenus des colonnes vertébrales de nos vies, l'équivalent de services publics, fournisseurs d'une nouvelle énergie, celle de l'information et des données, partout et à toute heure.

1. www.dailymotion.com/video/xkpkd0.

Sauf qu'ils ne sont pas au service du public… mais bien de leurs actionnaires et de leurs annonceurs. Leurs profits faramineux naissent d'une position de surplomb sur le monde réel. Ils sont les guichetiers, les arpenteurs et les gérants d'un nouveau territoire, le cyberespace, où le temps, les échanges et la richesse s'accélèrent comme jamais. Ce sont aussi de fiers pirates : tous sont régulièrement condamnés à des amendes stratosphériques pour abus de position dominante, faille dans la protection des données, fraude fiscale, pratiques anti-concurrentielles… Nous voilà revenus à 1984, et la jeune athlète au marteau pourrait faire à nouveau irruption pour briser cette domination de ces « disrupteurs », qui sont devenus les nouveaux trusts de l'économie mondiale, bien plus riches et puissants que les Rockefeller et autres Carnegie en leur temps.

Qui tiendra le marteau ? Car l'image à briser n'est plus celle d'un despote aux lunettes fumées, ni d'un homme d'affaires arrogant cigare au bec, mais celle de services tous plus cool les uns que les autres, d'innovation, de jeunesse, de connexion permanente et illimitée, de services, de musiques variées et d'images colorées, de likes et de vidéos. Tout est gratuit ou presque, car les Gafam tirent une bonne partie de leurs revenus d'un ciblage publicitaire sans précédent et de la revente des données de leurs utilisateurs. À lui seul, Google dispose de plus d'informations sur la population humaine de ce début de XXIe siècle que tous les gouvernements réunis. Il connaît nos achats, nos craintes, nos fantasmes, nos rires, nos déplacements, nos souvenirs. Il nous connaît mieux que nous-mêmes, et les recherches dans la petite barre blanche sont devenues le baromètre du moral et des obsessions de nos sociétés, de même que les posts sur Facebook ou Twitter, qui étalent au grand jour la face ordinairement cachée de la nature humaine et enferment chacun dans ses préjugés, faisant tanguer les démocraties et la souveraineté des nations. Les Gafam ne sont pas un État dans l'État, mais un État au-dessus des États, et ses dirigeants parlent d'égal à égal avec les présidents et les premiers ministres. Alors que ceux-ci gouvernent des citoyens, les Gafam règnent sur l'économie des comportements.

Revenons à la copropriété de Monsieur Michaud et aux multiples intérêts divergents de ses cent cinquante copropriétaires. Monsieur Michaud est d'une génération où l'on accepte sans sourciller qu'une multitude d'acteurs extérieurs centralisent, complexifient et ralentissent inévitablement la gestion au quotidien : le notaire, le banquier, le syndic, l'avocat, etc. Parions qu'Arthur, lors de sa prochaine visite, prédira à son grand-père la fin de cette organisation surannée et lui parlera de l'avènement d'un nouveau monde, le Web3. Il lui présentera sans doute une application Web3 permettant de se passer du syndic afin de transformer sa résidence en une gigantesque coopérative : les décisions organisées simplement par une DAO (*decentralized autonomous organization*, organisation autonome décentralisée), les contributions des uns (tâches administratives, taille des arbres, aménagement du hall d'entrée…) au bon fonctionnement de la copropriété récompensées par des « tokens », les incivilités des autres sanctionnées par des retraits de tokens également, ces mêmes jetons donnant droit à des privilèges pour disposer de plus de pouvoir de décision et bénéficier d'accès réservés au parking ou de la privatisation du parc… Derrière cette application Web3, c'est la « blockchain » qui, au moyen d'algorithmes précis, inscrira les préférences, les privilèges, les interdits, les engouements de la petite communauté et permettra d'aligner les intérêts complexes des copropriétaires dans le respect de chacun. Gageons que tout cela paraîtra surréaliste à Monsieur Michaud.

Mais je n'ai pas écrit ce livre pour Monsieur Michaud : pour lui, c'est encore trop tôt, beaucoup trop tôt. Un peu comme si j'avais essayé de lui expliquer dans les années 1980 en quoi Internet allait bouleverser son quotidien. J'ai écrit ce livre pour les dirigeants et les entrepreneurs qui ont les clés entre les mains et les coudées franches pour façonner ce nouveau monde qui se trame, afin de faire de lui un futur souhaitable.

Dans ce livre, je veux raconter que, si la domination des géants du numérique semble achevée, un alignement salvateur de deux planètes pourrait pourtant nous en débarrasser – du moins en partie.

La première planète est celle de la contestation du business model des géants du Web, qui se fait de plus en plus au détriment de tous les autres acteurs économiques et de la liberté individuelle. La lune de miel semble bien terminée entre l'utilisateur, lassé des scandales à répétition, les entreprises, appelées à leur responsabilité dans l'exploitation des données, et les géants, attaqués par les coups de boutoir de la réglementation européenne.

La seconde planète est celle d'une révolution technologique majeure, celle du Web 3.0, Web3 pour simplifier, qu'on pourrait presque appeler Web 1.2 tant il souhaite renouer avec les origines égalitaires du réseau. Ce Web nouvelle manière rêve d'anéantir l'État-Gafam suspendu au-dessus de nos sociétés : grâce à des inventions aux noms barbares comme la blockchain, les NFT, les tokens, il pourrait nous conduire à sortir de l'ère des Gafam et faire émerger un Internet à nouveau décentralisé, conçu pour les sociétés et les citoyens plutôt que pour un oligopole. Ce Web3 est celui de l'autonomie – il a été pensé par des libertariens, des anarchistes surdoués et passionnés de cryptographie, vue comme une « cape d'invisibilité », un moyen d'être et d'agir par soi-même, loin de toute autorité. La vague n'affecterait pas que les géants du numérique, mais tous les grands tiers de confiance qui sont les piliers de l'ordre socio-économique : banques, multinationales, notaires, experts, etc.

Dans ce nouveau monde, la valeur et la confiance qui transitent par Internet ne sont plus fabriquées, échangées et affectées par quelques institutions majeures, mais réparties horizontalement entre tous les maillons de la chaîne, dans un registre infalsifiable créant du consensus. Nos réseaux sociaux se gèrent tout seuls, sans ciblage publicitaire, l'argent comme réserve de valeur est échangé de gré à gré via des cryptomonnaies, sans passer par les banques. Plus fort encore, les fichiers numériques, qui se dupliquaient à l'infini, sont rendus uniques par des clés d'authentification, qu'il s'agisse d'un acte de vente, d'un clip ou d'un tableau. Tout tient dans une formule : digitalisation de la valeur, valorisation du digital.

Mais les Gafam et autres BATX[2] ne vont pas se laisser déposséder de leur emprise sur nos vies et voudront détourner ou infléchir ce Web3 pour qu'il serve leurs intérêts, à l'intérieur d'un métavers finissant par absorber notre intégrité même. Sans y prendre garde, nous pourrions

2. BATX est un sigle désignant Baidu, Alibaba, Tencent et Xiaomi, les quatre plus grandes entreprises technologiques en Chine, souvent comparées aux Gafam.

tous, entreprises et citoyens, glisser dans un monde immersif orwellien où nos opinions et nos décisions seraient dictées par les algorithmes des géants. Pour ne pas subir mais plutôt façonner le monde que nous souhaitons pour nos enfants demain, il est temps de reprendre le pouvoir sur cette dimension qu'est le cyberespace, dans ce *momentum* qu'offre le Web3.

Alors, qui va mener cette nouvelle guerre digitale ? Les États ? Les citoyens ? Ou bien les entreprises ? Pour les États, il se fait de plus en plus pressant d'endiguer les effets collatéraux de la domination des géants du Web et de reprendre le pouvoir sur les champs qui touchent à leur souveraineté. Ou, plutôt, pour *certains* États, dans la mesure où la Chine et les USA ont allié leur puissance souveraine à leurs champions digitaux pour mieux contrôler le monde. Ainsi, nous verrons dans une première partie que l'Europe ne compte pas parmi ces puissances qui ont mis la technologie au service de leur hégémonie, devenant au contraire une *colonie numérique*, mais qu'elle revendique une vision alternative salutaire pour nos libertés. Nous constaterons également que, loin de réussir leur transformation en devenant elles-mêmes des champions digitaux ou même de résister à la montée en puissance de ces géants, les entreprises européennes ont préféré les alliances avec les Gafam. Dans une seconde partie, nous comprendrons que, au-delà de son aspect technologique, le monde numérique a toujours en réalité été modelé par la force des usages ; après deux vagues d'*empowerment*[3], c'est désormais entre les mains du citoyen que réside le pouvoir de combattre les Gafam. Dans une troisième partie, nous décrirons comment la reconquête pourrait s'opérer et libérer de leur prison dorée les entreprises et les consommateurs. Enfin, dans une quatrième et dernière partie, nous fournirons aux entreprises les armes pour s'emparer de cette opportunité et renforcer leur leadership numérique face aux géants du Web tout en offrant un avenir désirable aux prochaines générations.

Entrons donc dans ce nouveau monde.

3. Comme nous le verrons au chapitre 4, Internet a en effet permis au citoyen-consommateur de mieux s'informer (Web 1.0) et de mieux se mobiliser et dénoncer (Web 2.0).

PARTIE 1

LES BATAILLES PERDUES DE LA SOUVERAINETÉ NUMÉRIQUE EUROPÉENNE

Que signifie reprendre le pouvoir aux géants quand on se situe au niveau des États ? C'est le concept de souveraineté numérique défini en 2019 dans un rapport sénatorial comme « la capacité de l'État à agir dans le cyberespace », « condition nécessaire à la préservation de nos valeurs ». Commençons par un état des lieux de la façon dont les États ont défendu leur souveraineté numérique, voire utilisé les technologies pour renforcer leur puissance, avant d'étudier les solutions que l'Europe met en œuvre pour livrer bataille aux plateformes. Nous finirons cette première partie en explorant la manière dont les entreprises européennes ont résisté aux géants et tiré parti des technologies pour préserver leur autonomie stratégique.

CHAPITRE 1

Qui sont les maîtres du cyberspace ?

Executive summary

• **Le cyberespace est une nouvelle dimension** qui doit être considérée comme un territoire de conquête, hors du territoire national, pour les décideurs publics comme pour les entreprises.

• **Cette dimension est généralement décomposée en trois couches :** la couche physique, la couche logicielle et la couche cognitive.

• **Les géants numériques d'aujourd'hui** sont ceux qui ont entrepris d'occuper et de dominer ces trois couches.

• **Des alliances et complicités avec leur État respectif** ont permis à ces acteurs d'être encore plus puissants et à ces gouvernements de préserver leur souveraineté numérique.

• **Ces alliances constituent également de nouveaux modèles de société :** le cybercapitalisme américain et la cybersurveillance chinoise.

Tout se passe comme si nous avions, avec le cyberespace, découvert une nouvelle dimension, à l'instar des débuts de l'aviation ou des grandes flottes de navires, quand le ciel et les océans devinrent soudainement des espaces d'échanges, de télécommunications et de guerre, rebattant les cartes de la puissance économique et politique, imposant de nouvelles régulations. L'essayiste libertarien John Perry Barlow le revendiquait même dès 1996 : « Gouvernements du monde industriel, vous géants fatigués de chair et d'acier, je viens du cyberespace, le nouveau domicile de l'esprit. [...] Vous n'êtes pas les bienvenus parmi nous. Vous n'avez pas de souveraineté où nous nous rassemblons[4]. »

Ce nouvel espace se décompose classiquement en trois couches : la *couche matérielle ou physique* (serveurs, câbles, box, ordinateurs, téléphones), la *couche logicielle* (systèmes d'exploitation, applications) et la *couche cognitive et informationnelle* (données et traitement des données). La première couche matérielle pourrait encore à la rigueur être contenue dans les frontières physiques des États et relever de leur autorité. Les deux autres n'y tiennent plus : les logiciels tout comme les données ignorent les frontières, et donc les lois en vigueur selon les territoires et les peuples concernés. En fonction de la couche considérée, les dominations varient, les alliances changent, les frontières se dessinent de façon inattendue. Le cyberespace a peu à voir avec l'espace physique ordinaire, ni même avec l'espace géopolitique en vigueur.

La rivalité sino-américaine pour la couche physique

L'infrastructure la plus méconnue et pourtant la plus cruciale d'Internet est le réseau de câbles sous-marins qui tapissent le fond des océans – plus d'un million de kilomètres ! – par lequel transite la quasi-totalité du trafic. Contrairement à ce qu'on pourrait imaginer, ces câbles sont

4. Barlow J. P., « Déclaration d'indépendance du cyberespace », février 1996 (editions-hache.com/essais/barlow/barlow2.html).

à présent majoritairement possédés ou gérés par les géants du numérique eux-mêmes[5], créant des situations de dépendance et de domination sans précédent, notamment dans les pays qui n'ont pas d'autres options comme ceux du continent africain[6]. Mondiale, la rivalité se joue principalement entre les États-Unis et la Chine. L'infrastructure spatiale d'Internet est également un enjeu stratégique et commercial énorme et où États-Unis et Chine sont déjà en place, contrairement à l'Europe. Cette infrastructure présente l'avantage de s'affranchir des frontières mais également des câbles. Elon Musk a pris une grande avance avec Starlink et l'utilise déjà à des fins géopolitiques en Ukraine. Mais bien sûr l'enjeu commercial pour lui est d'abord la mobilité connectée, à commencer par la voiture mais aussi au-delà, avec l'Internet des objets (ou IoT, *Internet of Things*).

Les conflits autour des infrastructures de la 5G ont été beaucoup plus médiatisés. Cette technologie constituera la base de l'infrastructure nécessaire pour accueillir l'intelligence artificielle, la télématique, les voitures connectées, les *smart cities*. Le champion mondial est le chinois Huawei, avec une supériorité technique et une présence mondiale pour diffuser ses innovations et accompagner les opérateurs dans le déploiement de la technologie. Mais, en 2019, le président Donald Trump a placé le géant chinois sur liste noire, interdisant aux entreprises américaines toute collaboration avec lui. Le fabricant de smartphones est ainsi devenu le symbole de cette guerre pour la suprématie technologique. En novembre 2021, Joe Biden persiste et signe, en faisant voter une loi, le *Secure Equipment Act*, qui empêche d'accorder toute licence pour les équipements réseau de Huawei et ZTE (une autre multinationale chinoise) sur le marché américain.

Les enjeux qui gravitent autour de cette couche physique sont clairs. C'est là que se joue la bataille des normes, car celui qui produit les standards est celui qui domine rapidement le marché des outils (serveurs et terminaux). Pour s'en convaincre, il suffit de constater qu'aujourd'hui

5. Depuis janvier 2020, Google possède ainsi Dunant, un câble transatlantique.

6. Lire notamment l'article d'Ophélie Coelho, « Câbles sous-marins : les nouveaux pouvoirs des géants du numérique », Institut Rousseau, 26 août 2020.

les normes d'Internet sont américaines, ou sous l'influence d'une gouvernance dominée par les USA[7] : noms de domaine, protocoles TCP/IP, standards d'accessibilité et de qualité du Web, etc.

À partir de la couche physique se joue aussi l'accès à la couche de services. Si un vendeur de câbles loue du débit, il l'échange aussi contre un accès aux données des clients. Cela est imbriqué dans la deuxième couche, la couche logicielle. On peut le comprendre si l'on se souvient de l'époque où les ordinateurs étaient équipés par défaut du système d'exploitation Windows, sans alternative possible. Cependant, si le Congrès américain n'a pas réussi à démanteler Microsoft, il a au moins réussi à imposer la possibilité d'utiliser un autre navigateur que le sien, ce qui a permis l'émergence de Firefox ou de Chrome. En effet, la couche physique ne doit pas être un avantage compétitif exorbitant pour dominer la couche logicielle.

Le dernier enjeu est celui de l'espionnage au travers des équipements et des outils. On touche directement à la problématique de la souveraineté, par exemple avec les craintes des autorités américaines concernant une 5G « made in China ». Les « portes dérobées[8] » peuvent être présentes partout, au point que la NSA elle-même estime qu'il ne serait pas « professionnel » de ne pas en placer quelques-unes sur la blockchain ! Le matériel n'est jamais pur et vierge, il est toujours configuré pour un certain type d'utilisation, qui inclut très volontiers les indiscrétions.

La convergence autoritaire sur la couche physique

Même couche du cyberespace, mais autres acteurs, et autres relations. La Russie comme la Chine partagent la volonté de créer un Internet souverain. Côté chinois, les autorités ont été tentées de créer une

7. Voir à ce propos Bloch L., « L'Internet, vecteur de puissance des États-Unis », Diploweb.com, 2017 (www.diploweb.com/-L-Internet-vecteur-de-puissance-des-Etats-Unis-.html).

8. Dans un logiciel, une porte dérobée est une fonctionnalité inconnue de l'utilisateur légitime qui donne un accès secret au logiciel. (Source : Wikipédia.)

coupure technologique, de fabriquer leurs propres standards. Elles ont finalement opté pour un entre-deux, le fameux « Grand Firewall de Chine », un Internet filtré par construction, qui offre des passerelles avec le reste du monde, mais doté d'une capacité de contrôle verticale, forte et rapide, fondée sur des infrastructures *ad hoc* sans équivalent dans le monde. Contrairement à la philosophie buissonnante d'Internet, tout échange est centralisé. Cette position de force permet aux autorités chinoises de couper à volonté YouTube, Twitter ou toute autre plateforme étrangère. À partir du moment où, moyennant cette muraille, elles ont décidé de rendre leur pays compatible avec l'Internet mondial, elles ont eu la stratégie inverse : faire du lobbying dans les instances de gouvernance du Web pour essayer d'imposer un protocole beaucoup plus centralisé. L'Europe et les démocraties ont fait barrage, refusant cette balkanisation du Web, impliquant des réseaux souverains et une capacité pour les gouvernements centraux d'exercer un contrôle vertical de l'architecture TCP/IP.

La Russie raconte une autre histoire. Les autorités russes ont souvent manifesté leur volonté de faire scission avec l'Internet mondial, pour des raisons politiques, notamment dans le cadre d'un projet de loi sur la souveraineté numérique en 2019. L'Internet russe, Runet, comprend la couche réseau et la couche logicielle, avec le moteur de recherche Yandex, créé en 1997, un an avant Google, ainsi que le réseau social russe Vkontakte, créé en 2006. Un système d'exploitation mobile est également en chantier depuis 2015. Notons au passage que l'Europe, malgré quelques tentatives, n'a jamais réussi à offrir de telles alternatives à ses populations…

Tout porte pourtant à penser que la Russie n'aura jamais les moyens techniques de créer un Internet « à la chinoise », une sorte de « rideau de fer » d'Internet. À la faveur du conflit ukrainien, qui va pour longtemps étrangler l'économie et couper le pays de l'Occident, ce qui se dessine est plutôt une alliance stratégique avec la Chine, sous la forme d'un partenariat technologique pour la mise en place de la 5G. L'idée serait de profiter de cette nouvelle génération de réseaux pour mettre en place une architecture plus centralisée et plus contrôlée, une muraille numérique et un contrôle du cyberespace. Le paradoxe étant que, pour assurer cette souveraineté, la Russie a massivement recours à la Chine, qui est pour elle, comme pour beaucoup d'autres pays autoritaires, un véritable modèle en matière de sécurité et de surveillance.

Chine et Russie se rejoignent également dans leur militantisme dans les arcanes de la gouvernance du Web, l'ICANN (Internet Corporation for Assigned Names and Numbers) ou le GAC (Governmental Advisory Committee), ainsi que dans les forums et autres espaces de négociation de toutes les normes du Web. Elles ont ainsi défendu auprès de l'ICANN l'idée que les noms de domaines devaient s'écrire dans un alphabet autre que l'alphabet latin. C'est une victoire à leur actif, puisqu'on peut désormais avoir des noms de domaine en écriture cyrillique, chinoise ou arabe, entre autres.

Ces deux nations convergent sur la volonté de contrôle du citoyen, notamment au travers de la reconnaissance faciale, qui est le parfait exemple d'une convergence de la couche physique, les millions de caméras de surveillance existantes et de la couche cognitive, avec le recours à l'intelligence artificielle et une puissance de calcul colossale, toutes deux nécessaires pour analyser les images. Malheureusement, la guerre en Ukraine n'a fait qu'encourager cette volonté de surveillance totale de la société russe.

« Splinternet » ou cyberduopole ?

Pour toutes ces raisons, la probabilité d'un développement parallèle de réseaux Internet séparés, d'un « splinternet[9] » ou d'une « cyberbalkanisation », n'est pas nulle. Il s'agirait d'une fragmentation d'Internet pour des raisons politiques, par des moyens technologiques permettant d'ériger des murailles virtuelles. L'universitaire Milton Mueller évoque le risque d'une stagnation technologique et économique qui s'ensuivrait. Les rivalités géopolitiques seraient telles au niveau de cette couche physique qu'elles pourraient conduire à la réalisation de quatre visions différentes du Web,

9. Terme utilisé en 2001 par un chercheur américain du Cato Institute, Clyde Wayne Crews (le verbe anglais *splinter* signifiant « se briser en éclats »).

celle de la Chine, des États-Unis, de la Russie et de l'Union européenne, avec des règles et des fonctionnements distincts pour chacun. L'âge de l'Internet global et ouvert serait alors derrière nous.

Si l'on en venait, par exemple, à imposer des *clouds* souverains à tous les acteurs chinois ou américains désireux de travailler avec les entreprises françaises ou européennes, ce qui supposerait qu'ils se plient aux conditions européennes d'hébergement des données, on commencerait à avoir un Web européen structurellement différent du Web chinois centralisé par le gouvernement, mais aussi très différent du Web nord-américain, caractérisé par une liberté totale dans l'utilisation des données personnelles, le seul critère étant le profit.

Il est fascinant d'imaginer que ces quatre visions du monde pourraient ainsi se matérialiser en quatre internet différents. Ce serait un tournant majeur dans l'histoire du cyberespace, et donc du XXIe siècle. Le scénario intermédiaire serait celui d'un duopole, dans lequel les Américains, de plus en plus échaudés par les dérives du ciblage publicitaire, des positions dominantes et de l'exploitation des données (aussi bien légale qu'illégale), s'inspireraient du modèle européen de protection des données. Même le Congrès américain commence à se rendre compte de l'omnipotence des Gafam : le règlement européen RGPD[10] inspire certains États américains comme la Californie avec le California Consumer Privacy Act (CCPA). Symétriquement, pour les raisons qu'on a données, se dessinerait une convergence russo-chinoise. Nous aurions donc un « cyberduopole » constitué d'un bloc démocratique libéral et d'un bloc autoritaire.

Peut-on y échapper ? En l'espèce, il est fort peu probable que ces régimes de surveillance s'assouplissent : les effets de réseaux fonctionnent également très bien pour les systèmes policiers. La donnée alimente la donnée et son efficacité globale. Si bâtir une société sur le contrôle par les données peut heurter nos opinions européennes, il en va différemment dans des pays en développement et sans tradition démocratique qui ne voient dans la technologie que les progrès en termes de bien-être social, d'amélioration de la santé, de lutte contre la fraude ou l'insécurité.

10. Pour règlement général sur la protection des données, applicable depuis le 25 mai 2018.

En Chine, la limitation autoritaire du temps passé par les enfants sur les jeux vidéo est un exemple frappant de cette prophylaxie sociale, qui décrète qu'un jeune doit surtout étudier et faire du sport[11]. Un certain patriotisme peut se cristalliser autour de ces promesses, qui relèguent à l'arrière-plan les questions essentielles pour nous des droits humains, de la liberté ou de la vérité. Ces questions sont clairement évacuées au profit d'enjeux de grandeur nationale et d'ordre public.

Quêtes de souveraineté dans la couche logicielle

Côté logiciel, la Russie tout comme la Chine ont développé une offre maison des sites Web et applications les plus répandus, pour échapper à la domination américaine et assurer leur souveraineté.

Les logiciels russes sont nés d'une libre initiative, et la pression actuelle en faveur d'un Internet souverain se heurte à des résistances du secteur privé, qui n'y a aucun intérêt. Certains ingénieurs russes ont préféré de ce fait partir à l'étranger, bien avant le conflit ukrainien et la fuite des cerveaux massive qu'il a déclenchée, ce qui renforce les doutes quant à la capacité de ce pays de développer une souveraineté numérique à la chinoise, tant il s'isole et manquera des compétences nécessaires, sans parler des composants électroniques et des collaborations scientifiques internationales. Au niveau de la couche logicielle, la Russie connaît donc un certain échec dans sa tentative de faire émerger un équivalent souverain des Gafam occidentaux.

La Russie conserve néanmoins un vrai savoir-faire en matière de cybersécurité (le géant Kaspersky est par exemple une société russe) et de manipulation des médias, héritage de l'époque soviétique, ce qui laisse à penser qu'elle va réinvestir ces savoir-faire dans la couche informationnelle.

11. Richaud N., « Les jeunes Chinois ne pourront jouer plus de 3 heures par semaine aux jeux vidéo », *Les Échos*, 30 août 2021.

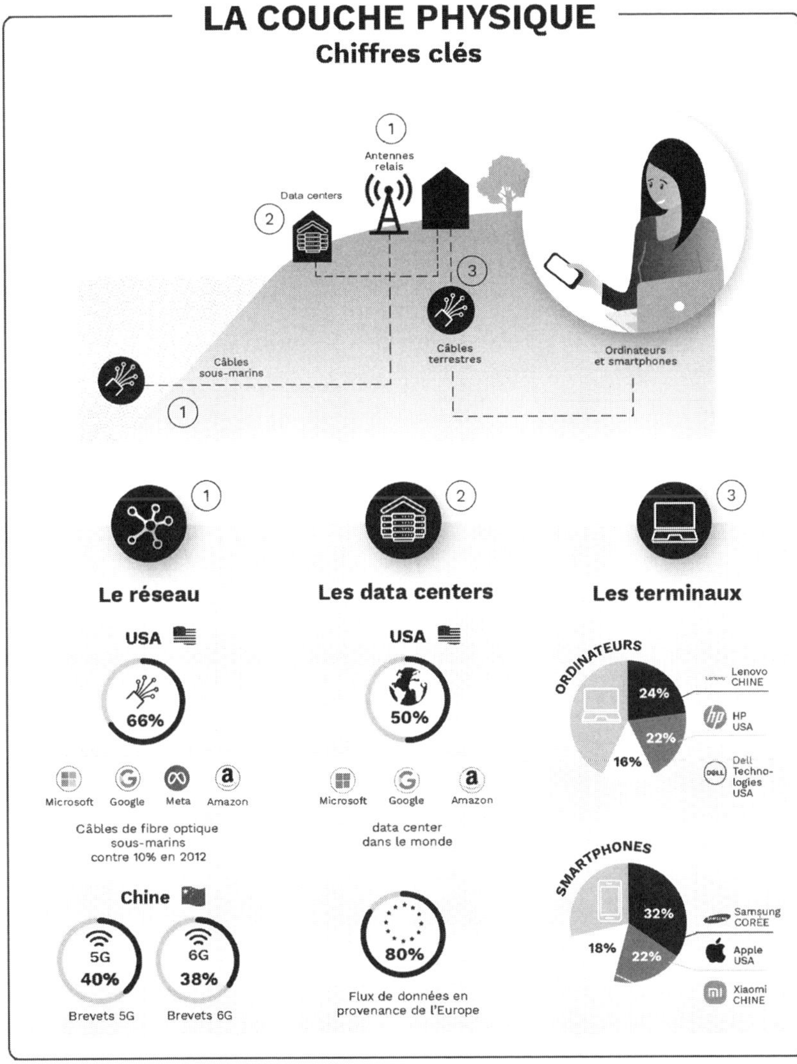

Figure 1.1 – *La couche physique : chiffres clés*

La Chine, au contraire, consent à des investissements énormes dans ce domaine. Elle a créé son propre système d'exploitation en 2014, elle développe des logiciels extrêmement sophistiqués de reconnaissance faciale et des solutions de *big data* pour gérer ce projet politique sans précédent qu'est le crédit social, dont nous reparlerons. Cette intégration civilo-militaire ne laisse rien au hasard. La Chine théorise une sorte de « techno-nationalisme » dans lequel l'approche étatique du développement techno-industriel est le meilleur moyen de garantir la sécurité nationale. Ce qui est recherché, c'est l'alliance entre une compétitivité technologique et un statut international, qui explique le revirement stratégique et l'ouverture sur le monde de certaines entreprises chinoises, comme en témoigne le succès de l'application TikTok, qui rivalise à présent avec Facebook, Instagram ou Snapchat, après avoir été dopée par le rachat de musical.ly, elle-même née à Shanghai en 2014. C'est la première fois qu'un réseau social chinois se développe au niveau international avec une telle envergure, et sans doute pas la dernière. On assiste donc à une double stratégie : d'un côté, développer économiquement le pays avec des technologies à haut potentiel permettant de damer le pion aux États-Unis et, de l'autre, réduire le fossé technologique militaire, où la Chine souffre d'un vrai retard par rapport à son grand rival.

Les autorités américaines, quant à elles, sont dans une position ambivalente tout à fait singulière. Les stratèges américains ont très tôt compris l'intérêt des données collectées par les Gafam. La NSA a stocké des milliards d'informations dans ce but, comme l'ont montré les documents révélés par le lanceur d'alerte Edward Snowden (toujours réfugié en Russie…). Certes, ces données les aident à lutter contre le terrorisme et à assurer la sécurité nationale. Mais cette justification ne tient plus quand cela les conduit à espionner les téléphones des dirigeants de pays amis comme le Brésil ou la France. Il s'agit dès lors d'un instrument de domination géopolitique. On ne peut oublier que les Gafam, dès le départ, ont toujours coopéré avec les autorités américaines, qui les ont en retour financés[12]. Nous ne sommes pas loin d'une intégration civilo-militaire à la chinoise, même si elle n'est pas aussi assumée et revendiquée. Si les Gafam sont dans le collimateur et que l'on envisage leur démantèlement, ce ne sera

12. Cela a encore été récemment le cas, avec les projets Maven, Jedi (Joint Enterprise Defense Infrastructure) ou Rekognition, impliquant Microsoft et Amazon. Voir Brewster T., « Project Maven : Amazon And Microsoft Scored $50 Million In Pentagon Surveillance Contracts After Google Quit », *Forbes*, 8 septembre 2021.

pas pour des raisons « éthico-démocratiques », à l'européenne, mais économiques, à l'américaine, afin d'éliminer leurs monopoles et assurer les conditions d'une vraie concurrence. Les bénéfices pour les consommateurs et les bénéfices pour les entreprises seront mis en regard.

C'est pourquoi certains contestent l'acronyme Gafam, en faisant valoir qu'on ne peut mettre dans le même sac un fabricant de téléphones et d'applications comme Apple, qui se présente comme un protecteur de la vie privée de ses utilisateurs, un réseau social comme Facebook, qui va de scandale en scandale concernant son utilisation des données, et un moteur de recherche comme Google, qui rend un service sans équivalent en échange d'un ciblage publicitaire purement commercial. Mais, si l'on se place du point de vue américain, celui de la concurrence libre et non faussée, les cinq sont bel et bien comparables. Tous ont des plateformes ou des applications qui verrouillent l'accès au marché et avantagent leurs propres offres et solutions. Google, Facebook et désormais Amazon et LinkedIn (Microsoft) dominent le marché mondial de la publicité en ligne et font barrage à tout nouvel entrant. Google et Apple prennent des commissions très élevées dans leurs boutiques d'applications, tandis que, sur sa marketplace, Amazon fait subir une rude concurrence aux vendeurs qu'il héberge…

La préoccupation première des autorités américaines, à savoir les situations de monopole, n'est donc pas la même que celle des Européens, qui s'inquiètent des risques pour les individus et la démocratie. Pour les Américains, maîtres du *soft power*[13], la collecte d'informations via le cyberespace leur fournit des atouts bien trop utiles pour la gestion de leurs relations avec leurs partenaires et, *in fine*, pour leur domination géopolitique.

13. Le *soft power* se définit par la capacité d'un État à influencer et à orienter les relations internationales en sa faveur par un ensemble de moyens autres que coercitifs (menace ou emploi de la force), procédés qui relèvent pour leur part du *hard power*, ou pouvoir de contrainte. (Source : vie-publique.fr.)

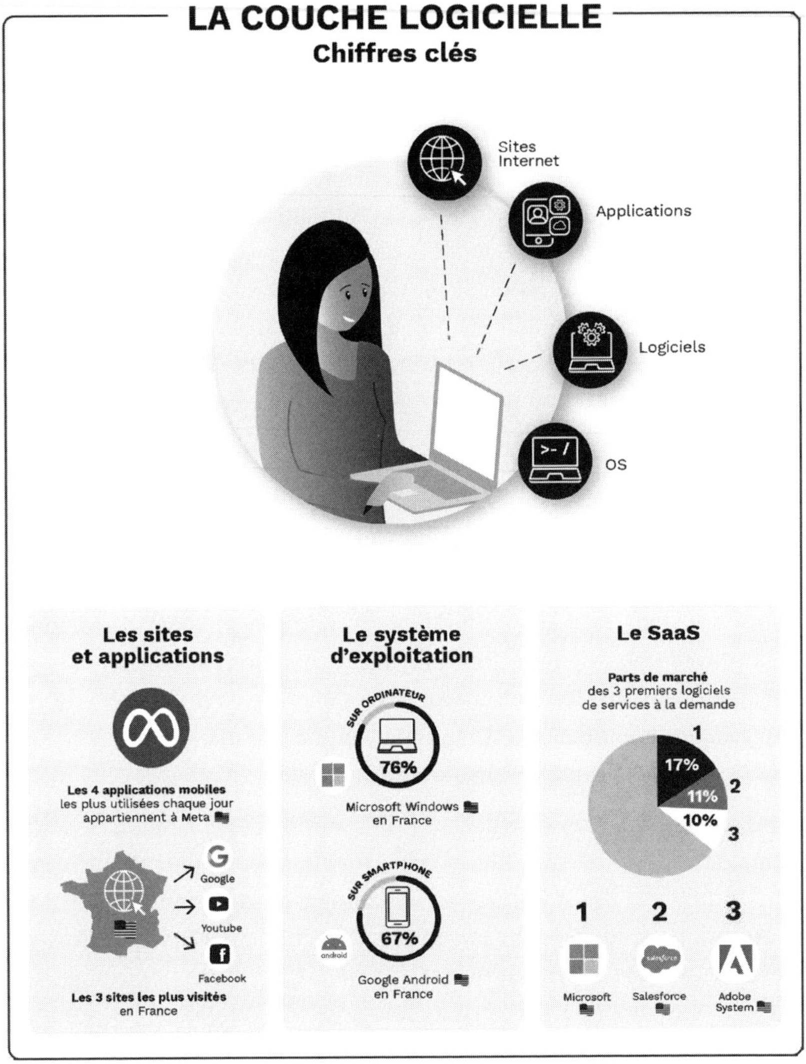

Figure 1.2 – *La couche logicielle : chiffres clés*

L'emprise chinoise sur la couche cognitive et informationnelle

La Chine est sans doute le pays qui est allé le plus loin dans la maîtrise de cette troisième couche du cyberespace. Si l'on ne dispose pas, comme pour la Russie, d'une doctrine affirmée sur cette question, l'idée générale découle d'une tradition chinoise de guerre hybride. Dans *La Guerre hors limites*, les colonels Qiao Liang et Wang Xiangsui défendent une conception très extensive de la guerre : « La "guerre par ordinateur" et la guerre "de l'information" au sens étroit sont deux choses totalement différentes. La première désigne les différentes formes de guerre qui sont rehaussées et accompagnées par l'informatique, alors que la seconde désigne principalement une guerre où l'informatique est utilisée pour obtenir ou détruire des renseignements[14]. » Le contrôle de l'information constitue par excellence un moyen d'influence, une tactique de « défense active » par laquelle on augmente la capacité de perception de la situation du cyberespace, toujours dans l'objectif de sauvegarder la sécurité nationale et la stabilité sociale. À travers l'information et la maîtrise technologique se joue la survie du régime par un contrôle efficace dans tous les domaines. La séparation privé/public est bien fragile : toutes les entreprises chinoises sont tenues de collaborer avec le gouvernement dans la gestion des dissidences, mais aussi dans celle des couches informationnelles. Si la page Facebook de la chaîne étatique CGTN affiche en France 20 millions d'abonnés, soit davantage que *Le Monde* et *le Figaro* réunis, ces chiffres sont en réalité gonflés et masquent un déficit d'audience pour des contenus qui visent à endoctriner, à valoriser les succès du régime à l'international et à dénoncer l'ingérence occidentale en Chine. En la matière, la réussite de la république populaire est nettement moindre que ce qu'a pu réaliser la Russie. En revanche, depuis 2021, la Chine a renforcé son arsenal de *hacking* en engageant de multiples cybercriminels à qui est sous-traitée la stratégie de hacking[15].

14. Qiao L., Wang X., *La Guerre hors limites*, Payot & Rivages, 2006.

15. Dont B., « Comment la Chine sous-traite son hacking », *Korii.*, 10 septembre 2021.

En échange de leur aide pour s'emparer de technologies étrangères, l'État autorise ces groupes de hackers à continuer tranquillement leurs activités criminelles. Nous retrouvons ainsi l'analogie avec les corsaires, qui travaillent dans l'illégalité pour les représentants de la légalité…

Le chantier le plus spectaculaire est évidemment celui du crédit social individuel, sorte de notation sociopolitique du comportement de chaque individu, inspiré des « permis à points » octroyés par certaines villes aux travailleurs chinois migrants, ainsi que des points de fidélité distribués par le site marchand Alibaba, l'équivalent chinois d'Amazon. Celui-ci avait mis en place un système de détection des mauvais payeurs, avec bonus et malus pour l'obtention de crédits (*scoring*). À partir de 2014, le gouvernement chinois s'en est emparé, aidant l'entreprise à financer un système bien plus large, puisque le crédit social évalue la capacité à honorer un crédit, mais aussi le comportement global, les opinions exprimées, le civisme, le respect de l'ordre, avec des sanctions possibles touchant la capacité à voyager, à emprunter de l'argent ou encore à trouver un travail[16]. Même les étrangers sont évalués et peuvent être expulsés du pays[17]. Les entreprises étrangères doivent obtenir un code de crédit social unifié à dix-huit chiffres pour leurs employés, afin que les autorités chinoises puissent enregistrer les infractions et déclencher des sanctions.

À ces informations sur le comportement des individus s'ajoutent des informations issues de la génomique. Le crédit social se complète donc d'un « génome social » comme nouvel outil de surveillance de masse, notamment grâce aux techniques de séquençage ADN de la société américaine Thermo Fisher Scientific. Cette évolution permet aux autorités chinoises de renforcer encore leur système de surveillance de masse, en particulier auprès des minorités ethniques tibétaines et ouïghoures. Elles recueillent des échantillons de sang d'hommes et de garçons dans l'ensemble du pays afin d'établir la cartographie génétique de centaines de millions d'individus.

16. Pedroletti B., « En Chine, le "crédit social" fait passer les devoirs avant les droits », *Le Monde*, 16 janvier 2020.

17. Mirgalet C., « Crédit social chinois : les entreprises, mêmes étrangères, sont concernées », *Les Échos*, 7 novembre 2019.

Cette combinaison entre analyse comportementale et signature génétique est redoutable et assure une mainmise politique totale sur la population, une « citoyenneté à points ». Une société entièrement surveillée et policée, à un degré de perfectionnement inédit, excluant toute incertitude et toute imprécision, émerge sous nos yeux. Ce déterminisme absolu, qui nous rebuterait, exerce au contraire une fascination auprès d'une partie de la population chinoise aspirant à une ascension sociale et prête à se conformer aux normes sociales en vigueur. Le respect de la vie privée et le maintien d'une part d'incertitude dans le jeu social apparaissent, par comparaison, un luxe pour Européens aisés. C'est une forme de « souveraineté », de capacité à s'autodéterminer qui est promise à chacun par cette maîtrise de la couche informationnelle. D'autres pays ont investi dans ces solutions chinoises de totalitarisme technologique : l'Équateur, le Zimbabwe, le Pakistan, le Kenya ou encore les Émirats arabes unis[18].

Le capitalisme de l'attention

Cette couche informationnelle nous conduit à distinguer un capitalisme de surveillance de type chinois ou russe, fondé sur le contrôle social, d'un capitalisme de l'attention de type américain, fondé sur la revente des données personnelles. Ce capitalisme de l'attention cherche certes à analyser les comportements et à établir des prédictions, mais à des fins commerciales et a priori non politiques. Cela n'a néanmoins pas empêché les États-Unis d'investir activement le cyberespace comme un nouvel espace d'influence et de pouvoir, comme le révèle l'*International Strategy for Cyberspace* de 2011[19], document officiel fondé sur trois piliers (défense, développement économique et diplomatie), qui préfigure un *cyberpower* s'ajoutant au *soft* et au *hard power*.

18. Burgel T., « Comment la Chine exporte son "État-surveillance" », *Korii.*, 1er mai 2019.

19. Disponible à l'adresse suivante : obamawhitehouse.archives.gov/sites/default/files/rss_viewer/international_strategy_for_cyberspace.pdf.

L'objectif des Gafam, incarnation du modèle américain, est de disposer du maximum de données sur le consommateur pour savoir exactement ce qu'il va consommer, et comment il va le consommer. Le filet qui est déployé ne l'est plus seulement sur le comportement en ligne, mais aussi sur le comportement réel, les déplacements, les actes. Plus les Gafam accumulent de données sur le consommateur, plus ils peuvent les revendre à des annonceurs. C'est le principe du ciblage publicitaire : Google et Facebook sont essentiellement des agences publicitaires – et même les plus grandes ayant jamais existé. Elles pourront à terme réaliser le rêve de tout annonceur : établir un lien de causalité entre l'exposition à une publicité et un comportement d'achat, en ligne ou dans la vie réelle, puisqu'un acteur comme Google peut analyser les déplacements en offrant un guidage GPS gratuit et performant comme Waze. Déjà, Google peut non seulement inciter à l'achat, vérifier que l'achat a été réalisé, mais aussi fournir la solution de paiement pour cet achat. L'enjeu est de maîtriser tout le « tunnel » qui va de la publicité à l'achat, et ainsi de se rendre incontournable pour les vendeurs. Google a ainsi nommé « surplus comportemental » toutes les informations permettant de prédire les façons d'être, voire de modeler certaines convictions.

Cela dit, la frontière entre visées purement commerciales et exploitation politique ou électorale est poreuse aux États-Unis. Il suffirait de pas grand-chose pour qu'un système comme le crédit social chinois, né justement d'un opérateur privé, puisse connaître sa déclinaison américaine. Si l'on voulait conditionner le versement de l'*Obamacare* à une hygiène de vie saine, ce qui pourrait intéresser les assureurs et les autorités de santé, il suffirait de le demander à Google, pour qui la vie privée est toute relative et la surveillance un mal nécessaire pour atteindre plus de confort, de plaisir et de sécurité[20]. À la limite, avec un acteur comme Google à la manœuvre, on pourrait se passer des lois, les algorithmes suffiraient au maintien de l'ordre social et du jeu économique. Les moyens sont là et l'opacité de l'algorithme fait qu'en cas d'accusation il pourra toujours se défausser. Un tel univers informationnel, relayé par l'Internet des

20. Kerdellant C., *Dans la Google du loup*, Plon, 2017.

objets (IoT), permet de passer d'une logique d'obligation de moyens (faire du sport pour bénéficier d'un bonus chez son assureur) à une d'obligation de résultat (améliorer effectivement son état de santé sous peine de sanctions).

L'attention est quant à elle devenue une mine d'or à exploiter, l'art de la capter, la « captologie », une vraie science, régulièrement dénoncée par des « repentis » de Google ou Facebook. Ces alertes s'accumulent, qu'elles viennent de Chamath Palihapitiya ou de Sean Parker, respectivement ancien vice-président et ex-président de Facebook, ou de Tristan Harris, ancien employé de Google et fondateur du think tank *Center for Humane Technology*[21]. Les failles du cerveau humain, l'addiction au jeu et à la récompense, la quête de reconnaissance et d'approbation sont systématiquement exploitées par des algorithmes pour conserver le plus longtemps possible l'utilisateur en ligne et le faire interagir. Ce qui n'était qu'un business model ultra-rentable est devenu un problème de société touchant l'éducation, la morale, l'estime de soi, le lien social, surtout pour les plus jeunes qui sont les plus influençables. On sait que, dans la plupart des pays industrialisés, le recours à la chirurgie esthétique explose chez les 18-35 ans[22], tandis que l'obésité et les problèmes de concentration se banalisent dangereusement, résultats de milliers d'heures passées devant les écrans[23].

Le jeu se déroule à deux niveaux, celui du contenant c'est-à-dire l'interface, qui se veut la plus amusante et chatoyante possible (*scrolling*, likes, interactions permanentes), et celui du contenu, où il va s'agir d'enfermer les utilisateurs dans des univers de sens redondants, de prioriser des messages et contenus en tous points conformes à leurs goûts et opinions, ce qu'on appelle des « bulles de filtres » ou bulles informationnelles. Les résultats des recherches sur Google ou Facebook peuvent être très différents en fonction de l'internaute qui fait la requête. Un tel dispositif

21. Piquard A., « Tristan Harris, l'ex-ingénieur qui veut empêcher la technologie de "dégrader l'humain" », *Le Monde*, 24 avril 2019.

22. Nasi M., « Le boom de la médecine esthétique et ses risques chez les 18-35 ans », *Le Monde*, 3 mai 2022.

23. Vincent C., « Enfants : les écrans font grossir », *Les Échos*, 16 juillet 2021.

peut aller jusqu'à « surconfirmer » les opinions préexistantes et polariser les utilisateurs. C'est ainsi que YouTube, propriété de Google, est soupçonné depuis plusieurs années d'inciter à cliquer vers des contenus toujours plus radicaux, afin d'augmenter le temps de présence sur la plateforme. Fin 2021, la lanceuse d'alerte Frances Haugen, ex-employée de Facebook, a révélé que l'entreprise sous-investissait dans la modération des contenus qu'elle héberge, surtout en dehors des États-Unis, et qu'elle a longtemps étouffé des rapports internes sur les effets nocifs de sa filiale Instagram sur les adolescents[24].

Les suites juridiques de ces scandales sont très incertaines. Toujours est-il que certaines de ces entreprises-nations ont atteint une telle puissance technologique et financière qu'elles peuvent prétendre de façon crédible à assurer les missions de l'État, et cela mieux que l'État. Elles empiètent clairement sur son domaine régalien, par exemple battre monnaie (comme l'ambitionnait le projet Libra de Facebook, que l'on développera plus loin), assurer la santé (Amazon Care) ou maintenir l'ordre et la sécurité (logiciel de reconnaissance faciale Rekognition d'Amazon, localisation en cas d'attaque terroriste sur Facebook). C'est ici que la souveraineté classique est le plus frontalement menacée.

La Russie et la guerre informationnelle

La Russie est dans une tout autre situation économique, technologique et géopolitique que les États-Unis. Les autorités russes ont compris qu'elles avaient un retard considérable dans la guerre d'influence, notamment depuis le premier conflit en Ukraine de 2014. Le traitement médiatique de cette guerre par les Européens et les démocraties occidentales les a convaincues de se doter d'outils permettant de reprendre la main dans

24. Leloup D., Reynaud F., « "Facebook Files" : pour le réseau social, deux mois de tourmente médiatique et politique », *Le Monde*, 8 novembre 2021.

l'opinion publique. Conforme à la « doctrine Gerasimov » de guerre hybride[25], la couche cognitive, à la fois physique et informationnelle, est fondée sur la manipulation des populations.

Compte tenu de leur histoire et de leur longue familiarité avec la *dezinformatsiya* (désinformation), les Russes sont passés maîtres dans l'art de mêler piratage, *fake news*, trolls, faux comptes et même *astroturfing*, c'est-à-dire l'art de contrefaire des mouvements d'opinion, de fabriquer des milliers de partages sur le réseau ; l'invasion de l'Ukraine en 2022 n'a d'ailleurs pas fait exception, puisque Facebook et Twitter ont été bannis de Russie dès les premiers jours du conflit.

Le gouvernement russe entretient des collaborations étroites avec le milieu des hackers, dans une zone grise entre légalité et illégalité où prime la raison d'État. C'est grâce à cela que, dès avant l'entrée en guerre et la mise en œuvre des contre-mesures correspondantes, la force de frappe russe pouvait créer le chaos dans le cyberespace de n'importe quelle démocratie.

La Russie s'est appuyée sur trois piliers pour alimenter cette guerre informationnelle. Le premier est le *hacking*, la capacité de pirater des données, de diffuser des informations à travers le *dark Web*, de faire un chantage aux données personnelles ou encore de paralyser des serveurs pour obtenir des rançons (via des *ransomwares*).

Le deuxième pilier est la contre-propagande, ou encore la « réinformation », qui prétend offrir une information alternative à celle des « médias dominants », autrement dit occidentaux. C'est le cas de la chaîne Russia Today (RT), créée en 2005, et du site Spoutnik, qui fournissent une « contre-actualité » insistant sur les doutes, les ambiguïtés et les controverses, relayant les opinions les plus extrêmes, filmant avec complaisance les tensions et les fractures sociales des sociétés occidentales. La meilleure audience de la filiale française a d'ailleurs été réalisée après l'acte VIII de l'épisode des Gilets jaunes, avec plus de 760 000 visiteurs uniques. Ces médias directement financés par le pouvoir russe ne sont pas marginaux : avec 135 millions de visites en

25. Valeri Gerasimov, chef d'État-major de l'armée russe, formule cette doctrine en 2013.

septembre 2020, Russia Today avait dix fois plus d'audience que les quatre sites de France 24[26]. Elle était présente dans dix-huit pays[27]. Logiquement, ces médias ont été interdits dans la plupart des pays occidentaux peu après l'invasion en Ukraine – mais pour combien de temps ?

Le troisième pilier de ce *soft power* russe est incarné par les « fermes à trolls ». Le « troll », c'est cet internaute qui crée la polémique et le conflit sur les forums, cherchant à provoquer de toutes les manières possibles, à attiser les passions, ou tout simplement à saturer un site Internet. Les « fermes à trolls » sont quant à elles des structures qui permettent d'amplifier des mouvements de viralité sur les réseaux, donc de simuler des mouvements d'opinion notamment lors des périodes électorales, à coups de vidéos, de hashtags, de *punchlines* et de *fake news*. Cette amplification est produite par des logiciels spécialisés, dits de « persona management », utilisant de faux profils disposant de faux comptes. Une « ferme à trolls » est donc un mélange « de travailleurs du clic » et de programmes dédiés. Le développement de l'intelligence artificielle ne pourra qu'amplifier ce type de manipulation et de contrôle des populations, à mesure que les « deep fake », ces vidéos plus vraies que nature, reconstituées à partir de photos d'individus, se démocratiseront.

Par leur écrasante domination sur les couches physique, logicielle et cognitive, Chinois et Américains ont fait émerger des monstres monopolistiques qui, en moins de dix ans, ont délogé des podiums boursiers les champions de l'énergie, de la pharmacie et même de la finance. Cette domination des géants du numérique montre que la souveraineté des États n'est pas qu'un enjeu militaire et que nous entamons une guerre économique qui se joue aux trois niveaux du cyberespace. Sans pour autant parvenir aux mêmes résultats en matière de souveraineté, la Russie a su tirer parti de ces nouvelles armes pour installer sa propre capacité d'influence dans le monde occidental

26. Audinet M., « Pourquoi comparer RT et France 24 n'a pas de sens », *La Revue des médias*, 23 novembre 2020.

27. Rodier J., « Comment Russia Today (RT) est devenue un outil d'influence internationale. Entretien avec Maxime Audinet », *La Revue des médias*, 22 octobre 2021.

sur la couche cognitive et informationnelle, encore aujourd'hui avec la censure liée au conflit ukrainien. Là encore, l'Europe semble ne plus avoir la main, et le péril est grand pour la préservation de notre autodétermination.

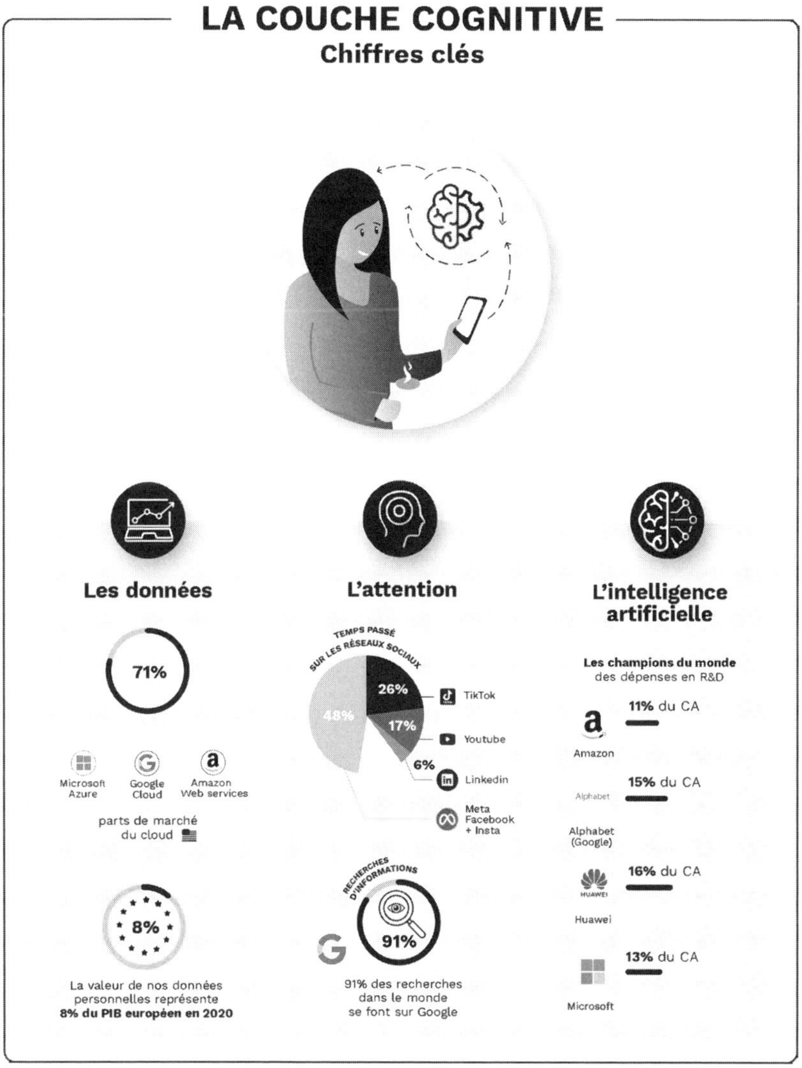

Figure 1.3 – *La couche cognitive : chiffres clés*

CHAPITRE 2

La vassalisation de l'Europe

Executive summary

• **Les géants du numérique s'appuient majoritairement sur un modèle de plateforme** (site ou application) qui met en relation des utilisateurs et des marchands ou des annonceurs sur un marché.

• **Ces plateformes sont gratuites pour les consommateurs** ; leur modèle est fondé sur la captation de données sur les utilisateurs, permettant l'optimisation du service ou le ciblage publicitaire.

• **La position de plateforme dominante sur les marchés étouffe la concurrence,** ralentit l'innovation et met les acteurs européens en situation de dépendance : c'est le statut de « *gate-keeper* ».

• **Le business model fondé sur des algorithmes de ciblage nécessite toujours plus d'engagement de l'utilisateur,** entraînant des dérives comme la désinformation, la montée de la haine, l'addiction... qui ont des effets délétères sur l'humain et les démocraties européennes.

Il a fallu une crise sanitaire et une tragique entrée en guerre pour que les consciences s'éveillent au sujet de nos dépendances industrielle, énergétique et alimentaire, qu'il s'agisse de médicaments, de masques, de gaz ou de blé. À ces dépendances s'ajoute celle que nous subissons dans le domaine du numérique. Il faut s'en rendre compte, comme nous y invite la sénatrice Catherine Morin de Sailly en parlant de « colonisation numérique ».

The winner takes all

En bonne économie libérale, la concurrence doit être « libre et non faussée ». En d'autres termes, n'importe quelle entreprise doit pouvoir rivaliser avec ses concurrents. Les monopoles et les ententes sont proscrits – et ont été parfois sévèrement sanctionnés dans l'histoire économique – en tant qu'obstacles à la liberté d'entreprendre, à la capacité de proposer un meilleur produit ou un meilleur service. En matière d'économie numérique, la règle est toute autre, c'est celle du *winner takes all*, autrement dit : le gagnant rafle la mise. Grâce à une proposition dont la valeur est incomparable à celle de la concurrence et à une expérience utilisateur performante, la plateforme (site Web ou application mobile) gagne d'abord la bataille du trafic : elle attire la communauté d'utilisateurs la plus importante. Ensuite, elle bénéficie de la loi dite de l'« effet de réseau[28] », selon laquelle l'utilisation d'un bien ou service par de nouveaux utilisateurs augmente considérablement la valeur de ce même bien ou service.

Par exemple, Blablacar présente peu d'intérêt si le nombre de covoitureurs est faible ; en revanche, plus ses utilisateurs sont nombreux, plus la plateforme s'avère utile. L'effet de réseau rend rapidement le service incontournable et conduit à réduire drastiquement la valeur des concurrents, de moins en moins utilisés. Ce sont les premières

28. Selon Bob Metcalfe, inventeur d'Ethernet et fondateur de la société 3Com, la valeur d'un réseau est le carré du nombre de ses utilisateurs.

victimes des leaders numériques. Par exemple, les différents sites de livraison comme Uber Eats avec 51 % de parts de marché, Deliveroo, à 41 % et 6 % seulement pour Just Eat se livrent une guerre sans merci et ne laissent pas de place aux compétiteurs. Une fois devenue incontournable, la plateforme se fait « *gatekeeper*[29] » à l'encontre des autres entreprises, au sens où elle devient le point de passage incontournable pour pouvoir accéder aux marchés de multiples secteurs économiques.

Ce blocage de l'accès aux marchés a été théorisé par les Gafam, comme le montre la stratégie de « halo » chez Apple : acheter un iPad implique de recourir à iTunes, d'utiliser l'iPhone et son magasin d'applications dans un système fermé qui est une barrière hermétique pour les concurrents. Le rachat des concurrents (par exemple Instagram par Facebook) fait aussi partie de la stratégie de consolidation d'une position ultra-dominante. Dès lors, la capacité de nuisance ne concerne plus seulement les concurrents directs et le gagnant fait d'autres victimes dans son sillage. Il peut ainsi profiter de sa situation de monopole pour augmenter sa valeur sans rien dépenser : Facebook a par exemple attiré les contenus des marques et des médias sur son réseau et Google News a commencé à aspirer gratuitement le contenu de la presse, réduisant de fait les revenus publicitaires des médias traditionnels. Il suffit que Google choisisse de ne plus être l'hébergeur mais le fournisseur du contenu pour qu'un site de cartes géographiques ou un annuaire de commerces se fasse phagocyter. Ce fut le cas des concepteurs allemands de l'ancêtre de Google Earth, TerraVision, qui entrèrent en conflit avec Google de 2014 à 2017, avec une victoire finale du géant du numérique[30]. Le marché est également bloqué pour les développeurs, qui ne peuvent accéder aux données capturées par la plateforme pour construire un écosystème de services autour d'elle.

29. Un *gatekeeper* est un acteur capable d'empêcher l'accès à un marché ou un écosystème à d'autres entreprises.

30. L'histoire est racontée par la série *The Billion Dollar Code* (2021), disponible sur Netflix.

Une inégalité écrasante dans les termes de l'échange

La plupart de ces leaders reposent sur des plateformes dites « bifaces » : la gratuité leur attire un très grand nombre d'utilisateurs, tandis que cette audience est monnayée du côté des entreprises (publicité et/ou accès à la marketplace). En imposant aux fournisseurs de contenus les conditions d'accès à sa plateforme, le leader définit du même coup le niveau de ses bénéfices. Dans le secteur du tourisme, l'américain Booking est le *gatekeeper* de la réservation d'hébergement, rendant les hôteliers prisonniers des commissions. Thomas Richard, président de la plateforme indépendante Contact-Hôtel, expose ainsi le problème : « Nous devons payer une commission qui va de 15 à 25 % et qui s'applique qui plus est sur la TVA ! Sur une chambre à 99 euros, c'est l'équivalent de 16 euros que nous perdons[31]. » Par ailleurs, le système serait d'autant plus pervers que ces commissions seraient utilisées pour classer les chambres sur le site : « Ce sont souvent les hôtels qui payent le plus de commissions qui arrivent en haut de la liste, pas ceux qui sont les mieux notés par les clients[32] », conclut-il.

Face à ces plateformes dominantes, les fournisseurs ne sont pas seulement dépendants d'un canal de distribution – comme l'est l'industrie agroalimentaire avec les grandes surfaces alimentaires –, elles sont aussi victimes de l'algorithme. L'opacité du programme de sélection de l'offre dénature la concurrence et donne à ces plateformes un droit de vie et de mort sur leurs partenaires. En Europe, par exemple, Google n'a pas autorisé l'application JuicePass, développée par le géant de l'énergie Enel, à apparaître sur Google Play. JuicePass offrant une large gamme de services destinés à la recharge des véhicules électriques (recherche d'une borne de recharge, gestion de la recharge, réservation d'une borne...), elle était de fait en concurrence avec Google Maps, qui permet déjà la géolocalisation des bornes de recharge. En mai 2021,

31. « Tourisme : la fronde des hôtels contre les sites de réservation », TF1info.fr, 13 août 2021.

32. *Ibid.*

le régulateur italien a condamné Google à une amende de 100 millions d'euros pour abus de position dominante[33].

Le résultat est navrant : l'innovation ne stimule plus la libre concurrence, au contraire, elle est monopolisée par un acteur unique, de plus en plus puissant, qui ajoute à sa propre capacité de recherche celles de toutes les entreprises qu'il peut contrôler. Google s'est consolidé, tissant des liens toujours plus étroits entre ses différentes applications (Gmail, Waze, Google Maps, Earth, Docs, Suite, etc.) de façon à disposer d'une base de données unifiée sur ses utilisateurs, et contrôle aussi bien l'amont que l'aval de la chaîne de valeur. La politique d'innovation permanente en tous sens a laissé place à une consolidation de ce qui rapporte le plus, le ciblage publicitaire.

De la démocratie au chaos émotionnel

Les marchés économiques ne sont pas les seuls à subir les conséquences de cette révolution numérique : en dehors même de leur terrain naturel, les Gafam pèsent de plus en plus lourd sur le débat public et sur la structure même des démocraties. Tout s'est précipité en 2020, avec les élections américaines : pour la première fois, des plateformes comme YouTube, Twitter, Facebook ou Reddit ont commencé à supprimer des comptes affiliés au mouvement conspirationniste QAnon ; Twitter a en outre suspendu le compte de Donald Trump. Ce processus avait débuté avec l'insertion de messages d'alerte et d'appels à des précautions d'interprétation. Certaines plateformes avaient également ajouté de petites étiquettes sur les comptes Twitter russes et chinois de médias de cyberinfluence. Cette sortie d'une forme de naïveté ou de « neutralité technologique » est paradoxalement mal perçue et fait scandale au sein des communautés d'utilisateurs, qui considèrent que

33. « L'Italie inflige une amende de plus de 100 millions d'euros à Google pour abus de position dominante », France Info/AFP, 13 mai 2021.

les plateformes sont en train de basculer dans le « camp du bien », ce qui en l'espèce serait péjoratif…

Ces plateformes qu'on pouvait trouver trop laxistes se sont révélées capables de censurer le président des États-Unis ou de supprimer des comptes par dizaines de milliers. Est-ce que cela voulait dire que la liberté d'expression n'existait plus ? En Europe aussi, des voix se sont élevées pour se demander jusqu'où pouvait aller leur pouvoir de censure, comparable aux pouvoirs régaliens d'un État autoritaire. Si elles peuvent faire taire un président, ne peuvent-elles pas en faire ou défaire un autre grâce à leur maîtrise des algorithmes, en jouant sur les émotions pour manipuler l'opinion de la frange des indécis, souvent cruciale pendant les élections ?

Certes, le soutien médiatique apporté à un candidat n'est pas chose nouvelle. Mais la grande différence entre un média classique (journal, radio ou télévision) et un réseau social est que le premier est vertical, descendant et unilatéral, alors que le second est un émetteur-récepteur, capable d'adapter sa ligne éditoriale en fonction de l'émotion suscitée dans les commentaires de l'article, des likes ou des partages, ce qu'on appelle « l'engagement » de l'internaute. Le *mass media* traditionnel, doté d'un seul message, n'a pas cette capacité à connaître la réaction en temps réel de l'ensemble des lecteurs et à la faire « rebondir ». S'ils ne réagissent pas sur l'immigration, on teste l'insécurité, ou inversement… Des médias classiques comme *Le Figaro* ou *Le Monde* en viennent à ne pas choisir les mêmes titres pour leurs articles quand ils les publient sur Facebook, car ils savent qu'ils ne s'adressent pas à la même population, ou du moins que ce support ne suscite pas les mêmes réactions. Ces journaux ont supprimé la possibilité de faire des commentaires sur un article, ou l'ont réservée à leurs abonnés. Étant donné les difficultés de la modération, ils ont préféré d'emblée la sous-traiter aux plateformes des réseaux sociaux, où leurs contenus vont nourrir les algorithmes et davantage se propager.

Une véritable ingénierie sociale peut se construire avec ces outils-là, pouvant aller jusqu'à la manipulation des opinions. Facebook est régulièrement soupçonné d'interférences dans le processus électoral, sachant qu'il a véhiculé beaucoup de *fake news*, qui se répandent en moyenne six fois plus vite que les vraies informations ! On peut ajouter à ce tableau, comme on l'a vu précédemment, l'influence des organes d'influence étrangers comme Russia Today, qui se servent de Facebook ou de YouTube, instrumentalisés dans une forme de guerre hybride.

La logique économique percute de plein fouet les règles du débat politique : le but des plateformes étant de capter le maximum d'attention pour pouvoir revendre des données, ce n'est plus l'opinion juste et bonne qui compte, mais celle qui va faire réagir le maximum de monde, selon ces métriques de l'engagement que sont voir, « liker », partager, commenter. Le modèle économique consiste à transformer le plus possible cet engagement en données. De ce point de vue, la désinformation anarchique est plus efficace que l'information rigoureuse. La pente naturelle des réseaux sociaux les conduit vers toujours plus de provocation, d'idées choquantes, voire de radicalité sociale ou politique.

Remettre en cause un modèle toxique

Tant que ce modèle économique ne sera pas changé, on ne résoudra pas le problème politique posé par les plateformes, dont l'activité est le ciblage publicitaire par la data, l'échange tacite d'un service contre des données. Les régulations ne changeront les choses qu'à la marge, car le modèle est intrinsèquement basé sur l'exacerbation de nos comportements. De *troll* on devient *hater*[34], de sensible aux *fake news* on devient complotiste, tel est le mécanisme de radicalisation. Il y a encore quelques années, Facebook ne se cachait pas de faire des expérimentations sur les émotions des internautes, car c'était la construction de son futur modèle publicitaire : plus de contenu négatif pour faire plus réagir. Quand les cibles se trouvent être des jeunes en phase de construction de leur personnalité, le risque est grand de générer dépression et envies de suicide. Cela interroge sur notre asservissement à ces outils.

34. *Hater* est un terme anglais désignant une personne qui, parce qu'elle déteste une personnalité (ou une chose), consacre beaucoup de temps à la dénigrer.

Il n'est pas pour autant question de critiquer l'idée même des réseaux sociaux : leur utilité sociale est indéniable, ils permettent de créer des communautés de savoir, de partage, d'entretenir des liens faibles, d'ouvrir des horizons, de développer la dimension de communauté sociale des entreprises. Rappelons toutefois que cette dimension n'a pas besoin d'un acteur comme Facebook, c'est-à-dire d'un algorithme de ciblage publicitaire. Au départ, la technologie est neutre. Mais le business model, lui, ne l'est pas. La collecte de données est acceptable, mais pas la façon dont ces données sont exploitées. Facebook pourrait exister sans ciblage par la data, il suffirait qu'il propose un service « freemium » à la LinkedIn : gratuité de base (sans ciblage publicitaire) et service payant pour des options plus performantes, des produits dérivés (albums photos, etc.) ou services aux entreprises. Une pizzeria pourrait ainsi payer 15 euros par mois pour constituer une communauté, sans subir les biais du ciblage publicitaire fabriqués par des algorithmes opaques. Un tel business model serait en revanche sans doute moins rentable et moins riche en données. Aujourd'hui, grâce aux *data management platforms*, s'ils croisaient leurs données, Google et Facebook parviendraient à une sorte d'omniscience sur la population mondiale, Russie et Chine exceptées. Les États et les sociétés payent très cher cette gratuité de façade. Un autre modèle aurait été possible, mais c'est le modèle de financement par le ciblage publicitaire qui a été « choisi » par le marché, modèle beaucoup plus contestable. Il n'y a à cela aucune fatalité.

Réglementation : *code is law* ?

La racine du problème réside dans les algorithmes : dans le business model actuel, ce sont eux qui font la loi ; autrement dit : « *code is law*[35] ». Le code informatique est si puissant qu'il échappe à la capacité de régulation et à l'autorité des États. Sa puissance tient aussi à son secret : telle plateforme peut être soupçonnée d'entraver les élections,

35. Selon l'expression du juriste Lawrence Lessig dans son article « Code is Law: On Liberty in Cyberspace », *Harvard Magazine*, janvier 2000.

de pousser à la radicalisation, de dénigrer la vaccination, ce qui serait illégal, mais sans qu'on puisse le prouver. On se heurte à une boîte noire.

Il serait nécessaire d'attaquer en justice les plateformes car elles contreviennent manifestement à un certain nombre de lois, mais malheureusement il est difficile de prouver avec certitude qu'elles sont dans l'illégalité. Tout comme les plantes génétiquement modifiées qui se disséminent dans la nature, les réseaux sociaux ont créé une nouvelle variété de phénomènes sociaux, dont ils sont les seuls à détenir le code secret, introduisant dans le champ de la démocratie des « opinions numériquement modifiées », qui sont difficilement traçables.

Un fort sentiment de supériorité se dégage de certaines déclarations des dirigeants des Gafam. Les États sont jugés lents et inefficaces, toujours à la traîne, alors qu'ils devraient s'adapter au nouveau monde créé par la puissance du numérique. En 2011, lors d'une audition au Sénat américain, le patron de Google Eric Schmidt citait Andy Grove, l'ancien PDG d'Intel : « Les entreprises de haute technologie fonctionnent trois fois plus vite que les entreprises traditionnelles, et le gouvernement fonctionne trois fois moins vite que les entreprises traditionnelles. Nous avons donc un écart de neuf avec les gouvernements… »

Une devise attribuée à Facebook dit même : « *Go fast and break things. The idea is that if you never break anything, you don't go fast enough*[36]. » Il faut commencer par transgresser les réglementations pour ensuite se faire réguler, tout en profitant du terrain conquis dans l'intervalle. C'est vrai des Gafam, mais aussi d'acteurs comme Uber ou Airbnb. Ce sont des « disrupteurs » qui savent pertinemment qu'ils se positionnent soit dans un vide juridique, soit au-delà d'une ligne jaune, en l'occurrence la réglementation sur les VTC ou sur les hôtels. Même si celle-ci s'impose à terme, ces acteurs auront fait bouger les lignes de la profession. Ils auront su aller trop loin pour que l'on puisse les arrêter, en mettant en avant leur simple rôle d'intermédiaire, en jouant sur l'ambiguïté entre économie collaborative et entreprise purement commerciale, enfin en mettant dans la balance le poids de

36. « Allez vite et cassez des choses. Autrement dit, si vous ne cassez jamais rien, c'est que vous n'allez pas assez vite. »

la communauté d'utilisateurs qu'ils auront créée. Les interdire du jour au lendemain serait trop impopulaire pour un gouvernement. Lorsque Uber était en litige avec la mairie de Paris, la plateforme a sollicité de sa communauté d'utilisateurs la signature d'une pétition de soutien, orchestrant ainsi une parfaite stratégie de *socialwashing* ! Amazon est de même régulièrement condamné pour abus de position dominante ou non-respect des données personnelles, sans que cela puisse véritablement remettre en cause cette domination, tant cette plateforme est devenue hégémonique chez les utilisateurs[37]. C'est ainsi que ces acteurs sont légitimés par la puissance de leur communauté, de leur service et de leur audace, puissance surpassant de loin celle de la loi.

Le solutionnisme technologique à la place de la politique

Cette façon de contourner la législation ou de forcer la main aux États sous-entend qu'en définitive la technologie est plus à même de transformer les sociétés que les États. Ce « solutionnisme » technologique est un puissant courant d'idées, qui irrigue toute la Silicon Valley[38]. Grâce à la « tech », tous les problèmes qui ont hanté l'humanité depuis ses origines – la guerre, la maladie, la mort, la pauvreté, la solitude, l'injustice – pourraient trouver leur solution avec la technique appropriée, l'algorithme miracle, l'application *smart* à télécharger sur son téléphone… Google peut ainsi financer les recherches des transhumanistes qui cherchent à dépasser la finitude de l'espèce humaine, ou tenter de construire à Toronto une *smart city* parfaitement sous contrôle grâce à une cybersurveillance qui n'est pas sans rappeler le crédit social chinois[39]. Les États se retireraient

37. « L'Italie inflige une amende de 1,3 milliard d'euros à Amazon pour abus de position dominante », *Le Monde*/AFP, 9 décembre 2021 ; « Amazon condamné à une amende de 746 millions d'euros au Luxembourg », *Le Monde*/AFP, 30 juillet 2021.

38. Voir à ce sujet le livre d'Evgeny Morozov, *Pour tout résoudre cliquez ici. L'aberration du solutionnisme technologique*, Fyp éditions, 2014.

39. Allix G., « Google abandonne son projet de "smart city" à Toronto », *Le Monde*, 8 mai 2020.

pour laisser place à des plateformes toutes-puissantes. Dès lors, et c'est le plus inquiétant, capitalisme de l'attention à l'américaine et capitalisme de surveillance à la chinoise convergeraient irrésistiblement, à la fois technologiquement, économiquement et politiquement, pour supplanter les missions régaliennes de l'État et liquider la légitimité de la démocratie. Ce dont s'inquiète l'essayiste américaine Soshana Zuboff : « Dans cette nouvelle phase de développement du capitalisme, la matière première est la nature humaine qui est à l'origine d'une nouvelle dynamique de marché, dans laquelle les prévisions de notre comportement sont mises au jour puis vendues. Les impératifs économiques de ce nouveau capitalisme produisent des asymétries extrêmes des connaissances et du pouvoir qui découlent de ces connaissances. Cela représente un territoire inédit qui aura de profondes conséquences sur la société du XXIe siècle[40]. »

Et, de fait, les Gafam ont plus de puissance financière que certains États ! De telles entreprises-nations placent les pays et les populations sous tutelle, dans une forme de néocolonialisme technologique. Ce n'est pas un hasard si le gouvernement danois est allé jusqu'à créer un poste d'ambassadeur du numérique pour traiter les relations avec les Gafam[41]... La régulation ne semble plus se faire entre ces géants et les États, entre eux et leurs possibles concurrents, mais entre eux seuls, étant donné qu'ils entrent de plus en plus en rivalité les uns avec les autres. Comme le souligne une journaliste, « Contrairement aux multinationales, qui revendiquent un pays d'appartenance et acceptent de reverser une partie de leurs profits aux États où sont présentes leurs filiales en contrepartie de certains avantages, les entreprises de la *e-economy* n'ont ni frontières, ni pays d'appartenance et encore moins l'intention de reverser de l'argent aux États. À la différence des multinationales, les entreprises de la *e-economy* évoluent en marge des États. Et si on traçait les frontières de chacun des membres de Gafam, on constaterait que ce sont les clients et les employés qui déterminent les frontières ; pas un pays d'appartenance ou la situation géographique des filiales[42]. » Partis chacun d'un secteur

40. Zuboff S., *L'Âge du capitalisme de surveillance*, Zulma, 2020.

41. Vinogradoff L., « Le Danemark va envoyer un "ambassadeur numérique" au pays de Google et Facebook », *Le Monde*, 7 février 2017.

42. Anger-de Friberg V., Friberg P. de, « De l'État-nation à l'entreprise-État », *L'Opinion*, 25 mars 2014.

différent (moteurs de recherche pour Google, micro-ordinateurs pour Apple, réseaux sociaux pour Facebook, vente à distance pour Amazon, bureautique pour Microsoft), ils se battent à présent pour accéder au cœur de la rentabilité : le ciblage prédictif du comportement. Tous sont devenus de gigantesques régies publicitaires et des hébergeurs de données profitant de leur situation d'intermédiaires incontournables.

À eux cinq, ils ont inventé la seule colonisation qui n'est pas vécue comme une violence subie et une servitude, mais comme un confort incomparable. Une colonisation dont il sera quasiment impossible de sortir, car elle correspond à une aspiration à la participation, à une forme de libération des contraintes, à une capacité à simplifier la vie, à prendre en charge le quotidien de milliards d'internautes et de millions d'entreprises, à créer de la richesse. C'est une colonisation insidieuse car elle passe par les contenants et non plus par les contenus : la contestation contre Facebook est hébergée par Facebook, les livres anti-Amazon sont en vente sur Amazon, Google liste en un dixième de seconde les sites les plus anti-Google… La contestation est digérée, elle n'est qu'une donnée de plus…

On ne peut s'empêcher de penser à la « matrice » du film *Matrix*, où les humains se trouvent exploités par les machines, alors qu'ils croient être libres et vivre leur vie. Ce thème inspiré du mythe de la caverne de Platon ou du malin génie de Descartes trouve son application avec ces plateformes : d'un côté une vie fluide, un sentiment de puissance, de l'autre une exploitation sans précédent de nos données les plus intimes, avec tous les risques éthiques et politiques que cela comporte.

Au départ bras armés d'une stratégie économique et militaire des USA et de la Chine pour dominer le monde par leur *soft power*, les géants du numérique ont pris l'ascendant sur les États, au point de censurer le président américain lui-même, au point de se considérer au-dessus des lois – et même celles du vivant avec le transhumanisme. Peut-on encore les arrêter ? C'est l'enjeu de cette nouvelle guerre digitale, une guerre économique, certes, pour que la France et l'Europe disposent aussi de leaders dans le numérique, mais aussi une guerre idéologique, pour défendre une autre vision du monde que celle que nous proposent ces entreprises-États.

CHAPITRE 3

Le point de bascule pour l'Europe

Executive summary

- **L'Europe rejette les modèles américain et chinois de cybersurveillance et propose une troisième voie,** plus respectueuse des données personnelles, notamment à travers le projet Gaia-X.

- **L'Europe lutte également contre l'emprise des plateformes sur nos sociétés,** essentiellement via la voie réglementaire.

- **Pour aller plus loin, elle mise sur un contexte technologique de rupture avec l'IoT, la blockchain et la 5G,** propices à rebattre les cartes de l'innovation.

- **Le succès de ce *momentum* technologique dépend fortement de la capacité** des entreprises européennes à saisir ces opportunités.

- **Jusqu'à présent, les entreprises européennes ont peiné à imposer un leadership numérique** et ont souvent préféré faire alliance avec les Gafam.

La troisième voie européenne

Un Internet ultralibéral, dominé par des plateformes toutes-puissantes et plaçant le profit bien avant le respect des données personnelles, ou un Internet d'État autoritaire, tissant le filet d'une surveillance généralisée... N'y aurait-il pas d'alternative à visage humain ? Oui, il en existe bel et bien une, qui tente d'émerger entre les États-Unis et le bloc sino-russe, quelque part en Europe.

Cette troisième voie européenne est née d'une prise de conscience progressive au moment de l'affaire Snowden, en 2013, et de l'affaire Cambridge Analytica, révélée en 2018. Ces scandales ont mis en lumière à la fois la réalité du cyberespionnage venant des États-Unis et l'enjeu crucial de l'exploitation des données. Le paradigme politique des États-Unis et le paradigme commercial des plateformes du numérique ont violemment heurté les dirigeants européens.

Le règlement général sur la protection des données (RGPD) de 2016 a été une première réponse. Elle a imposé une limitation à la collecte de données : une petite application de jeux ne peut plus réclamer toutes les autorisations et se transformer en un aspirateur de ces concentrés d'intimité que sont nos téléphones portables. De même qu'un compteur électrique ne peut être utilisé pour connaître la religion du consommateur, car sa consommation serait nulle ou moindre le samedi, jour du shabbat, ou durant le mois du ramadan...

Le RGPD fut suivi du Privacy Shield de 2016, un accord très contesté entre les États-Unis et l'Europe autorisant le transfert de données européennes vers les USA, qui a cependant été invalidé en 2020 par la Cour de justice européenne, qui l'a jugé insuffisant. Les Européens se trouvaient dans l'incapacité de se protéger du droit d'accès que se donnent les États-Unis sur les données hébergées par des *data centers* d'une entreprise américaine, même située à l'étranger, sans aucune compensation.

Le projet actuel, intitulé Gaia-X, sur lequel nous reviendrons, introduira de nouveaux standards : ces données, quel que soit finalement le lieu d'hébergement, ne pourront pas sortir d'Europe. Il sera nécessaire de développer des services et des applications au sein d'une infrastructure hébergée sur le vieux continent. Si Amazon, Google ou Microsoft, qui détiennent près de 60 % du marché mondial du cloud, veulent faire partie de cet écosystème d'innovation dans lequel les acteurs européens mettront leurs données, ils devront respecter ces règles du jeu. Il s'agit de repenser une infrastructure de développement qui soit, par construction, plus respectueuse des données personnelles. La stratégie européenne est claire : faute d'être précurseurs d'un point de vue technologique, les Européens vont pouvoir jouer sur la puissance normative, l'accès et le contrôle des données.

Les trop minces boucliers de la régulation

En attendant, c'est la régulation qui est de mise. Fin 2020, deux paquets de lois, le Digital Market Act (DMA) et le Digital Services Act (DSA), ont été adoptés par les instances européennes. Le premier agit sur les *gatekeepers* que sont les géants du numérique, en les empêchant de faire barrage aux concurrents ou de favoriser leur offre plutôt que celle des services qu'ils hébergent. Le second, sans changer le business model du ciblage publicitaire, agit sur les dérives des algorithmes, afin d'imposer une forme de transparence du code utilisé et de prévenir la diffusion de contenus illicites.

« L'idée générale est assez simple : appliquer à l'espace numérique les règles de juste compétition et de juste concurrence qui s'appliquent à l'espace physique », explique le commissaire européen Thierry Breton[43].

En matière de régulation des réseaux sociaux, ce cadre législatif pourra rendre obligatoire la modération suite à un signalement fait par un

43. Pommier S., Bloch R., « Arsenal anti-Gafa : comment Bruxelles veut réguler les géants du Web », *L'Express*, 14 janvier 2022.

organisme habilité. Les délais de réaction seront précisés et obligatoires, des sanctions financières possibles. En cas de contestation, par exemple une campagne de désinformation en période électorale, l'algorithme pourra être examiné. Les enquêteurs pourront comprendre comment tels profils ont été ciblés, et par qui.

Comme toujours, ces législations ne vont pas renverser la table. Elles pourront éviter les dérives et les abus les plus flagrants. On apaise les symptômes sans soigner la maladie qui les cause, et la domination des Gafam ne va pas s'en trouver ébranlée puisque le business model du ciblage par les données reste inchangé. Ces efforts normatifs sont tout à fait louables, mais leur défaut commun est de réduire la question de la souveraineté à un problème de régulation, alors qu'elle représente un défi d'innovation.

Il en va de même pour la tentation de faire ce que Pierre Bellanger appelle un « synétat » dirigiste et autoritaire[44], ou encore le projet français de « cloud souverain », lancé en 2009 avec pour premiers participants Orange, Thalès et Dassault Systèmes. L'essai, nommé projet Andromède, n'a pas abouti mais a donné lieu en 2012 aux projets Cloudwatt, porté par Orange et Thalès, et Numergy, porté par Dassault, SFR et Bull. Faute de moyens et de technologies innovantes, Cloudwatt ferme en 2020, tandis que Numergy était racheté par SFR dès 2016 ! Rappelons enfin l'échec du projet européen Quæro lancé en 2004, vaste programme sur les technologies de recherches multilingues et multimédias, qui s'est interrompu au bout de dix ans, après le retrait des partenaires allemands et malgré le soutien de la Commission européenne. Néanmoins cette prise de conscience de l'Europe, qui se traduit par un bras de fer réglementaire avec les géants du numérique, est un levier majeur dans les forces qui sont à l'œuvre pour un changement systémique d'Internet. Des forces qui démultiplieront les effets d'innovations technologiques. C'est le point de bascule, ce moment où un phénomène d'abord rare se généralise, où un changement minime fait basculer un système dans un état entièrement nouveau.

44. Bellanger P., *La Souveraineté numérique*, Stock, 2014.

Un *momentum* technologique pour les Européens

Tout laisse à penser que les géants du numérique ne pourront être battus ni concurrencés sur leur propre terrain. C'est au prochain train d'innovations que les cartes pourront être rebattues, à condition que les pouvoirs publics et les entreprises se montrent proactifs.

En matière de vision stratégique et technologique, l'Europe a fait sa mue en regroupant enfin dans le portefeuille d'un commissaire européen la politique industrielle, la recherche et la cybersécurité. Ce regroupement témoigne d'une progression dans la vision globale des Européens : depuis 2016 se manifeste une volonté d'agir à travers l'élaboration de solutions industrielles et plus seulement par la réglementation, pour créer les conditions d'émergence d'une vraie troisième voie, plus protectrice des libertés et ne s'appuyant pas que sur le droit. Le commissaire Breton a ainsi résumé les enjeux : « L'Europe a manqué la première vague de l'économie des données personnelles. Elle ne perdra pas la main sur l'énorme potentiel des données industrielles qui attisent tous les regards, au premier rang desquels [ceux des] Gafam et autres BATX[45]. »

Il est donc intéressant de saisir les révolutions technologiques qui peuvent amener l'Europe à se repositionner en amont de la chaîne pour que, cette fois, par construction, les valeurs européennes de respect de la vie privée par la protection des données soient affirmées haut et fort. Soulignons qu'une *révolution* technologique se différencie d'une simple *innovation* technologique en ce qu'elle crée une rupture dans les usages, ce qui n'arrive pas si souvent. Preuve en est que, depuis l'invention d'Internet, on ne peut en compter que quatre qui aient été décisives. La première fut la connexion des *documents* avec des liens hypertextes. La deuxième a correspondu à la connexion des *personnes* entre elles, à travers les réseaux sociaux. La troisième a été la connexion des *données* entre elles (par exemple, les données d'agendas

45. Breton T., « La fin de la naïveté », *Les Échos*, 10 août 2020.

de médecins avec les données de patients, sur une plateforme comme Doctolib), à travers des algorithmes, soit la convergence d'une masse sans précédent d'informations et d'une puissance de calcul inédite pour les traiter, ce qui permet une efficacité et une personnalisation considérable des services. Avec Amazon ou Netflix, l'expérience est tellement satisfaisante pour l'utilisateur, à force d'optimisations via des systèmes autocorrectifs fondés sur les données, que l'on atteint des points de non-retour dans les attentes des clients. Ce phénomène conduit à l'installation de nouveaux standards de services, souvent trop exigeants pour les concurrents qui n'ont pas su mettre en place ces systèmes de remontées d'informations par les données.

Nous avons parlé de la connexion des documents, des personnes, des données… Voici que survient désormais la connexion des *objets* entre eux : c'est le « phygital », la fusion du digital et du physique. Cette quatrième rupture technologique, combinée à la 5G, à l'*edge computing* et à la blockchain, prépare, potentiellement, un dépassement du monde des plateformes tel qu'on l'a connu avec les Gafam.

Commençons par la 5G : on n'en retient souvent que le débit supérieur qu'elle permettra, alors qu'elle ne se réduit pas à cela. La 5G est l'environnement le plus favorable pour l'IoT puisqu'elle apporte un temps de latence beaucoup plus faible, ce qui permet de connecter des machines sur un vaste site industriel ou de faire rouler des voitures autonomes qui doivent réagir aussi rapidement que possible en cas d'obstacle. Par ailleurs, la 5G permet de connecter cent fois plus d'objets simultanément, et de les connecter entre eux. Ce qui rendra possible des usages pointus pour l'industrie ou la télémédecine. En somme, la 5G ouvre l'ère de la connectivité généralisée. D'où l'utilité des *smartcells*, ces antennes à courte portée, dont le réseau devra être plus dense que celui des antennes 4G. Cette technologie change structurellement la façon de penser le réseau : le flux n'est plus un paquet de données indistinctes, c'est une masse intelligente, qui évolue en fonction de l'application qui le sollicite localement.

Le *edge computing* ou « informatique en périphérie » est une révolution complémentaire : il s'oppose au *cloud computing*, qui repose sur des *data centers* massifs et distants de l'utilisateur, tels que ceux employés par Microsoft ou Amazon. Avec eux, nous étions dans une approche centralisée de la data et du logiciel, qui connaît à présent ses limites avec une saturation de la bande passante et trop de latence pour les usages nouveaux « en temps réel », comme la voiture autonome. Le *edge computing* propose un niveau de gestion intermédiaire chaque fois qu'on a besoin d'une quasi-instantanéité du traitement de la donnée : au lieu de tout remonter à un *data center* lointain, des serveurs de proximité vont traiter une partie du calcul au niveau local. Il s'agit d'une forme de distribution intelligente des flux de données, d'une circulation plus diffuse et graduelle. Le *cloud computing* correspondait à un stockage et un traitement des données en masse, tandis que l'*edge computing* implique des traitements spécifiques en temps réel, qui n'ont « pas besoin d'être réalisés au niveau supérieur, car ils ne sont nécessaires qu'à l'utilisation de certains logiciels. Selon la Commission européenne, si 80 % des données sont aujourd'hui hébergées dans des *data centers*, cette tendance pourrait être inversée d'ici cinq ans, avec une grande majorité des données traitées localement, à proximité des objets connectés.

Ces deux technologies sont des technologies de rupture. Si elles n'offrent pas en elles-mêmes une revanche sur les Gafam, elles pourraient permettre de rééquilibrer le rapport de force car elles créent d'autres usages pour lesquels le jeu est encore ouvert. L'Europe a de quoi nourrir des champions industriels, à condition de rester ferme sur ses valeurs : la technologie au service du bien commun et de la préservation de l'environnement, les Américains semblant plus guidés par le profit, les Chinois par les possibilités de contrôle social…

Le projet Gaia-X

La première bataille de la collecte des données informationnelles et comportementales étant perdue, les Européens ont bien l'intention de remporter la plus décisive, celle qui a trait à leur exploitation dans le monde physique. Le projet Gaia-X, que nous avons déjà évoqué, pousse justement les industriels à faire front commun dans le champ de l'Internet des objets et à développer des possibilités d'usages sur la couche logicielle.

Né en juin 2020, Gaia-X est un projet franco-allemand puis européen bénéficiant d'un budget de 10 milliards d'euros sur sept ans, qui vise à faciliter l'interopérabilité des services et des échanges de données pour favoriser, peut-être, l'émergence de consortiums européens sur des domaines définis. Il a été fondé par vingt-deux entreprises françaises et allemandes, et accueille aujourd'hui plus de 300 membres issus de dix-huit pays, dont la moitié sont des PME. Il comprend des protocoles techniques et des standards communs pour les acteurs industriels des données du *cloud computing* et de *l'edge computing*. On retrouve cette logique d'univers physiques, dite verticale : l'idée est de fédérer des industriels au sein d'un univers ou d'une filière (agriculture, énergie, santé, mobilité, finance, etc.) pour les inciter à développer des services à partir de données mutualisées sur la filière.. Gaia-X n'est pas une plateforme de certification, et encore moins une solution cloud, c'est un ensemble de spécifications à respecter pour les acteurs d'une même filière souhaitant coopérer pour exploiter leurs données. Ces données sont elles-mêmes apportées par des objets connectés, et elles doivent être hébergées quelque part. À ce niveau, on ne peut faire l'impasse sur le *cloud* et les *data centers*, y compris des Américains, les Gafam contrôlant l'essentiel du marché et proposant les solutions les plus performantes. En revanche, Gaia-X impose aux hébergeurs de respecter des protocoles souverains de protection des données, sur lesquels ils devront s'engager. Faute de développer un *cloud* souverain, il est possible d'imposer nos règles du jeu.

Dans les différentes filières sur lesquelles travaillent les comités Gaia-X, figure l'agriculture autour du projet Agdatahub. Il permet par exemple aux agriculteurs de partager les données de leurs installations en toute confiance, grâce à un système géré par la blockchain. Ces données peuvent ensuite être vendues à des entreprises privées qui les exploiteront pour la création de services. Imaginons qu'une entreprise américaine dispose d'une imagerie satellite permettant de détecter le manque d'eau ou l'attaque d'un nuisible, elle pourra utiliser les données fournies par les agriculteurs pour leur proposer, en retour, des recommandations afin d'optimiser leur irrigation ou le recours aux intrants. Grâce à Gaia-X, ces données-là ne sont accessibles que via le *data space* agriculture, où elles sont partagées avec d'autres, charge à quiconque d'être le meilleur sur le service proposé aux agriculteurs à partir des données et dans le respect de leur choix sur le partage de leurs informations.

Gaia-X est donc un ensemble de protocoles et de règles de souveraineté des données, de confiance et de gestion des identités, qui pourrait s'imposer dans tous les cas d'usage liés à l'IoT et au *big data*, et faire émerger les nouveaux services qui vont transformer notre univers physique. Dans la mobilité, il est nécessaire de connecter les objets entre eux, dans l'énergie d'avoir des capteurs qui gèrent des flux et qui optimisent les consommations énergétiques, *et cetera*. L'important étant que ces échanges de données se fassent localement, avec de nouvelles règles d'engagement et un meilleur partage de la valeur. Chaque État membre de l'Union européenne a la possibilité d'organiser un hub qui lui est propre. En 2021, une douzaine de secteurs d'activité sont ainsi inclus dans le hub français, ce qui correspond à plusieurs centaines d'entreprises.

Les entreprises joueront-elles le jeu de la vision européenne ? Déjà enlisées dans les trois premières révolutions d'usages, encore occupées à assurer la qualité des données collectées et à produire des contenus centrés sur les utilisateurs, comment pourraient-elles trouver la capacité de rebondir sur ces innovations, de revisiter leur modèle économique à la faveur de l'IoT, le tout dans un écosystème technologique collectif associant leurs concurrents ? Dois-je avouer que je redoute la désillusion, tant les résultats de la transformation digitale des entreprises sont maigres, vingt-cinq ans après l'arrivée du Web ? Tant les entreprises européennes ont montré leur incapacité à avoir une vision à long-terme, à s'acculturer à cet impératif *user-centric* apporté par la révolution des usages et à s'unir pour faire front face aux géants du numérique ?

Les ratés de la transformation digitale des entreprises

Voyons pourquoi les entreprises « du monde réel » n'ont pas su utiliser à leur profit les technologies et comment leurs lacunes ou leur attentisme ont favorisé l'émergence de ces monstres que sont devenus les Gafam. Elles étaient et sont pourtant bien sûr au cœur de la guerre économique qui se joue dans le cyberespace. Durant les vingt-cinq dernières années, elles n'ont pas lésiné sur les moyens, les ressources et les plans de « transformation digitale » pour s'adapter. Elles ont adopté différents outils technologiques, ouvert des sites Internet, des applications mobiles, elles se sont déployées sur les réseaux sociaux, elles ont intégré la révolution du *big data*. Pourtant, aucune n'est devenue le Uber, l'Amazon ou le Spotify de son marché. La construction d'un leadership numérique n'est donc pas seulement une question d'intégration des technologies.

Dès la première révolution, l'arrivée des moteurs de recherche et la connexion des documents entre eux, elles ont su bâtir des sites Web efficaces dans cette nouvelle guerre de l'information, mais souvent en négligeant les règles du référencement naturel qui obligent à passer d'une vision *product-centric* à *user-centric* pour remonter dans le référencement des moteurs. Cette occupation du terrain de Google a façonné une plateformisation de l'économie, étant donné que la rencontre entre l'offre et la demande tenait dès lors à la capacité à se signaler sur les moteurs de recherche. Le leader est donc désormais celui qui cerne le mieux la préoccupation de l'utilisateur en y apportant la réponse la plus pertinente, qu'elle soit informationnelle ou marchande, et qui optimise au mieux son indexation sur le moteur selon les règles de Google. Il maximise son trafic en parvenant à se placer sur le parcours des utilisateurs, sans dépendre de la publicité en ligne. Tout dirigeant devrait logiquement préférer pour son entreprise le statut de plateforme leader plutôt que celui de fournisseur d'Amazon, Booking ou Uber Eats.

Pourtant, les entreprises françaises ont majoritairement préféré la position de dépendance et, au contraire des Américains, se sont peu emparées de cette opportunité de plateformisation. Parce qu'il est plus facile et rapide d'acheter un encart de publicité sur Doctissimo que de créer son propre média sur la santé, parce qu'il est plus rentable à court terme de vendre sur Amazon que de créer sa propre marketplace. En 2016, j'alertais les dirigeants lecteurs de *L'Art de la guerre digitale*[46] sur la nécessité de bâtir ce leadership numérique et Gilles Babinet appelait, la même année, dans son livre *Transformation digitale : l'avènement des plateformes*[47], à ce que « les entreprises françaises se conçoivent aussi comme le centre d'un écosystème » et « deviennent des plateformes ». Il poursuivait ainsi : « Qu'il s'agisse de produire des réacteurs d'avion ou de vendre des services de restauration à domicile, il va devenir de plus en plus nécessaire d'optimiser les interactions avec les fournisseurs, les clients, les salariés et les autres parties prenantes, en les automatisant pour accroître leur productivité. »

La préférence des entreprises pour le statut de locataires des plateformes leaders plutôt que de bâtir leur propre forteresse commerciale s'est de nouveau manifestée lors de la deuxième révolution d'usages, la connexion des personnes entre elles avec les médias sociaux. Les leaders du numérique ont compris qu'ils devaient désormais tenir compte d'une modification dans l'offre et la demande, avec cette nouvelle ère de la recommandation. On ne choisit désormais plus un hôtel juste parce qu'il a vue sur mer : il faut aussi qu'il ait de bons avis ! Rares sont cependant les entreprises à intégrer cette dimension sociale à leur modèle, sans intermédiaire. Amazon ou Marmiton ont ajouté les avis sur leur plateforme, les champions de l'information comme Aufeminin ou Futura-Sciences ont créé des forums de discussion, SNCF a lancé une plateforme de questions/réponses sur son service, Sephora monte sa plateforme communautaire, Leroy Merlin et Somfy ont mis à disposition un forum d'échange sur les travaux et le SAV. À l'inverse, la majorité des entreprises préfèrent confier la construction de leur communauté aux géants Facebook, Twitter, LinkedIn et maintenant le chinois TikTok.

46. Faillet C., *L'Art de la guerre digitale. Survivre et dominer à l'ère du numérique*, Dunod, 2016.

47. Babinet G., *Transformation digitale : l'avènement des plateformes. Histoires de licornes, de data et de nouveaux barbares*, Le Passeur, 2016.

Une solution de facilité, pousser leurs messages *product-centric* sur un nouveau canal, qui évite de se poser la question *user-centric* de ce qui pourrait être le fondement du lien entre la marque et sa communauté. Las, elles ne détiennent de ce fait aucune donnée sur leurs utilisateurs et même, pire, elles vont connaître progressivement une décroissance de la visibilité de leurs messages pour leurs fans, au gré des changements d'algorithmes. Désormais dépendantes de ces intermédiaires dans l'interaction avec leurs communautés, les entreprises sont prisonnières des conditions juridiques de ces plateformes, des changements des règles d'affichage et bien sûr du niveau d'investissement publicitaire pour se faire entendre de leurs propres fans.

Du fait qu'elles aient manqué les deux premières révolutions d'usages, celle des moteurs qui apporte le trafic, et celle des communautés qui apporte la donnée utilisateurs, les entreprises se trouvent alors handicapées pour appréhender la troisième, à partir de 2010, la connexion des données entre elles et l'innovation servicielle qu'elle génère. Il faut distinguer trois types de données. Les données *first party*, issues de l'activité de l'entreprise, par exemple les données clients ou les données industrielles, fournies par des capteurs sur des produits par exemple. Les données *second party*, apportées par des partenaires, par exemple les données de caisse d'un distributeur ou de vente sur une plateforme de livraison comme Deliveroo. Enfin, les données *third party*, fournies principalement par les géants omniscients sur nos comportements que sont Google et Facebook. Nous verrons plus loin qu'avec le Web3 vous entendrez de plus en plus parler de *zero party data*, la donnée qui est consentie par l'utilisateur, qu'elle soit à l'origine constituée de *first*, *second* ou *third party data*.

Dans cette troisième révolution, les champions du numérique vont comprendre l'importance des data *first party* et *second party* pour améliorer l'expérience utilisateur par la boucle corrective de la donnée, pour proposer des algorithmes de recommandations de produits ou même pour innover dans le service. Blablacar et Doctolib mettent en relation respectivement les covoitureurs et les médecins/patients par la donnée de géolocalisation. Michelin, grâce aux données fournies directement par ses pneus poids lourds, passe d'un modèle de vente de pneus à un modèle de service fondé sur la location/maintenance de ses produits. Las, encore une fois, la majorité des entreprises ne voient dans cette troisième révolution qu'un moyen d'exposer, de manière encore plus ciblée et performante, leurs messages produits à leurs prospects grâce à ce nouvel or noir de données, les *third party data*, que leur apportent sur un plateau les Gafam. Si, d'après GroupM, la publicité numérique représente plus de 64 % du marché publicitaire en 2021, Google, Meta (le nouveau nom de Facebook) et Amazon concentrent à eux seuls entre 80 et 90 % de la publicité numérique.

Exemple : *Le cas Accor*

Trois révolutions et toujours les mêmes erreurs stratégiques des entreprises, un tropisme *product-centric* qui les empêche d'appréhender ce qui est le véritable facteur clé de succès de ces vagues d'innovation. Non pas la technologie, mais la compréhension profonde de la transformation d'usages qui est en cours. Alors revenons sur la question précédente : pourquoi un leader de l'hôtellerie comme Accor Hotels n'a-t-il pas créé Booking ? Quinze ans durant, chaque directeur d'hôtel du groupe français avait développé son site propre. En 2015, le lancement de la plateforme accorhotels.com, se voulant *killer application* en hébergeant toutes les marques du groupe et étant ouverte également aux hôteliers indépendants, devait représenter un virage numérique majeur aux yeux de Sébastien Bazin, le PDG du groupe. Telle n'a pas été la perception des marques du groupe, qui y ont vu une mise en concurrence malvenue. La raison profonde pour laquelle Accor n'a pas su devenir un géant du numérique dans son secteur est la difficulté qu'elle a eu à lâcher prise par rapport à son historique, sa marque, son organisation, sa puissance acquise, à quoi s'ajoute une prise en compte trop tardive (2015 contre 1996 pour Booking !) de ce besoin de l'utilisateur de choisir son hôtel sur une plateforme unique. Accor Hotels a perdu la guerre de la première révolution digitale contre Booking, la seconde contre Tripadvisor, qui surfe bien sur l'ère de la recommandation, et, enfin, lors de la troisième révolution d'usages, contre Airbnb, qui permet la mise en relation des particuliers par la donnée de géolocalisation.
Ayant perdu toutes les batailles de l'expérience utilisateur B to C, Accor Hotels est aujourd'hui contraint de se replier en amont de la chaîne de valeur, sur un business model B to B d'opérateur d'hospitalité pour des hôtels, en vendant son parc hôtelier et en

> ne faisant qu'opérer des marques. C'est un constat d'échec pour un groupe qui a compris trop tard que le digital n'était pas un vecteur de communication au service des hôtels mais l'occasion de réinventer son modèle économique avec l'utilisateur au centre. Au contraire, Booking, parti de rien, n'était pas attaché à la défense d'un existant.

Malgré ces retours d'expérience édifiants, la tendance à ne voir le digital que comme un outil ou un canal de communication et non comme une nouvelle dimension où construire un leadership reste dominante. De fait, la plupart des entreprises ont gardé leurs réflexes de protection du business tel qu'elles le connaissent aujourd'hui. On ne peut que conclure à une forme d'intériorisation de la défaite dans les entreprises françaises, un puissant sentiment d'infériorité qui pousse à confier leur business aux géants du Web. C'est une transformation de façade qui leur évite de se remettre en question, de devoir penser à plus long terme. Les entreprises restent prisonnières d'une vision à court terme de leur rentabilité, alors même qu'Amazon a mis vingt ans à générer du profit !

Les Gafam, plus petits dénominateurs communs

La quatrième vague technologique, le phygital, qui vient mêler la couche physique à la couche virtuelle, sera-t-elle celle du sursaut des entreprises européennes ? Une manche a malheureusement déjà été perdue. On pouvait penser que les Gafam allaient être déstabilisés par cette révolution de la 5G et de l'*edge computing*, concurrents des *data centers* massifs. S'il leur a été facile de lancer des plateformes leader en captant le parcours informationnel des internautes (immobilier, films, musique, personnes…) et de se déployer à l'international pour un coût marginal toujours plus faible, s'ancrer dans les parcours physiques des utilisateurs est beaucoup plus compliqué. Cette barrière du réel pourrait permettre aux Européens de revenir sur le devant de la scène et de retrouver les clés d'un monde numérique plus équilibré.

La maîtrise des données personnelles des utilisateurs aurait ainsi pu revenir aux constructeurs de voitures comme Renault, aux fabricants d'électroménager comme Philips, aux professionnels de la domotique comme Somfy. Ce sont eux, après tout, qui construisent l'environnement connecté des consommateurs, les réels producteurs de données. Dans ce contexte d'objets très hétérogènes, il faut une intelligence globale pour mettre d'accord tout le monde et créer de la valeur pour le consommateur. Pour ce faire, les Européens n'ont malheureusement pas été capables de se concerter.

Les acteurs de la grande distribution (Carrefour, Leclerc, Intermarché...) auraient par exemple pu s'allier pour offrir une enceinte connectée aux porteurs de carte de fidélité, dotée d'une application vocale gratuite de liste de courses, et ainsi faire émerger leur propre standard et produire leurs propres données pour optimiser la logistique de la livraison de proximité. Au lieu de cela, en 2018 Auchan unit commerce physique et commerce en ligne via un partenariat avec Alibaba ! Monoprix fait de même avec Amazon tandis que Carrefour a recours à Google pour gérer ses propres données.

La même chose aurait été possible pour la domotique : tous les fabricants de placards ou de frigos connectés auraient pu s'entendre sur un même standard, qui aurait concerné la gestion des vêtements, des aliments, des objets du quotidien. Faute de cette entente et profitant de cette cacophonie, les Gafam ont incarné la facilité du plus petit dénominateur commun. Somfy, Schneider Electric, Legrand et IKEA, entre autres, ont créé la norme Connected Home over IP (CHIP), devenue Matter, en symbiose avec Google, Apple et Amazon[48]. Ces derniers ont su s'imposer et développer l'assistance au consommateur, y compris dans l'univers physique. Les enceintes connectées de Google et Amazon, vendues à bas prix ou souvent offertes, ne sont que la partie émergée de l'iceberg qui se profile, en tant que premières intelligences artificielles

48. Garcia-Montero C., « Matter : tout sur la norme smart home à visée universelle », Journal du Net, 17 janvier 2022.

au cœur de nos univers physiques… Les fabricants de domotique proposent à leurs clients une commande vocale gérée par Google plutôt que par une interface de connexion qui aurait été développée en symbiose avec leurs concurrents. Les constructeurs automobiles, quant à eux, ont arrêté de développer leur propre logiciel de navigation, dépassés par la gratuité, la puissance et la réactivité d'applications mobiles comme Waze, filiale de Google. Une fois encore, les Gafam ont fait en sorte d'être les mieux placés non pas pour relier les objets, mais pour capter les données et offrir la valeur d'usage. C'est encore autour d'eux que vont se créer de nouveaux standards, ceux de l'Internet des objets.

Si ces acteurs s'étaient mis d'accord, cela aurait pourtant garanti que l'essentiel de nos données restent hébergées localement plutôt que de partir vers des *data centers* aux États-Unis, avec cet avantage – éthique, mais également écologique – d'avoir des objets connectés qui ne le soient pas en permanence, ni pour n'importe quelle raison !

Les Gafam ont réussi à réintermédier toute la chaîne autour d'un acteur unique ou ultradominant, comme Amazon l'est pour le commerce ou Google pour l'information. Alors qu'auparavant le mouvement allait du monde physique au monde virtuel, ici le mouvement part du monde virtuel vers le monde physique. Le monde s'organise littéralement *depuis le cloud*. Chaque grand univers physique risque de connaître une nouvelle forme de vassalisation par rapport aux géants du numérique.

Pour chaque univers physique (la maison connectée, l'hôpital, les déplacements, les commerces), le marketeur doit donc se demander quel sera l'interlocuteur unique, notre assistant total, qui sera amené à régner du fait qu'il concentre le plus de données et d'utilité. Comme toujours, il n'y aura pas de place pour une multiplicité d'acteurs, car la simplicité et l'unicité de l'outil sont les ressorts essentiels du succès. Dans ce secteur si prometteur des objets connectés, la question n'est pas tant de savoir à qui ils appartiennent, ou qui détient quelle donnée, mais qui détiendra l'intelligence et les algorithmes qui les exploitent et, par ailleurs, qui les régule et les audite. C'est bien par le service rendu à l'utilisateur qu'il faut changer les choses, et non par les outils. Là réside la vraie valeur ajoutée. Si les entreprises ne sont pas capables de maîtriser cette intelligence demain, les industriels, les énergéticiens, les fabricants de domotique ne seront que des vendeurs de technologies Google.

Du côté des entreprises, face à l'emprise des Gafam et des BATX sur nos vies, la réaction est donc celle de l'indifférence générale, voire de la protestation molle du fait que leur soit imposé d'accoler des bandeaux RGPD sur leur site Web ou de renoncer à leurs Google Analytics. Alors qu'en développant leur propre leadership numérique elles auraient pu constituer des remparts contre les Gafam, les entreprises ont répondu favorablement aux sirènes du ciblage publicitaire par les données et sont devenues locataires des Gafam plutôt que bâtisseurs de leurs actifs numériques. Alors, qui pourra donc sauver notre souveraineté numérique européenne ? Ma conviction est que notre salut repose sur l'utilisateur qui, comme l'histoire du Web le montre, a toujours été le facteur de transformation le plus puissant.

PARTIE 2

LA NOUVELLE GUERRE DIGITALE

Si le citoyen européen ne peut compter ni sur l'Europe ni sur les entreprises, mais seulement sur lui-même, cette guerre digitale s'apparente au combat de David contre Goliath. Dans ces conditions, quelle pourrait être l'arme secrète à même de renverser ces colosses numériques aux pieds d'argile ? Paradoxalement, la même que celle qui leur a permis de dominer le monde et qui pourrait maintenant se retourner contre eux : l'art de galvaniser l'*empowerment* de l'utilisateur. L'ingrédient secret des Gafam et des BATX, flatter le goût du citoyen-consommateur pour le pouvoir, a désormais changé de camp et agit contre leurs intérêts.

Nous nous pencherons d'abord sur ces vagues d'*empowerment* qui continuent, telle une lame de fond, de griser les internautes depuis vingt ans. Puis nous présenterons la blockchain et les innovations dans son sillon, les NFT et autres tokens, qui fournissent aux citoyens-consommateurs une nouvelle force de transformation du cyberespace.

CHAPITRE 4

Les prises de pouvoir du citoyen-consommateur

Executive summary

- **Les révolutions d'usages qui se cumulent depuis vingt ans ont pour particularité d'avoir armé le citoyen-consommateur** face aux figures d'autorité économique, médiatique, politique et scientifique en place.

- **Depuis le Web 1.0, le citoyen-consommateur est mieux informé** tandis qu'avec le Web 2.0 il peut mieux dénoncer et se mobiliser contre les autorités.

- **Jusqu'à présent, ce sont les Gafam qui ont offert aux citoyens ces outils d'*empowerment*** et se sont drapés dans cette posture de libérateurs.

- **Une nouvelle révolution est en route sous le nom de Web3.0,** ou Web décentralisé, qui s'appuie sur la blockchain et la tokenisation.

- **Ses grands principes fondateurs** sont la protection des données utilisateurs, le partage de la valeur et la transparence algorithmique.

- **Cette fois, les outils et l'idéologie du Web3 viennent en confrontation totale** avec le modèle des Gafam et des BATX.

- **Une bataille des visions, des talents et des business models s'est ouverte** dans le monde digital.

L'utilisateur est le rouage-clé de la réussite d'une technologie. C'est par les usages, et non seulement par les technologies, que les Gafam ont changé le monde. Chaque fois qu'un usage n'était pas adopté, ils ont su abandonner la technologie correspondante[48] : ces entreprises sont avant tout orientées utilisateurs, et c'est ce que leurs concurrents traditionnels n'ont pas compris. Elles sont *user-centric*, alors que la plupart sont restées *product-centric*, cherchant à vendre un produit auquel le client doit s'adapter. C'est un changement de philosophie qui trouve dans le digital son terrain d'application privilégié, car plateformes et algorithmes peuvent être modifiés et optimisés en continu.

Ces révolutions d'usages qui s'enchaînent depuis vingt ans, nous les avons déjà rencontrées plus haut, mais nous allons retrouver leurs pendants en termes d'*empowerment*[49] de l'utilisateur. Cette notion exprime une double idée de prise de pouvoir d'un côté, et de l'autre de volonté de revanche par rapport à une situation où l'on se trouvait dominé ou dépossédé, connotation flagrante quand elle est appliquée aux minorités. De même, les réseaux sociaux, avec leurs lots de *bad buzz*, de *fake news*, permettent d'exprimer une résistance et une révolte par rapport à des autorités établies, une volonté de reprendre le pouvoir par rapport aux gouvernements, aux sachants, aux experts, aux médias, aux entreprises.

Haro sur les journalistes et les experts !

Avec la connexion des documents entre eux, les années 2000 confèrent le *pouvoir de s'informer par soi-même*. Google et Yahoo donnent le ton avec leurs moteurs de recherche, qui permettent à chacun de passer

48. Parmi les échecs les plus retentissants des Gafam, citons les Google Glasses et, du côté d'Amazon, le FirePhone, le service de micropaiements WebPay ou encore le site de vêtements de luxe endless.com (voir aussi Borison R., « Here Are 10 of Amazon's Biggest Failures », *TheStreet*, 13 novembre 2015).

49. Anglicisme que certains traduisent par « empuissancement » (l'écrivain Alain Damasio) ou « capacitation ».

au crible les discours des politiques et des marques, toutes sources de savoir et d'autorité, au risque d'aboutir à une forme de dictature de la transparence. Il faut désormais tout savoir, tout le temps et en temps réel : on ne supporte plus qu'on nous cache quelque chose. C'est aussi ce qui amène de la défiance et du complotisme, à partir du moment où cette transparence n'est pas obtenue ou seulement en partie.

La deuxième révolution intervient environ cinq ans après, du moins en France, avec Facebook et Twitter. C'est le *pouvoir de s'exprimer par soi-même et de se mobiliser*, grâce à la connexion des personnes entre elles. Les outils d'édition sont accessibles à tous, qu'il s'agisse de texte avec les blogs, ou de vidéos avec YouTube. La prolifération des smartphones, avec caméra intégrée, permet la saisie d'images et l'instantanéité : difficile de filmer une scène avec son MacBook dans la rue ! Tout un chacun devient journaliste, reporter, critique, ou s'imagine le devenir… Grâce à ces médias sociaux, on peut produire son information et la mettre en ligne pour une audience potentiellement illimitée, qui dépend du « buzz » que l'on parviendra à créer. Les audiences de ces nouveaux influenceurs leur donnent un statut de leader d'opinion à faire pâlir les experts légitimes.

Après le média social vient le réseau social : tous ces nouveaux contributeurs peuvent être connectés entre eux, créer des réseaux et des groupes *ex nihilo*, indépendamment des classes sociales, des lieux de vie ou des affinités politiques ou culturelles. On retrouve les intuitions du sociologue Gustave Le Bon qui, dès 1895, décrivait la psychologie des foules (physiques), leur irascibilité, leur mobilité, leurs passions. Aujourd'hui plus que jamais, ces foules exercent en permanence une sorte de tribunal populaire, où l'on s'attaque sans retenue à la réputation des entreprises ou des personnes.

Pour la première fois, les grands de ce monde ne maîtrisent plus l'opinion, car celle-ci s'exprime et se construit sans les filtres traditionnels des médias, des agences d'évaluation ou des journalistes, considérés comme liés aux milieux du pouvoir. Cette perte de contrôle est sans précédent. Cette opinion qui fait loi dans l'immense conversation numérique est un défi constant pour les acteurs institutionnels, les penseurs, les journalistes et autres figures de référence.

Le « pouvoir de » n'est pas un « pouvoir sur[50] »…

Nous avons vu que la première révolution dans les usages était celle de l'information et que la seconde portait sur la capacité de dénonciation et de mobilisation en réseaux. Voici la troisième. Elle intervient à partir du moment où la quantité de données engrangée sur les utilisateurs est telle qu'elle permet de nouveaux standards de service et *in fine* une personnalisation jamais connue de l'expérience utilisateur. C'est l'hyperpersonnalisation de masse, impossible jusqu'alors sans les technologies. Pour l'utilisateur, le levier d'*empowerment* consiste à *pouvoir plébisciter l'expérience qui lui convient le mieux*. Le pouvoir obtenu n'est pas un « pouvoir sur », mais un « pouvoir de » : le pouvoir d'avoir un produit livré à domicile le jour même, de commander un véhicule avec chauffeur, de réserver une maison de particuliers à l'autre bout du monde, avec l'efficacité et la fluidité du numérique. Ces acteurs-là définissent de nouveaux standards de service et de prix.

Ce pouvoir de plébisciter est nouveau dans la mesure où il rompt avec le modèle d'entreprise du XXe siècle, où la valeur était concentrée au milieu de la chaîne : constructeur pour la filière automobile, éditeur pour l'industrie du livre, industrie pharmaceutique pour le médicament, etc. Chaque fois, la concentration capitalistique et la concentration de la valeur se faisaient au profit de cet acteur intermédiaire. Cette domination laissait peu de pouvoir aux fournisseurs et surtout aux consommateurs, qui devaient s'adapter au produit plutôt que l'inverse : dans ces industries de masse, il y a peu de place pour le choix et la personnalisation, sans parler de la qualité du service, car les réclamations portent peu dans un univers vertical et descendant. Depuis la révolution des data, les communautés plébiscitent un standard et celui-ci s'impose au marché : c'est un modèle inversé, qui part

50. Expression du philosophe André Comte-Sponville lors du forum Changer d'ère de 2016.

de l'utilisateur, le début de *l'économie de l'expérience*[51] : l'expérience client devient le levier différenciateur.

Pour agréger la plus grosse communauté, les entreprises doivent donc revisiter les certitudes anciennes, entièrement centrées sur la vente d'un produit. D'autres possibilités s'ouvrent et deviennent les nouveaux points de référence : offrir le produit (comme les services de Google) contre la collecte automatique de données personnelles, offrir aux particuliers et vendre aux professionnels, offrir un service de base et vendre la montée en gamme (freemium), louer plutôt que vendre, etc.

On revisite la façon dont on monétise un business model. Dans cette nouvelle génération de modèles économiques, le retour immédiat sur investissement n'est plus central, d'où les difficultés de la plupart à rentrer dans cette nouvelle ère digitale, qui chamboule les règles classiques de la profitabilité. Les Gafam ont compris au contraire qu'il fallait forcément un « deal » entre le retour sur investissement et le « retour sur expérience » qu'attend la communauté d'utilisateurs. Le partage de valeur et le business model deviennent entièrement dépendants de leur communauté d'abonnés, de clients ou d'inscrits, qui sont le véritable actif. Ce nouveau partage est un acquis social pour la nouvelle génération numérique.

Cette troisième vague d'usages est donc une étape essentielle, car avec elle le numérique n'est plus un simple outil d'information ou de communication, mais introduit un changement de paradigme dans la création de valeur, comme l'ont montré le succès des termes « ubérisation » ou « disruption ». Le nerf de la guerre du modèle de revenu de l'entreprise est directement touché. Le produit ou service qui fonctionne n'est pas le meilleur sur le papier, mais celui à même de séduire les consommateurs, notamment dans ce que cela comprend d'irrationnel : gratuité, immédiateté, satisfaction totale. Tout part du rêve de l'utilisateur, de l'interdépendance du business model, plutôt que des possibilités du producteur… y compris en dépassant certaines lignes jaunes de la réglementation en vigueur.

51. Voir notamment Pine II, B. J., Gilmore, J. H., *The Experience Economy. Competing for Customer Time, Attention, and Money*, Harvard Business Review Press, 2019.

Le bonheur dans le métavers ?

L'étape ultime pour l'utilisateur est celle de l'hybridation entre le numérique et le physique[52], entre les plateformes et le monde réel, étape que l'on nomme aujourd'hui « phygitale ». Tout part de la superposition d'une couche digitale sur notre réalité, via l'Internet des objets, la réalité augmentée, le vocal. Ce dernier est important car, pour la première fois, le digital « crève l'écran », l'interaction passe par autre chose que nos doigts.

Premier signe tangible, le taux de pénétration des enceintes connectées : déjà très important aux États-Unis(près de 50 %), il devrait atteindre 36 % en France en 2025. L'augmentation de ces taux est plus rapide que ne l'a été la celle de la connexion Internet. Un certain temps sera nécessaire pour que l'usage se répande, car il a une dimension intrusive, et les applications ne sont pas encore très riches. Cette quatrième forme d'*empowerment* est celle de *la libération des mains et du regard*, quoi que l'on demande au système – tout comme l'Internet mobile a libéré le corps de l'utilisateur de la position assise. Le pouce et les mains de la « Petite Poucette » chère à Michel Serres n'auront été qu'une parenthèse[53].

À ce titre, les adolescents sont encore une fois précurseurs : la plupart de leurs requêtes sur Google sont vocales et de plus en plus de messages envoyés sont des bandes-son... Le lien à l'infrastructure se relâche, dans une interface homme-machine toujours plus intuitive. On peut parler d'une quatrième couche, une couche sensitive. C'est également ce que nous promettent les « métavers », ces espaces virtuels, persistants et partagés accessibles via une interaction 3D. Le terme vient de la combinaison de « méta » signifiant au-delà et « vers » signifiant univers. Motif de rachat des lunettes de réalité virtuelle Oculus VR par Meta, le métavers est pour Mark Zuckerberg le futur de nos interactions sociales,

52. Voir à ce sujet Halpern G., *Tous centaures ! Éloge de l'hybridation*, Le Pommier, 2020.

53. Serres M., *Petite Poucette*, Le Pommier, 2012.

voire le futur du Web lui-même. Au fur et à mesure que la technologie rendra l'expérience plus fluide et que les individus se familiariseront à la gestion de leur « jumeau numérique », il est probable que l'usage s'installe : pour les réunions à distance, pour sortir en boîte de nuit et faire des rencontres, pour effectuer des achats destinés au look de leur avatar… se divertir et fuir une existence sans doute moins *fun*.

Meta veille déjà à capter cette nouvelle aspiration de l'utilisateur à virtualiser son existence. L'univers parallèle proposé par Meta pourrait donner lieu à la captation de données sensorielles par Facebook à la manière de l'Oasis, le monde virtuel du film de Steven Spielberg *Ready Player One* (2018). Toutes les émotions déduites des émoticônes et des likes, tout notre comportement online, Facebook va pouvoir les connaître par des données biométriques comme la fréquence cardiaque, la température du corps ou la dilatation de la pupille. À partir de là, il sera possible d'optimiser les algorithmes pour cibler des publicités dans le métavers ou y vendre des espaces commerciaux, et proposer aux marques l'optimisation de cette expérience d'achat grâce à des données expérientielles. La dystopie du *Meilleur des mondes* de Huxley est à portée de souris. Souhaitons-nous vraiment octroyer ce pouvoir à Meta sur nos existences ?

Les troisième (le pouvoir de plébisciter de nouveaux standards de services) et quatrième vagues (le pouvoir d'être assistés par nos esclaves numériques en s'affranchissant des écrans) de prise de pouvoir de l'utilisateur touchent aux limites de l'*empowerment :* si ces mutations consacrent le triomphe des *big data* et de l'IA, si elles passent pour un pouvoir qui libère et désaliène, elles rendent l'utilisateur prisonnier de ses usages et de ses outils et font de lui la matière première d'un ciblage publicitaire de masse. La force et l'attractivité des Gafam résident en ce mélange très étroit d'*empowerment* euphorisant et d'aliénation invisible, qui leur assure des revenus sans précédent dans l'histoire économique. Une même expérience de libération et d'autonomie par le numérique serait-elle possible sans recourir à ces géants ou sommes-nous définitivement enfermés dans leur « matrice » ?

Le Web3, nouveau terrain d'*empowerment*

Derrière les révolutions technologiques, il y a donc des révolutions d'usages qui permettent aux individus de s'octroyer de nouvelles prérogatives, celle notamment de remettre en cause les autorités classiques, politiques, économiques ou scientifiques. Mais, paradoxalement, le pouvoir sur ces autorités anciennes a été rendu possible par ces nouvelles hégémonies que sont les plateformes. Plutôt que de « désintermédiation du monde réel par le Web », comme cela a souvent été présenté, il faut donc parler d'une « réintermédiation » : un transfert de pouvoir des médias à Google, des maisons de disques à Spotify, de Carrefour à Amazon, qui explique leur richesse sans précédent… et comment de nouvelles autorités se sont imposées.

L'essentiel des fonctionnalités et du trafic du Web passe par des plateformes centralisées qui offrent le service le plus confortable, le plus rapide et le plus sûr. De ce fait, la centralisation est telle qu'un e-mail échangé entre deux Français ou deux Italiens d'une même ville a de fortes chances de transiter par les États-Unis… Dans le même temps, le piratage a considérablement baissé depuis que Deezer ou Netflix ont offert des services abordables, fiables, avec des catalogues inépuisables. Les Gafam et leurs semblables ont compilé toutes les innovations, les ont intégrées, en offrant une expérience utilisateur tellement facile et fluide que l'utilisateur ne va pas chercher ailleurs et se soumet à cette centralisation.

Cypherpunks et anarchistes

Nous y sommes tellement habitués que nous avons oublié qu'à l'origine, l'architecture du Web était décentralisée, un simple réseau d'ordinateurs de même taille reliés entre eux. Il en reste quelque chose avec les échanges de fichiers pair-à-pair, mais cet usage reste marginal. L'idéal de la décentralisation et d'un retour aux origines du Web ne s'est pas perdu pour autant. Des passionnés d'informatique, comme Eric Hugues dans son « Manifeste d'un cypherpunk » de 1993, se sont posé très vite le problème de l'accaparement des informations et de l'exploitation des données personnelles par les gouvernements ou les grandes firmes. Ils se sont élevés contre le dogme selon lequel « si vous n'avez rien à cacher, vous n'avez rien à craindre ». Au contraire, ils ont souhaité trouver les moyens de protéger l'identité des individus, leurs données personnelles, leur anonymat, contre les prétentions de l'État et des multinationales. Les technologies de chiffrement et de cryptographie leur semblaient offrir ce potentiel subversif.

L'histoire va accélérer ce processus. La crise financière de 2008 apporte à leurs yeux la preuve définitive de l'impéritie de l'État, du système financier et des banques centrales, qui ne peuvent empêcher la crise des *subprimes* et l'effondrement de l'économie américaine. Il faut trouver d'autres moyens de gérer les richesses d'une société. Face aux errances d'un système défaillant, la question n'est plus seulement celle de la vie privée, mais aussi celle de la sécurité financière.

Dans un « *White Paper* » du 31 octobre 2008, signé d'un mystérieux Satoshi Nakamoto[54], est ainsi exposé un procédé technique permettant la gestion de la valeur sans recours à des autorités centrales. La négation même d'une fonction essentielle de l'État, qui est de battre monnaie et de débusquer les faux monnayeurs ! Il s'agit d'une prise de position philosophique, politique et systémique, qui englobe technologie et gouvernance, en proposant une vraie alternative grâce à un système économique décentralisé qui s'oppose au Web tel qu'il est devenu. S'appuyant sur une technologie révolutionnaire, la blockchain, cette aspiration à la décentralisation redonne des ailes à un mouvement libertarien, une tradition anarchiste américaine, très méfiante de tout pouvoir central, dont sont héritiers les lanceurs d'alerte comme Edward Snowden ou Julian Assange. À leurs yeux, ce sont les géants du Web

54. La traduction française est disponible à cette adresse : bitcoin.org/files/bitcoin-paper/bitcoin_fr.pdf. Voir également la web-série d'Arte *Le Mystère Satoshi. Aux origines du bitcoin*, 2021.

qui, en occupant la position de pouvoirs de contrôle centralisateurs, ont déclenché cette réaction de défense. Ils se sont trouvés rangés dans la même catégorie que l'État, d'autant que ces géants participent au *soft power* de l'État américain, et doivent une bonne partie de leur succès au soutien des autorités, même s'il est régulièrement question de les réguler ou de les démembrer.

Les tenants de ce Web décentralisé, héritiers des cypherpunks, forment à la fois un mouvement politisé et un gisement d'innovations de rupture : notamment la cryptographie, qui donne la possibilité de sécuriser les identités des individus et d'assurer l'anonymat, et ses applications telles que la cryptomonnaie et les nouveaux moyens de paiement. Voilà un des puissants ressorts de cette « redécentralisation » ou désintermédiation véritable du Web qui s'annonce aujourd'hui comme un nouveau et puissant vecteur d'*empowerment* de l'utilisateur.

ABC de l'idéologie décentralisée

Plus de dix ans après la création du Bitcoin, l'ennemi a donc changé de camp. Les trois principes fondateurs du mouvement cypherpunk ciblent davantage les plateformes centralisées des géants du Web que l'État et les banques centrales. Le besoin d'éviter le risque de cybersurveillance totalitaire a laissé place au combat contre l'hégémonie des Gafam pour un partage plus équilibré de la création de valeur. La nécessité d'échapper au contrôle d'une entité centrale est désormais davantage une question de transparence sur les algorithmes. Et la préservation de la vie privée passera par la restitution à l'utilisateur du pouvoir sur ses données personnelles.

Le premier des trois principes est celui de la portabilité des données. Dans un système centralisé, les données des services que vous utilisez sont stockées dans des serveurs centraux qui appartiennent à l'application. Vous ne pouvez passer d'un réseau social à un autre en gardant vos followers, vos photos, votre historique de posts ! Même avec le RGPD, les plateformes restent propriétaires des données personnelles des individus. Dans un Web décentralisé, les données des utilisateurs sont stockées directement sur la blockchain, ce qui crée un écosystème d'innovation de services ouvert mais aussi une garantie pour les utilisateurs de pouvoir récupérer leurs données ou contrôler leur utilisation. Ils ne se connectent plus avec leur e-mail, leur Facebook Connect ou leur compte Google, mais avec leur *wallet*, le moyen de paiement qui sécurise l'ensemble de leurs données personnelles. Celles-ci ne sont donc plus possédées par les applications, mais seulement partagées. Des applications et services différents peuvent présenter des vues différentes des mêmes données. Le plus important étant que les utilisateurs retrouveront la propriété et le contrôle de leurs données personnelles.

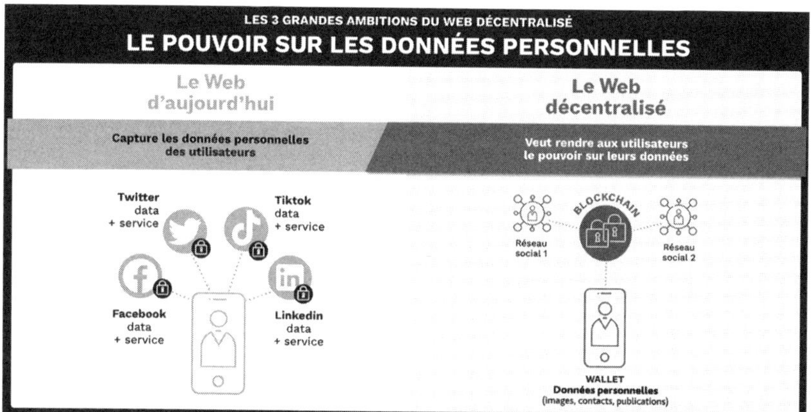

Figure 4.1 – *Les trois grandes ambitions du Web décentralisé : le pouvoir sur les données personnelles*

Arrêtons-nous maintenant sur le deuxième principe, celui de la meilleure répartition de la valeur. Dans un système centralisé, la création de valeur se fait au seul profit de la plateforme qui n'a pas à investir dans les contenus et qui fait payer les annonceurs. Pour l'utilisateur, le service est certes gratuit, mais le bénéfice de plus en plus contesté du fait des dérives éthiques liées au modèle économique du microciblage. Le Web décentralisé bouleverse totalement ce modèle économique, puisqu'il fait appel à l'investissement en temps, en nature ou en argent de différentes communautés qui sont toutes intéressées au succès du projet par des gratifications appelées « tokens ». La mécanique de distribution définie par les fondateurs du projet est appelée « *tokenomics* », autrement dit l'économie des tokens. Le Web décentralisé implique donc un changement radical des business models typiques de l'ère numérique caricaturés par l'adage « si c'est gratuit, c'est que *vous* êtes le produit ». Dans un modèle fondé sur le ciblage publicitaire, il est devenu impossible d'aligner les motivations de l'utilisateur et celles de l'annonceur. Sites et applications doivent servir deux maîtres : les uns qui veulent préserver leur vie privée, et les autres qui les financent, qui ont besoin de ces données pour la performance du ciblage. Le Web décentralisé aspire à remplacer ce modèle, à l'origine de toutes les dérives sur la santé mentale des individus et la stabilité des démocraties.

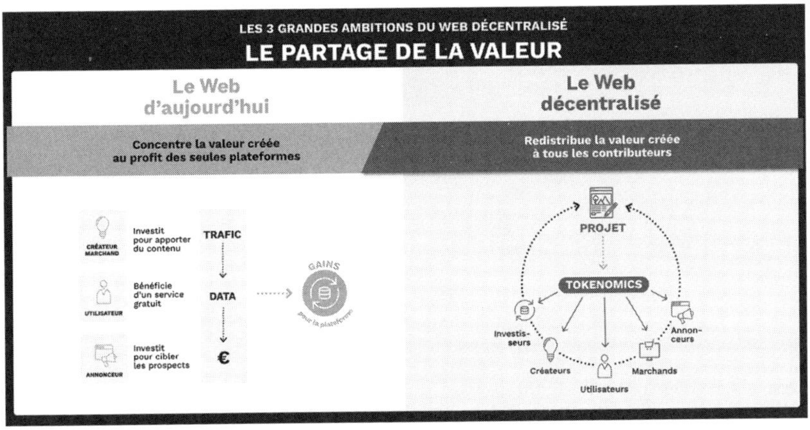

Figure 4.2 – Les trois grandes ambitions du Web décentralisé : le partage de la valeur

Finissons l'énoncé de ces trois principes avec la transparence, notamment des algorithmes. Dans un système centralisé, la plateforme est propriétaire de son code et l'algorithme est opaque pour les utilisateurs. Les algorithmes de fonctionnement sont secrets, rendant leur contrôle impossible. Les règles d'utilisation des services sont imposées aux annonceurs, marchands, utilisateurs des plateformes alors qu'ils en sont dépendants, créant une position de *gatekeeper* et donc un déséquilibre sur les marchés.

Dans un système décentralisé fonctionnant avec la blockchain, c'est tout le contraire. Le code est transparent et chaque utilisateur héberge une copie de la base de données dans laquelle est inscrit l'historique des transactions. Le code et la gouvernance sont transparents, ce qui permet de contrôler la promesse de la plateforme en matière de décentralisation et gestion des données personnelles. Un programme de type DAO (*decentralized autonomous organization*) vient de plus en plus souvent organiser la gouvernance de décisions communes autour du projet. Donc toutes les parties prenantes, tous ceux qui contribuent à ce code *open source*, y accèdent simultanément et de façon totalement ouverte. Une fois fixées, ces règles sont immuables, alors que, dans un système centralisé, la plateforme peut à tout moment changer les règles de fonctionnement de son service.

Si l'on veut souscrire à ce service, on sait d'emblée comment les décisions vont être prises. Les utilisateurs sont présents en connaissance de cause, en ayant étudié toute cette gouvernance, l'organisation de l'application. Toutes les applications décentralisées offrent la visibilité de leur organisation.

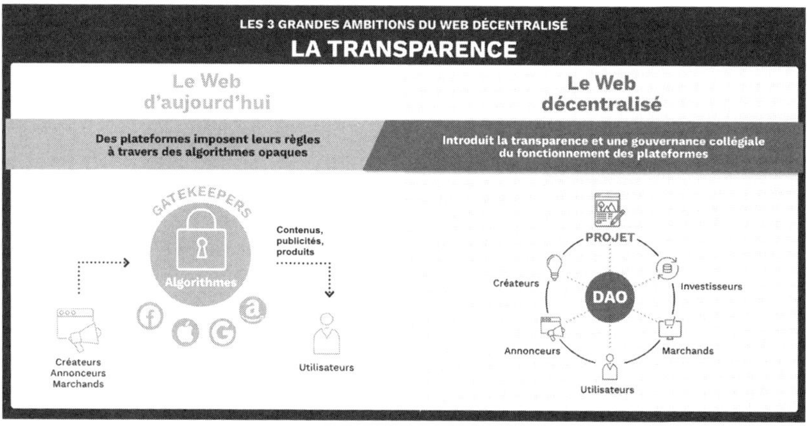

Figure 4.3 – *Les trois grandes ambitions du Web décentralisé : la transparence*

Web 1.0, Web 2.0, Web 3.0 : retour à l'origine

Le Web décentralisé cherche donc à résoudre les problèmes qui ont découlé de la centralisation par les géants du Web. La reconquête de la confiance des utilisateurs, de la vie privée et de l'éthique des algorithmes par leur transparence est au cœur du projet. La confiance ne repose plus sur le postulat qu'une start-up cool issue de la Silicon Valley va forcément changer le monde en bien (rappelons-nous de la première devise de Google : « *Don't be evil* », « Ne soyez pas malveillant »), mais sur l'utilisation de réseaux constitués de nœuds décentralisés capables de valider des transactions sécurisées par cryptographie (principe de la blockchain). La vérité n'est plus dépendante de l'intermédiaire expert qui évalue et certifie. Elle est inscrite dans les « contrats intelligents » (*smart contracts*) auto-exécutables qui éliminent la nécessité d'impliquer les tiers. La vie privée n'est plus une « identité numérique » dont on doit gérer la réputation tant bien que mal... en évitant de twitter enivré en rentrant de boîte de nuit ou de se laisser taguer par nos amis sur des photos non désirées ! C'est un ensemble de données dont l'utilisateur redevient propriétaire et qu'il accepte de partager, au cas par cas, aux tiers de son choix.

Tim Berners-Lee, le cofondateur du Web lui-même, milite depuis des années pour une refondation du Web à même de corriger ces défauts : « Nous assistons à une énorme réaction contre la dystopie du monde technologique », explique-t-il en défendant le projet Solid, une technologie *open source* destinée à redonner à l'utilisateur le pouvoir sur ses données[55]. Le virage après trente ans de trajectoire du Web est tellement important que le terme Web3.0 semble s'imposer pour matérialiser cette troisième révolution du World Wide Web.

55. Shankland S., « Solid, l'idée de Tim Berners-Lee pour reprendre le contrôle des données », ZDNet, 3 avril 2019.

Comme on l'a vu, le Web 1.0 se caractérisait par la *connexion des documents*, l'émergence des moteurs de recherche et la prise de pouvoir de l'utilisateur sur l'information. Le Web 2.0 rendait quant à lui possible la *connexion des personnes*, l'émergence des médias et réseaux sociaux sur mobiles, et le pouvoir de mobiliser l'opinion. Puis, la *connexion des données* entre elles survenait et favorisait la percée des plateformes consacrant l'expérience utilisateur et le pouvoir de l'utilisateur à plébisciter ces nouveaux standards de services. Le Web 3.0, quant à lui, *connecte les objets entre eux* et l'utilisateur acquiert le pouvoir d'être assisté par le numérique dans une nouvelle vie phygitale. Mais le sujet qui nous occupe dans ce livre, c'est cette évolution qui survient avec la *connexion des valeurs* entre elles, ces fameux cryptoactifs numériques et le pouvoir qui en résulte pour l'utilisateur de revendiquer la copropriété des services qu'il utilise. Nous reviendrons sur ces points ! En attendant, je propose, comme la figure suivante le montre, d'intégrer ces cinq phases de connexion dans cette numérotation Web 1.0, 2.0, 3.0.

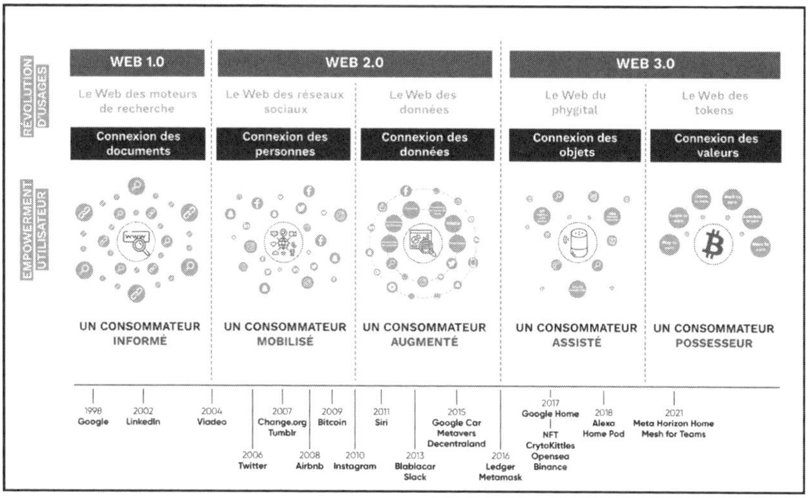

Figure 4.4 – *Les révolutions du Web*

CHAPITRE 5

La blockchain, arme de décentralisation massive

Executive summary

- **La blockchain est la technologie au cœur du Web3 :** c'est elle qui permet de désintermédier les organes centraux, qu'il s'agisse d'institutions ou de plateformes comme celles des Gafam.

- **Pour faire fonctionner la blockchain, une cryptomonnaie y a été associée,** le Bitcoin.

- **Pour assurer le rôle de coordinateur et de courtier de la blockchain et récompenser les parties prenantes du système, d'autres types de cryptoactifs ont été émis,** les tokens.

- **Vus du citoyen-consommateur, les tokens sont la *killer application* de la blockchain :** ils lui permettent de prendre part à des projets et d'être récompensé pour sa contribution.

- **Les tokens et en particulier la classe des NFT (*non-fungible tokens*) constituent le levier de démocratisation du Web3** et de l'appropriation par le public d'un pouvoir financier.

La blockchain, le « *consensus-as-a-service* »

La technologie phare qui permet un tel tour de force est la blockchain. Derrière ce terme énigmatique, qui signifie littéralement « chaîne de blocs », se cache un *protocole de certification décentralisée* de la valeur. Une définition claire et complète en est donnée par Laurent Leloup : « Une blockchain est une base de données transactionnelle distribuée, comparable à un grand livre comptable décentralisé et partagé, qui stocke et transfère de la valeur ou des données via Internet, de façon transparente, sécurisée, et autonome car sans organe central de contrôle[56]. » Il s'agit d'une technologie d'échange de valeurs, de même que l'Internet classique est une technologie d'échange d'informations. Nous retrouvons l'idée de la survenue de la *connexion digitale universelle des valeurs*, après celles des documents, des personnes et des objets.

Mais reprenons cette définition ensemble :

- La blockchain est une base de données : c'est en effet un outil de stockage, sécurisé, immuable et transparent, de l'historique des échanges et transactions depuis son lancement. Toutes les transactions sont regroupées sous la forme de blocs. Tout bloc validé est ajouté à la chaîne de blocs et devient donc visible de tous les utilisateurs.
- Elle est comparable à un grand livre comptable : c'est un registre ouvert à tous, anonyme et qu'on ne peut falsifier. Tout le monde est à même de le consulter librement et gratuitement, d'ajouter du contenu, mais il est impossible d'en effacer ou de détruire la chaîne.
- Ce registre comptable est distribué : la blockchain fonctionne avec un réseau de participants. Un nœud est un ordinateur qui se connecte au réseau d'une blockchain. Lorsqu'un participant d'un réseau initie une transaction, celle-ci est diffusée sur l'ensemble du réseau pour être validée. Une fois la transaction validée, chaque nœud l'enregistre dans la blockchain.

56. Leloup L., *Blockchain. La révolution de la confiance*, Eyrolles, 2017.

Comment le système assure-t-il la confiance entre ses participants, au point de pouvoir se passer d'un organe central ? Le caractère immuable et sécurisé de la blockchain repose sur le triptyque consensus distribué, minage et cryptographie.

- Le principe du consensus distribué fait de tous les participants de la blockchain les maillons d'une chaîne de confiance ; ainsi, tous contribuent à la sécurisation de l'ensemble de la chaîne puisqu'ils sont mis en compétition les uns avec les autres pour valider les nouvelles transactions du réseau.
- Le minage est le procédé par lequel les nouveaux blocs à inscrire sur la blockchain sont validés. Le premier mécanisme de validation apparu est la « preuve de travail » (*proof of work* ou PoW). Ici, les mineurs doivent résoudre une équation complexe en utilisant la puissance de calcul de leur ordinateur pour la résoudre. Dans le mécanisme de validation *proof of stake* (ou PoS), « preuve d'enjeu » en français, le consensus se fait en mettant en jeu une partie de ses possessions en cryptomonnaies afin de tenter de devenir validateur. Les validateurs sont choisis au hasard et leur mise en jeu sert à garantir le bon comportement des validateurs. Les mineurs sont rémunérés en bitcoins ou en ethers pour leur rôle crucial dans la sécurisation du système.
- La clé derrière chacun de ces mécanismes est la cryptographie. Elle est utilisée pour sécuriser les transactions et valider les transferts d'actifs à partir de la technologie des clés de cryptage.

C'est ce consensus distribué entre tous qui permet la supervision et des décisions *sans autorité centrale*. Et, quand bien même un serveur ou un ordinateur serait supprimé ou piraté, l'information ne disparaîtrait pas. Tout le contraire d'un Facebook qui, lors d'une énorme panne en 2021, a fait perdre à ses utilisateurs l'accès à toutes les applications liées par le module Facebook Connect.

Sur la blockchain, tout ce qui a été enregistré est immuable, comme dans une chaîne de coffres-forts numériques identiques. La blockchain incarne la désintermédiation ultime.

Il en existe différents types. Comme toute technologie, elle peut être utilisée dans un cadre privé ou public, de même que le Web peut exister sous la forme d'Internet (ouvert) ou d'intranets (fermés sur une communauté de travail). Certains consortiums d'entreprises privées ont vu l'intérêt de cette logique de registre distribué[57] pour des *smart contracts*, afin d'automatiser des tâches et d'authentifier des individus, tout en conservant un organe centralisé. Il peut s'agir de banques entre elles, qui cherchent à fluidifier leurs interactions. Elles ont simplement besoin du système d'authentification et d'enregistrement des transactions.

Mais ce n'est qu'avec la blockchain publique que le système prend tout son sens et qu'on atteint réellement la décentralisation, dans une logique de nœuds avec de multiples utilisateurs, de transparence, d'ouverture du fonctionnement en réseau et d'absence d'autorité centrale.

Ethereum ou l'échange généralisé

Il faut aussi distinguer les typologies ou générations de blockchains. Il y a au départ des blockchains d'infrastructure, qui ont servi de support à la mise en place des registres distribués, mais aussi des *smart contracts*. Tout simplement parce que la première blockchain, qui était la cryptomonnaie Bitcoin, permettait seulement d'effectuer des transactions simples, essentiellement des paiements, mais pas de développer des applications. Or, dans une société moderne, on n'échange pas que de la monnaie, mais des biens, des services, des promesses, des contrats, des garanties, etc.

C'est alors que le jeune informaticien russo-canadien Vitalik Buterin a inventé la deuxième principale blockchain, Ethereum. Elle va constituer un tournant majeur dans l'histoire de la blockchain, puisque celle-ci va

57. Un registre distribué est un registre simultanément enregistré et synchronisé sur un réseau d'ordinateurs, qui évolue par l'addition de nouvelles informations préalablement validées par l'entièreté du réseau et destinées à ne jamais être modifiées ou supprimées. Un registre distribué n'a ni administrateur central ni stockage de données centralisé. (Source : Wikipédia.)

désormais pouvoir héberger des applications collaboratives et décentralisées. Ethereum permet de faire tourner ces fameux programmes autonomes que sont les *smart contracts*, qui vont exécuter automatiquement des actions validées au préalable par les parties prenantes. D'autres infrastructures vont permettre d'améliorer les fonctionnalités de la blockchain, afin par exemple de la rendre plus « scalable », autrement dit lui permettre de grandir et de changer d'échelle.

Actuellement, le processus de la blockchain Bitcoin est assez long et gourmand en énergie. Il permet de valider des transactions toutes les dix minutes seulement, ce qui est évidemment problématique pour les paiements, quand on pense aux millions de transactions par minute des géants du paiement que sont Visa ou Mastercard. C'est pourquoi des blockchains arrivent en surcouche, pour rendre la blockchain initiale plus scalable, plus rapide et plus efficace. Les jeux et les applications décentralisées (layer 2) viennent donc par-dessus la blockchain infrastructurelle que constitue le protocole Bitcoin comme le montre la figure ci-dessous : les fonctionnalités et les rôles de la blockchain se développent au gré de ces couches qui s'ajoutent et qui permettent plus d'efficacité et plus d'applications décentralisées, au-delà du simple système de paiement.

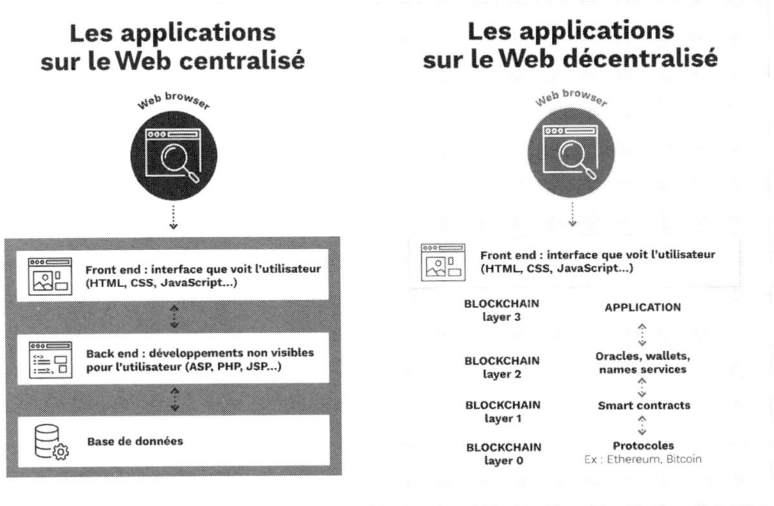

***Figure 5.1** – Les applications sur le Web*

Tout l'intérêt de la blockchain est de reprendre le rôle de certains tiers de confiance, que l'on peut répartir en quatre grandes fonctions indispensables à nos sociétés fondées sur des transactions complexes : le notaire, le banquier, le courtier et le coordinateur. Notaire et banquier sont les deux fonctions dont on entend le plus parler, car elles correspondent aux applications des principaux usages actuels de la blockchain. Les deux autres sont les usages les plus récents.

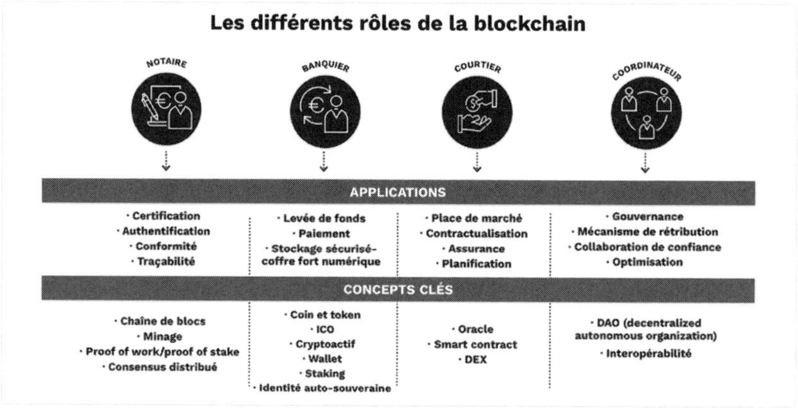

Figure 5.2 – *Les différents rôles de la blockchain*

La blockchain comme notaire

Le rôle du notaire correspond à cette fonction assez élémentaire de traçabilité de la blockchain, qui va valider des transactions et enregistrer des données, les archiver, vérifier la signature et l'authenticité de l'émetteur. Nous sommes là sur des fonctions classiques de certification, d'authentification, de conformité, de traçabilité. Les chaînes de blocs et la cryptographie rendent le registre immuable. Notons que ce concept de registre avec horodatage est quelque chose de nouveau dans le Web puisque, actuellement, une page Web ne connaît pas la notion d'état. Quand on arrive sur un site Web, celui-ci ne tient pas compte du nombre de fois où l'utilisateur est déjà venu (sauf bien sûr avec les fameux cookies qui nous espionnent, mais ils sont la propriété d'une plateforme centralisée extérieure). Ni l'utilisateur ni le site Internet visité ne tiennent cette comptabilité. L'historique, le suivi des états sur une application n'a pas été prévu dans l'architecture du Web tel que nous le connaissons.

Dans la blockchain, au contraire, la temporalité ou l'historicité sont une fonctionnalité majeure ; il n'y a jamais de recommencement, mais toujours progression grâce au triptyque vu plus haut – consensus distribué, minage et cryptographie. Cela revient à digitaliser les protocoles d'un notaire qui, au moment d'une vente de maison, vérifie l'authenticité des actes, les sources, l'argent, la présence et l'identité des participants à la transaction, contacte le cadastre, et qui ensuite a un devoir d'archivage.

Concrètement, les applications de la blockchain de type « notaire » peuvent se trouver dans le secteur du luxe, pour lutter contre les contrefaçons, dans la santé, pour authentifier les médicaments, dans l'alimentaire, pour la traçabilité des produits. Une autre application peut concerner les pièces détachées dans l'industrie : l'industrie aéronautique par exemple a formé une alliance pour suivre, tracer, enregistrer les pièces détachées des avions, et ainsi leur constituer une sorte de passeport numérique. On pourra de la sorte identifier de façon incontestable une pièce, sachant que beaucoup d'accidents d'avion sont liés à des pièces de mauvaise qualité ou impropres. Un système permettant d'attester du certificat de navigabilité apporterait des gains de sécurité précieux dans l'aviation[58].

58. « Blockchain : une opportunité pour l'Europe. Pourquoi la zone euro ne doit pas rater la seconde révolution d'internet ? », Fondation Concorde/Havas Blockchain/Bpifrance, décembre 2020.

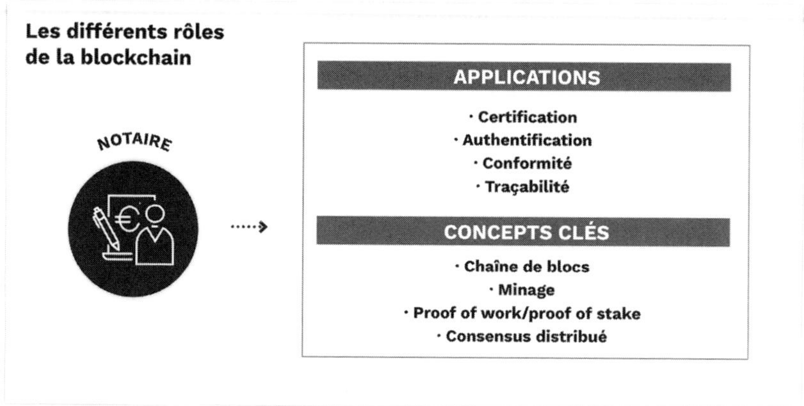

Figure 5.3 *– Les différents rôles de la blockchain : notaire*

La blockchain comme banquier

Deuxième fonction phare, le rôle de banquier. Comme nous l'avons vu, la monnaie est la première application de la blockchain, avec le Bitcoin, cryptomonnaie rapidement suivie par des dizaines d'autres, alternatives à d'autres systèmes de paiement. Avec ce rôle de banquier, les fonctions clés de la blockchain vont être le paiement, mais aussi les levées de fonds, la sécurisation des actifs eux-mêmes et la fonction de coffre-fort numérique, car un banquier va aussi stocker des actifs et les sécuriser : c'est la notion de *wallet* en cryptomonnaie, soit un lieu de stockage. La cryptomonnaie permet aussi de récompenser les « mineurs », qui sont les responsables de la sécurité des transactions.

Plus largement, à partir du moment où se retrouvent sur la blockchain tous les types d'actifs numériques (images, sons, textes, documents), les transactions entre les utilisateurs vont se généraliser. C'est déjà le cas du marché de l'art numérique. Les NFT (*non-fungible tokens*) sont ainsi des actifs numériques qui vont être échangés sur un marché dans lequel tout se passe via des cryptomonnaies.

Les applications du rôle de banquier ne manquent pas : la finance, la sécurisation des actifs, la lutte contre la fraude, le financement participatif, tout le marché de l'art virtuel. Une initiative comme Ripple permet ainsi d'effectuer des transactions financières sécurisées, instantanées, presque gratuites, sans rejet de débit, prenant en charge n'importe quelle monnaie fiduciaire, mais aussi les cryptomonnaies et les marchandises. Avec la blockchain, on peut donc imaginer un système de paiement électronique beaucoup plus sécurisé que ce qui existe actuellement avec les clés ou les systèmes de vérification par téléphone portable (3D-Secure).

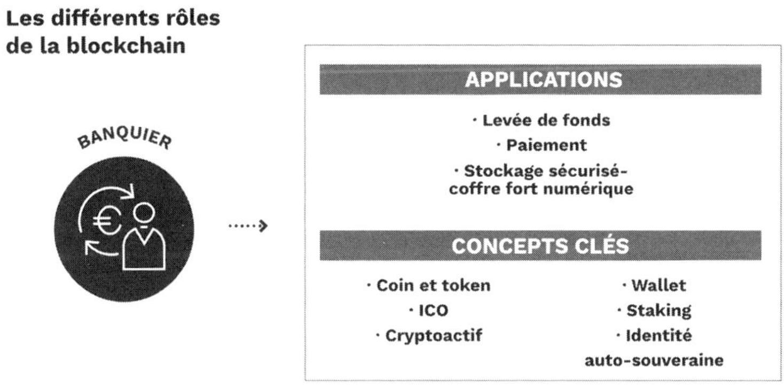

Figure 5.4 – *Les différents rôles de la blockchain : banquier*

La blockchain comme courtier

Troisième fonction, celle de courtier, fait intervenir la notion de *smart contracts* dans une blockchain. Ces « programmes intelligents » sont une forme d'automatisation de l'application d'un contrat. Au-delà des simples transactions, la blockchain peut organiser les places de marché (ou DEXs, pour *decentralized exchanges*), héritage majeur du Web centralisé, puisque ce sont ces plateformes, comme eBay, qui ont été les tiers de confiance entre un acheteur et un vendeur. Le rôle de tiers de confiance est assuré par les *smart contracts* de la blockchain, grâce auxquels on connaît à l'avance les conditions de contractualisation entre les parties.

La fonction clé du courtier correspond à la place de marché, une mise en relation des parties prenantes sur la base de contrats automatisés. Les applications concrètes seront la vente, mais aussi la maintenance, la logistique, l'assurance, où les contrats pourront s'appliquer automatiquement.

Bien évidemment, la blockchain ne pourra en aucun cas remplacer le travail d'interprétation du juge, de l'avocat ou de l'expert de la société d'assurances. Mais beaucoup d'applications d'assurance ne nécessitent pas une interprétation approfondie : si un médecin ou un hôpital atteste d'un arrêt maladie, il n'y pas besoin d'un tiers supplémentaire pour valider le remboursement des soins ou des médicaments, ou encore le versement d'indemnités journalières.

Bien sûr, la validation d'un *smart contract* suppose un fait générateur dans le monde extérieur, comme la victoire d'une équipe de football déclenche le paiement d'un pari sportif. Des informations peuvent être automatiquement produites pour valider un *smart contract* : des capteurs physiques sont capables d'attester le respect du Code de la route en cas d'accident, l'origine exacte d'un incident ou même d'une éraflure sur une voiture. Cette information venant du monde physique et apportée par un capteur est appelée « l'oracle »...

Dans la logistique, la blockchain permet ainsi de suivre les entrées et sorties de marchandises, c'est son rôle de notaire. Les informations sont enregistrées et consultables par les parties prenantes. Toute sortie suspecte de marchandises est répertoriée par les *smart contracts*, qui vérifient si telle sortie doit avoir lieu à tel moment. C'est ici qu'entre en jeu l'Internet des objets (IoT) pour vérifier les conditions de transport, par exemple avec une solution comme SkyCell, qui propose des conteneurs traçant la température, l'humidité et la localisation des livraisons. L'oracle automatisé pourra communiquer au *smart contract* si les conditions de transport sont réunies ou encore si telle sortie est valable. C'est ensuite que le prestataire va pouvoir être rémunéré, ou qu'au contraire le commanditaire contestera l'application du contrat.

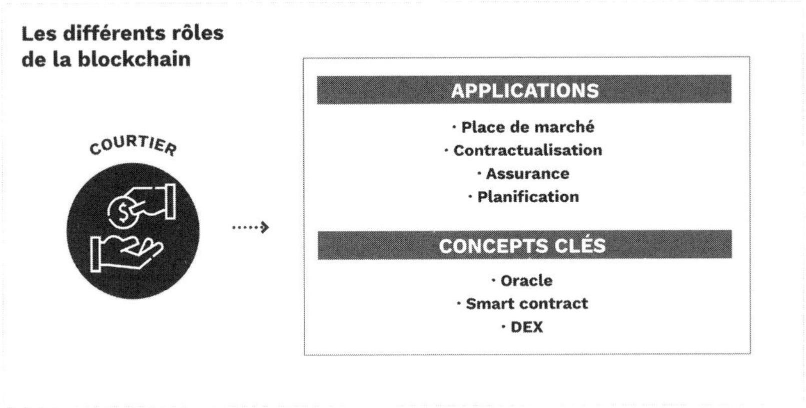

Figure 5.5 *– Les différents rôles de la blockchain : courtier*

La blockchain comme coordinateur

Enfin le rôle de coordinateur consiste à faire travailler sur la blockchain des acteurs dont les intérêts ne sont pas alignés. On repart du rôle de courtier, mais dans un système plus complexe où les acteurs sont démultipliés et ont des intérêts divergents. C'est là que se fait sentir le besoin des programmes que sont les DAO (pour *decentralized autonomous organizations*, organisations autonomes décentralisées). Les acteurs qui créent un projet et le financent peuvent décider de s'organiser en DAO. Ils vont définir les règles de gouvernance de l'organisation : le nombre de jetons nécessaires pour prendre une décision, les droits attachés aux différents jetons, les seuils à atteindre pour que la décision soit prise, etc. Ces règles sont automatisées via des *smart contracts* et inscrites de façon immuable et transparente dans une blockchain. Nul ne peut les changer ou les contester, et elles sont auditables car publiques. Il s'agit donc d'une organisation ouverte à tous et qui ne s'appuie sur aucune juridiction, fonctionnant avec du code informatique, et où personne ne peut frauder. La confiance réside dans cette transparence et dans le fait que la DAO transcende ses propres acteurs, personne n'a le pouvoir de la fermer ou de l'arrêter.

La DAO va plus loin que les *smart contracts*. Elle rend possible par exemple des règles de vote électronique entre les acteurs, autrement dit un système de régulation ou de vie démocratique entre des partenaires, de façon à organiser la gouvernance d'un consortium, d'une filière ou même d'une ville. Le tout, en laissant *in fine* à l'être humain son rôle décisionnel dans le processus de décision globale, puisque toutes ces DAO sont définies par les parties prenantes elles-mêmes, qui encodent les règles de fonctionnement que les acteurs ont définies ensemble. Ces organisations échappent encore au champ d'application de la loi et ne répondent qu'aux règles autonomes encapsulées sous forme de code. Mais cette technologie reste régulable. Aux États-Unis, le Wyoming a récemment adopté une loi qui accorde le statut de société légale aux DAO qui opèrent sur une blockchain, à condition qu'elles soient organisées en tant que société à responsabilité limitée dans cet État. Un premier pas vers la reconnaissance de ces nouveaux modes d'organisation.

Dans le rapport sur la blockchain de la fondation Concorde[59], on trouve ainsi un cas d'usage dans le transport maritime. Dans ce secteur complexe, il est courant d'avoir affaire à des dizaines d'acteurs différents : agriculteurs, transporteurs terrestres, courtiers en douane, etc. L'ensemble de ces acteurs sont régulés par une blockchain mise en place par le transporteur Maersk et l'informaticien IBM : celle-ci permet d'accéder à l'ensemble des documents d'une transaction, de partager les données du système d'import-export, depuis l'agriculteur qui va produire des fleurs jusqu'à l'acheteur final. Tout le processus est supervisé par l'ensemble de cette blockchain.

59. « Blockchain : une opportunité pour l'Europe », *op. cit.*

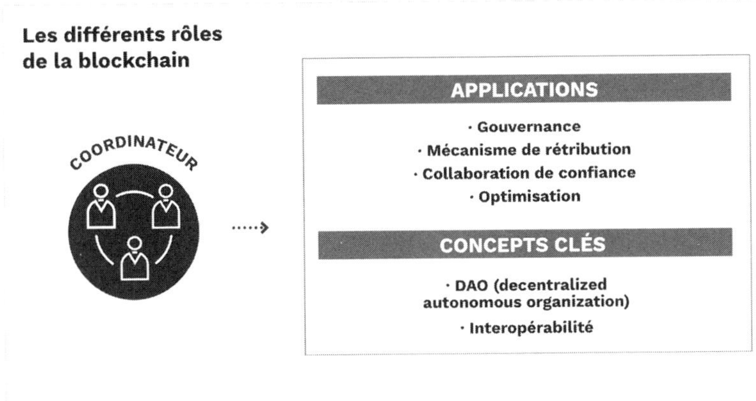

***Figure 5.6** – Les différents rôles de la blockchain : coordinateur*

Quatre rôles clés à décliner dans les filières

Ces quatre fonctions de la blockchain mises en commun sur une même filière peuvent révolutionner des secteurs économiques. Prenons les exemples de l'énergie et de la santé.

Concernant l'énergie, côté notaire on trouve des fournisseurs qui utilisent des outils de traçabilité de l'origine de l'énergie : Sunchain pour l'énergie solaire, Irene Energy pour les énergies vertes. Cela permet aux consommateurs qui achètent leur énergie d'être sûrs qu'il s'agit d'une énergie verte. On retrouve le pouvoir donné au consommateur de contrôler la nature et le sens de sa consommation. Dans le rôle de banquier, citons SolarCoin, une cryptomonnaie destinée à inciter à la production d'électricité photovoltaïque. Elle assure la rémunération en *coins* des producteurs d'électricité photovoltaïque. Au niveau du courtier, on trouve BeeBryte, une solution d'optimisation de la facture énergétique basée sur un boîtier qui prend en compte l'occupation du bâtiment, la météo et les coûts de l'énergie pour adapter la consommation. Dans ce cas de figure, il s'agit, pour un bâtiment donné, de mobiliser les occupants et les propriétaires, mais aussi le promoteur immobilier et le gestionnaire de l'immeuble, qui vont mettre à disposition ce boîtier pour permettre d'optimiser les coûts de l'énergie. C'est une application multiacteur, fonctionnant avec des indicateurs météorologiques et des capteurs dans le bâtiment. Enfin, dans le rôle du coordinateur, citons l'alliance de Solar DAO et de Powerchain. Ce dernier est un écosystème de solutions décentralisées permettant à tout un chacun de stocker et de redistribuer de l'électricité sur le réseau électrique tandis que Solar DAO fédère les acteurs de l'investissement pour des projets photovoltaïques autonomes à grande échelle. Le partenariat vise à populariser l'utilisation des sources d'énergie renouvelables et à rendre plus efficace le système de gestion de l'énergie en utilisant des technologies innovantes en combinaison les unes avec les autres. Le principal avantage de la coopération sera l'adoption de systèmes de stockage d'énergie pour stabiliser la consommation d'énergie pendant les pics de charge.

La santé donnera lieu au même type d'applications : Dr Data ou Blockpharma permettent la traçabilité du médicament et la conformité des données de santé. MyHealthMyData est un projet d'envergure européenne pour identifier les technologies qui vont permettre d'assurer la protection des données de santé, de recueillir le consentement sur l'utilisation des données. Cet exemple illustre que la notion de coffre-fort numérique ne se limite pas à l'argent, mais concerne aussi et surtout des données. Sunny Lake est une plateforme dédiée à la recherche clinique communautaire : les données de santé peuvent être monétisées avec le consentement des utilisateurs. On permet ainsi à des labos, des CHU ou des organismes de recherche en santé d'exploiter ces données pour la recherche clinique. La blockchain penche ici du côté marketplace.

PharmaLedger est un autre projet de plateforme qui va justement permettre des études cliniques, mais aussi orchestrer la chaîne d'approvisionnement des médicaments, la gestion des données de santé, en mettant en place un consortium d'acteurs tels que des laboratoires, des CHU et des institutions, mais aussi des start-up comme Sunny Lake et les acteurs de MyHealthData, Blockpharma, Dr Data (voir le tableau 5.1). Il y a là tout un écosystème de santé, nécessitant donc une DAO pouvant gérer les intérêts divergents de l'ensemble de ces acteurs, car les laboratoires n'ont pas les mêmes besoins que les institutions ou que l'hôpital pour autoriser le partage des données de santé des individus.

RÔLE DE LA BLOCKCHAIN	EXEMPLE DANS L'ÉNERGIE	EXEMPLE DANS LA SANTÉ
Coordinateur Assurer la gouvernance d'un système complexe, incluant les utilisateurs de produits et services.	**Solar DAO :** premier fonds d'investissement au monde pour des projets photovoltaïques autonome à grande échelle. A noué un partenariat avec : **Powerchain**, un écosystème décentralisé qui permet à chacun de stocker de l'électricité et de la transférer au sein du réseau.	**PharmaLedger :** projet pour délivrer une plateforme blockchain *open source* utilisable dans le cadre d'études cliniques, de la *supply chain* ou de la gestion de données de santé.
Courtier Assurer la mise en relation et l'application des conditions contractuelles entre des acteurs.	**BeeBryte :** solution d'optimisation de la facture énergétique basée sur un boîtier qui prend en compte l'occupation du bâtiment, la météo et les coûts de l'énergie pour adapter la consommation.	**Sunny Lake :** plateforme dédiée à la recherche clinique communautaire.
Banquier Assurer la sécurité du stockage et des transferts d'actifs numériques.	**SolarCoin :** cryptomonnaie destinée à inciter à la production d'électricité photovoltaïque. La fondation SolarCoin a conçu l'octroi de solarcoins pour durer 40 ans, de manière à générer 97 500 TWh d'électricité de source solaire.	**MyHealthMyData** : projet européen pour identifier les technologies permettant d'assurer la protection des données de santé des patients et leur permettre de donner un consentement dynamique sur l'utilisation de leurs données.

RÔLE DE LA BLOCKCHAIN	EXEMPLE DANS L'ÉNERGIE	EXEMPLE DANS LA SANTÉ
Notaire Enregistrer de manière immuable des données et informations.	**Sunchain :** traçabilité et certification de l'origine de l'énergie. **Irene Energy :** traçabilité des énergies vertes pour assurer au consommateur qu'il ne finance que de l'électricité verte. **Emblock :** traçabilité pour la mobilité électrique.	**Blockpharma :** traçabilité des médicaments. **Dr Data :** conformité des données de santé.

Tableau 5.1 *– Les différents rôles de la blockchain : exemples dans l'énergie et la santé*

Le token, le vrai contre-pouvoir

Tant que le Web décentralisé est resté entre les mains des développeurs de la blockchain, des investisseurs précoces dans le Bitcoin et des spécialistes de la cryptographie ou même des *smart contracts*, une démocratisation paraissait bien entendu lointaine. La véritable révolution des usages, capable d'engendrer une nouvelle page dans l'histoire de l'*empowerment* portée par le Web3 réside dans le token.

Celui-ci amène une logique encore nouvelle qui est *la digitalisation de toute forme de valeur sociale* (et non seulement monétaire) et la reconnaissance de la propriété numérique, là où la blockchain s'arrêtait à la décentralisation des transactions monétaires. Il est appelé à devenir pour cette raison la *killer application* du Web3, de même que le mail est devenu l'application phare du Web, celle qui fait qu'au-delà des exploits d'un petit cercle d'initiés l'innovation devient d'intérêt général et convertit la majorité à de nouveaux usages. Celle qui fait que l'on pratique la blockchain comme M. Jourdain pratiquait la prose, de manière naturelle et sans s'en rendre compte ! L'investisseur américain Chris Dixon dit ainsi « aimer ce terme de token parce qu'il souligne clairement la similarité avec un jeu d'arcade : vous vous y rendez et, au sein de ce jeu d'arcade, vous pouvez utiliser ces tokens. Ils ne visent pas le remplacement des monnaies traditionnelles, mais à être utilisés au sein de ce monde[60]. »

Le token est un certificat de propriété numérique qui appartient à la grande famille des cryptoactifs, ou « actifs numériques virtuels qui reposent sur la technologie de la blockchain (chaîne de bloc) à travers un registre décentralisé et un protocole informatique crypté », selon la définition du ministère des Finances. Parmi ces cryptoactifs, on retrouve également le *coin*, qui est un moyen de paiement rattaché à une blockchain, comme le Bitcoin, associé à la blockchain du même nom, ou l'ether pour la blockchain Ethereum. Notons cependant qu'à l'exception du Salvador, qui a choisi en 2021 de faire du Bitcoin sa monnaie officielle, les cryptomonnaies n'ont pas la qualification juridique de monnaie, encore privilège des États. Les premiers cryptoactifs étaient donc les bitcoins, qui permettaient les transferts d'argent, la rémunération des « mineurs », qui dès lors ont intérêt à valider les transactions, à rendre les registres inviolables grâce à leur puissance de calcul et de cryptage. Depuis 2014, année où la blockchain Ethereum a été créée, aux opérations bancaires se sont ajoutés des programmes, des applications qui proposent des services, du stockage, du bookmaking, du transport à la demande, de la certification, de la traçabilité, bref une multitude d'usages qui vont du courtier au coordinateur comme nous l'avons vu.

D'autres types de cryptoactifs, les tokens (en français « jetons ») plus souples que les cryptomonnaies car ils n'ont pas leur propre blockchain, ont donc été émis pour faciliter le fonctionnement de la blockchain, financer les projets et organiser les DAO comme instruments de coordination de projets. Entre 2017 et 2018 une vague d'euphorie souffle sur la blockchain et les *initial coin offering* (ICO), ces levées de fonds en tokens, se multiplient auprès de potentiels investisseurs. Elles représentent une forme d'alternative aux financements classiques via des banques ou des fonds de capital-risque. Les *scams*, ces arnaques sur la blockchain, sont alors extrêmement courantes, car les projets

60. Propos cités dans « Qu'est-ce qu'un token ? », Blockchain France, 22 mai 2018.

ne font l'objet d'aucun contrôle par l'autorité des marchés financiers. Mais c'est la simplicité qui est recherchée. Les ICO gagnent en popularité depuis quelques années pour leur souplesse et leur facilité à lever, auprès du monde entier, des millions d'euros en quelques heures. En échange de l'argent investi, les investisseurs cryptos ne détiennent pas des actions de l'entreprise mais des tokens associés au projet de l'entreprise et dont la valeur ne se concrétisera que si le projet aboutit. Un token peut représenter un droit, une valeur ou encore un pouvoir au sein d'un réseau. En effet, n'importe quel créateur de projet peut créer un token, et lui conférer une application personnalisée : moyen de paiement, droit d'usage, droit d'auteur... Cette personnalisation s'effectue au moment de la création du token, via un contrat intelligent. En conséquence, c'est grâce aux tokens que les différents utilisateurs d'une blockchain interagissent entre eux.

Comme une cryptomonnaie, les tokens peuvent être transférés de pair-à-pair sans duplication : il n'y a ni intervention d'un tiers ni conservation d'une copie par l'émetteur. Les transactions sont sécurisées et enregistrées de manière infalsifiable sur la blockchain. À la différence de points de fidélité d'une entreprise ou d'accessoires comme les costumes d'avatars achetés (les *skins* de Fortnite par exemple) dans un jeu vidéo, le token a son propre marché secondaire. Il peut être vendable et achetable à tout moment sur des plateformes d'échange à la même vitesse qu'une cryptomonnaie (en temps réel ou en quelques minutes). Sa valeur dépend de l'offre et de la demande, il est donc très liquide et, de ce fait, très spéculatif. Faciles à émettre puisqu'il n'y a aucune barrière à l'entrée, à l'inverse des *coins*, les tokens constituent très souvent pour une entreprise un moyen de susciter l'intérêt pour l'un de ses produits à venir et de permettre aux utilisateurs d'accéder à ses services.

Ils sont un moyen d'inciter quiconque à travailler sur des projets communs dans une DAO, en échange d'un actif numérique. Avec le temps, les tokens se détachent de l'univers des cryptomonnaies dont ils sont issus, pour attirer des utilisateurs lambda intéressés par la perspective d'être parties prenantes d'une belle idée. Les tokens disposent d'un *pouvoir de faire exister un projet* par la volonté du citoyen-consommateur d'investir ou non dans ce projet. Et c'est là que se fait la cinquième révolution en matière d'*empowerment*.

Avec le token, la citation de l'économiste Hyman Minsky est plus que jamais vérifiée : « N'importe qui peut créer une monnaie. Le problème est de la faire accepter. » Au début nécessaire pour faire décoller l'économie de la blockchain, les tokens prennent à présent leur indépendance, en devenant des outils de définition et de partage de la valeur elle-même.

Les différents types de tokens

Une première catégorie est constituée par les *security tokens*, qui ont la qualification d'instrument financier, reconnue par l'AMF, mais pour un marché d'actifs numériques. Ils répondent donc aux mêmes obligations de contrôle des autorités financières. Ils sont des parts de l'entreprise, de la dette ou du bien physique auquel ils sont rattachés. Répondant au préalable au besoin des ICO, les *security tokens* sont finalement très rares, voire à l'état de concept de nos jours. Néanmoins, ils sont sans doute le futur des actions ou des obligations.

L'immense majorité des tokens émis aujourd'hui par les entreprises du Web3 sont des *utility tokens*. Ce « token utilitaire », en français, est un certificat attestant d'une autorisation d'accès, un droit de vote, de propriété, un statut, un droit d'usage, etc. On peut parler à leur sujet d'un mélange subtil entre droit d'usage, droit de propriété, point de fidélité, privilèges, etc. Ils peuvent parfois se traduire par des gains financiers, mais pas nécessairement.

Les *utility tokens* permettent non seulement de financer le projet au départ mais aussi de récompenser par la suite les utilisateurs qui partagent et utilisent les produits d'une entreprise. À ceci près que la valeur de ces tokens n'est pas dépendante de l'application (comme des points de fidélité seraient dépendants d'une chaîne de magasins). Si l'on quitte un service, on peut revendre ces tokens. Comme tout cryptoactif, c'est un actif immuable dont la valeur est inscrite sur la blockchain.

LES CRYPTO ACTIFS

	COIN	TOKENS	
Caractéristique	**Unité de valeur qui a sa propre blockchain et peut être minée** **= forte barrière à l'entrée**	**Unité de valeur qui n'a pas sa propre blockchain et s'inscrit donc sur des blockchains existantes (Ethereum)** **= très faible barrière à l'entrée**	
	BITCOIN **ETHEREUM** **CARDANO** **SOLANA** **AVALANCHE**	**SECURITY TOKEN**	**UTILITY TOKEN**
Qualification juridique	Actif numérique	Instrument financier	Actif numérique
Définition	Unité de compte	Titre financier	Droit sur un bien ou un service
Se rapporte à	**L'actif**	**L'entreprise**	**Le projet**
Applications	Unité de compte, moyen d'échange, réserve de valeur	Part d'une entreprise (equity), part d'un actif (immobilier, œuvre d'art), reconnaissance d'un dette	Donner des droits de vote, des accès privilégiés lors d'une ICO, des droits à des services ou à des récompenses

Figure 5.7 – *Les crypto-actifs*

Exemple : *PSG Fan token ou le supporter augmenté*

Le club de football du Paris Saint-Germain a fait de sa marque une pionnière de la blockchain, visionnaire sur le potentiel des tokens pour entretenir l'enthousiasme de ses supporters. Le club a misé dès 2018 sur la blockchain Chiliz à travers l'application socios.com, une plate-forme d'engagement de fans pour les organisations de sports et e-sports. Il a émis le PSG Fan Token ($PSG), un utility token qui permet aux aficionados d'investir dans leur club préféré tout en bénéficiant de droits symboliques sur les décisions du club. Le jeton sert de clé d'adhésion et permet aux utilisateurs de concourir pour des récompenses exclusives. Toutes les caractéristiques du Web décentralisé sont là : d'une part, un principe de partage de la valeur, puisque les détenteurs de $PSG peuvent obtenir des récompenses en fonction

de leurs engagements sur socios.com (gagner des places VIP, des expériences exclusives, des réductions sur la boutique...), mais aussi et surtout détenir un actif numérique susceptible de prendre de la valeur dans le temps. D'autre part, une gouvernance décentralisée avec une DAO : les fans peuvent répondre via des *smart contracts* à différents sondages publiés par le PSG sur l'application socios.com. Ils prennent ainsi davantage part à la vie du club : ils peuvent choisir le message qui s'affiche sur le mur du vestiaire, recevoir un message personnalisé des joueurs, voter pour le but de la saison, choisir la chanson des supporters, etc.
D'aucuns trouveront ces avancées marginales pour les fans. Mais rappelons que, malgré un capital de plus de 45 millions de fans sur Facebook, le PSG ne disposait auparavant d'aucun moyen pour tirer parti de cet actif considérable que représente sa valeur de marque. Il ne détient aucune donnée sur sa base de fans via Facebook et, pour être audible auprès d'eux, le PSG doit financer le sponsoring de ses posts. Les fans, de leur côté, pouvaient évidemment participer à des concours ou des sondages sur le réseau social, mais sans détenir quoi que ce soit de la valeur de leur club, en dehors des goodies qui pouvaient leur être accordés. Seul Facebook bénéficiait de cette dynamique communautaire en intermédiant la relation et en captant des données monétisables. Facebook n'est jamais que son propre fan !
À l'inverse, en créant son token, le PSG a pu lever des fonds auprès de ses fans et ainsi compléter la prime du joueur star, Lionel Messi, en le rémunérant en partie avec son cryptoactif, l'équivalent d'une part variable d'un salaire dépendant des résultats du club. Au total, ce sont près de 20 millions de jetons qui ont été mis en circulation et investis par les fans. Comme le cours d'une action, au gré de l'offre et de la demande, la valeur du jeton a grimpé, et notamment à l'annonce de l'arrivée du joueur argentin. Si bien que la capitalisation totale des jetons attribués a représenté 144 millions de dollars ! Les détenteurs de PSG Fan Tokens ont donc rapidement vu évoluer la cote de leur investissement. « Les PSG Fan Tokens ont été un grand succès pour le club. Nous avons été en mesure de nous engager auprès d'un nouveau public mondial, créant ainsi une importante source de revenus numériques », confirme Marc Armstrong, responsable des partenariats du PSG.

Les NFT, rockstars des tokens

Parmi les *utility tokens*, il en existe un type distinct qui a toute son importance. Le token peut être « fongible », c'est-à-dire liquide : achetable et vendable sur une plateforme d'échange comme l'est une monnaie : c'est le standard ERC20. Il peut être au contraire « non fongible » c'est-à-dire représenter un actif numérique unique : c'est le standard ERC721. Ces NFT (*non-fungible tokens*) permettent de rendre un fichier numérique unique en fournissant la propriété exclusive de l'actif inclus dans ce NFT. Deux NFT provenant de la même émission n'ont pas les mêmes attributs et ne sont donc pas égaux. On peut faire l'analogie avec une pièce de collection ou une œuvre d'art : celle-ci est unique et ne peut pas être reproduite ni échangée au risque de perdre sa valeur.

Le NFT est d'ailleurs historiquement lié à de l'art numérique. Dès décembre 2017, les NFT font fureur grâce aux CryptoKitties, ces chatons numériques représentés par un token différent émis toutes les quinze minutes, et aux CryptoPunks qui s'échangent à prix d'or. En 2021, l'œuvre numérique *Everydays: The First 5000 Days*, créée par l'artiste Mike Winkelmann, plus connu sous le pseudonyme de Beeple, s'est vendue 69,3 millions de dollars ! Les NFT peuvent aussi représenter des objets de collection : les cartes de footballeur, comme jadis les albums Panini, sont le fonds de commerce de la start-up française Sorare. En 2022, la carte de l'attaquant du Borussia Dortmund Erling Haaland a fait l'objet d'une enchère à plus de 600 000 euros. Les marques traditionnelles s'y mettent aussi : la maison de cognac Hennessy s'est lancée dans les NFT en proposant à la vente, sur la plateforme de spiritueux NFT BlockBar, deux bouteilles Hennessy 8 d'exception, à la fois en physique et en numérique. Seuls deux cent cinquante exemplaires existent dans le monde et c'est bien sûr la rareté qui fait grimper les prix de ces NFT. Les arts et les objets de collection ont représenté en volume sur les plateformes d'échange 85 % du marché dès la fin 2021. La tendance est cependant à la baisse, ce qui souligne la présence croissante d'autres projets NFT.

La troisième application des NFT, ce sont les accessoires pour les jeux vidéo et les métavers. Les utilisateurs peuvent acheter des objets qui ont une réelle valeur dans le jeu et qui, avec les NFT, continuent à exister sur la blockchain Ethereum. La blockchain étant publique et les applications travaillant à leur interopérabilité, il est évident que, demain, ces accessoires pour nos avatars seront utilisables dans les différents jeux et métavers auxquels nous participerons. Cette interopérabilité entre les blockchains, qui consiste à relier les blockchains entre elles, pour créer un « Internet des blockchains » est d'ailleurs clé pour la pérennité de tout l'écosystème Web3. Les NFT sont également le titre de propriété de l'immobilier dans le métavers. Pour Decentraland[61], chaque token représente un droit de propriété sur une parcelle de terre de 10 mètres sur 10 dans un monde accessible en réalité virtuelle. Comme dans l'immobilier tangible, l'emplacement compte avant tout ! Un token LAND correspondant à une parcelle de terre bien située en « centre-ville » aura plus de valeur qu'un autre dans un quartier moins prisé.

La ruée du monde du sport (du football à la F1), du jeu vidéo et du luxe sur les NFT, puis le buzz autour du métavers ont contribué à l'explosion de leur popularité en 2021, rendant le concept deux fois plus recherché sur Google que le terme token lui-même. Les premiers NFT ont donc joué sur la fascination du luxe, les passions sportives ou la détente ludique. Une adoption plus massive des NFT viendra avec le développement de services plus utiles dans la vie quotidienne du plus grand nombre.

La tokenisation tous azimuts

Pour ce faire, l'application ultime est désormais la « tokenisation » d'actifs physiques, qui peuvent avoir une contrepartie numérique sur une blockchain publique. Par exemple, il serait aisé de tokeniser un véhicule automobile en créant un token correspondant à son code VIN (*Vehicle Identification Number*, numéro d'identification du véhicule),

61. Decentraland est une plateforme de réalité virtuelle 3D décentralisée sur la blockchain Ethereum.

remplaçant ainsi la carte grise. Avec les NFT, la tokenisation de notre environnement virtuel et physique, c'est-à-dire la digitalisation de la valeur de tout ce qui nous entoure, est en marche. Tout est désormais tokenisable, ou presque ! Le réalisateur David Cronenberg crée un NFT pour vendre une collection de ses calculs rénaux sur la plateforme SuperRare ! La ville de Cannes émet onze NFT représentant son patrimoine : les fonds récoltés permettront de financer des projets associatifs liés à l'environnement, tandis que le détenteur de ces NFT aura accès à une version 3D des monuments, exploitable dans le métavers de son choix. On peut imaginer que le propriétaire du NFT du Palais des festivals bénéficiera du business juteux du futur de l'événementiel dans les métavers ! Les NFT ne sont pas seulement fondamentaux pour les biens immobiliers virtuels dans le métavers, mais sont déjà utilisés pour faciliter les transactions physiques. En février 2022, la première vente de maison liée aux NFT a eu lieu aux États-Unis par l'intermédiaire de Propy, une start-up qui associe l'immobilier au prêt NFT. Dans ce cas, le NFT n'était pas lié à l'acte de propriété du logement mais à la propriété de la société à responsabilité limitée qui possède l'actif physique. Ce n'est que le début de l'expérimentation dans ce secteur, les nombreuses applications potentielles des NFT étant désormais reconnues, cela encouragera sans aucun doute d'autres transactions basées sur les NFT dans cet espace.

Si la blockchain permet la décentralisation du Web, c'est la tokenisation qui va entraîner la révolution au niveau du grand public, dans la mesure où n'importe qui peut désormais créer de la valeur, désigner ce qui a de la valeur, investir dans des projets alors qu'il n'avait pas les moyens financiers ou les compétences pour investir dans des actions. Il s'agit d'un levier de réappropriation par l'individu de la notion même de valeur.

L'économie de la propriété

Cette tokenisation renverse bien des règles du jeu social. Jusqu'ici, on trouvait des « sachants » qui déterminaient ou organisaient ce qui a de la valeur, comme un commissaire-priseur dans le marché de l'art, un agent immobilier pour le marché immobilier, un commissaire aux apports pour dire la valeur d'une entreprise. Avec la tokenisation au contraire, n'importe qui peut revendiquer de la valeur. C'est ainsi qu'un jeune enfant de 12 ans a pu confectionner des NFT de baleines en pixels, qu'il a vendus plus de 300 000 euros !

Ce type de transaction peut sembler ridicule, mais elle ne l'est pas plus que d'innombrables bulles spéculatives dans le monde réel, des tulipes[62] aux baskets en passant par telle œuvre d'art ou telle robe de star du cinéma, transactions réservées aux grands de ce monde. Dans un monde horizontal, la valeur présentera des formes inattendues, dès lors qu'il existe une demande pour ces actifs numériques.

Dans une approche moins artistique et plus servicielle, le token fixe les conditions d'échange entre les acteurs d'un système. Autant la blockchain concerne plutôt des acteurs industriels qui ont besoin de coordonner leurs transactions, la traçabilité de leurs échanges et les validations de leur contrat, autant la tokenisation concerne des utilisateurs qui ont besoin de partager la valeur dans un système économique ou administratif. Dans ce cadre, les individus peuvent valoriser et échanger n'importe quel élément en fonction de l'offre et de la demande. C'est une nouvelle économie de la propriété.

Le token est l'unité de valeur qu'une organisation crée pour permettre à ses utilisateurs d'interagir avec ses produits, tout en facilitant la distribution et en partageant des récompenses, des avantages avec ses parties prenantes. Si l'utilisateur était au cœur des précédentes révolutions d'usages en imposant les nouveaux standards de services et d'expérience qu'il apprécie le plus, le Web3 pousse à son paroxysme la nécessité d'alignement des intérêts entre le projet et le citoyen-consommateur. Car l'alignement des intérêts passe cette fois par la fixation du prix de la valeur du service lui-même. Le token octroie au citoyen-consommateur le pouvoir de faire naître et grandir un projet, ou au contraire de le sanctionner si la confiance disparaît. Il est le contre-pouvoir ultime.

62. La spéculation sur les tulipes aux Pays-Bas a connu son apogée en 1637, et reste le premier grand exemple d'une bulle spéculative dans l'histoire économique moderne. Lire par exemple Faujas A., « Tulipes : quand les bulbes dégénèrent en "bulle" », *Le Monde*, 5 août 2013.

Le token devient le garant du bon fonctionnement de l'échange, de la bonne entente et de la bonne intelligence entre ces acteurs. On peut comparer ces tokens à des unités de valeur et d'échange qui nous ramènent à une logique de *troc digital*. Quand un vétérinaire se fait payer en œufs et en poulets par un agriculteur, on est dans la logique du token ! Les systèmes d'échange locaux (SEL) sont également une bonne préfiguration du token : grâce à une plateforme, le plombier peut échanger des travaux contre un cours de mathématiques pour son fils, simplement par une convention d'échange des temps consacrés. On peut penser également aux multiples expériences de monnaies locales, faites pour favoriser les échanges à l'échelle d'un quartier, d'une ville, d'une région[63], qui ont été promues par une loi de juillet 2014. C'est pourquoi certains voient dans le token et la blockchain la possibilité de déployer une vie associative à l'écart des échanges monétaires classiques.

Dans le sillage des monnaies locales et des SEL, le token pourrait contribuer à l'entraide, à la solidarité, sans intermédiaire, à rebours des détracteurs qui y voient une forme de dérive matérialiste et individualiste. Tout don, toute capacité peut s'échanger ou se monétiser et s'échanger. On peut ainsi conférer du pouvoir aux individus, y compris le pouvoir d'autodétermination de leur vie dans un système qui peut les exclure.

C'est une vision qui peut paraître trop lucrative, mais on peut y pressentir l'utopie d'un monde où n'importe qui peut valoriser ses compétences, ses talents, son temps. C'est bien une place de marché, mais totalement horizontale et animée par les utilisateurs. Ces derniers veulent être parties prenantes et, comme toujours dans le numérique, pour imaginer les nouvelles logiques économiques qui vont impacter les entreprises, il vaut mieux partir de l'utilisateur. On peut dès lors revisiter n'importe quel business model à la lumière de ce partage de valeur, à condition d'identifier ce qui est perçu comme désirable par le public.

63. Voir notamment « Qu'est-ce qu'une monnaie locale ? », ministère de l'Économie, 25 janvier 2018 (www.economie.gouv.fr/particuliers/monnaie-locale).

La morale de cette histoire est qu'il faut savoir cerner, écouter ce qui a de la valeur auprès du public et qu'on ne l'a jamais autorisé à générer ou posséder. Dans les organisations, cela ouvre la voie à une mutation totale dans les relations avec les administrés, les clients et les parties prenantes, bien au-delà de ce que l'on peut voir déjà chez des clubs de sport avec leurs supporters, des jeux vidéo avec leurs adeptes et des maisons de luxe avec leurs amateurs.

Tous ces fans, ces collectionneurs, ces passionnés vont se voir offrir le droit de posséder une petite parcelle de leur rêve, et cela devient un moyen puissant d'engager les publics. Encore faut-il savoir aller détecter ce qui a de la valeur à leurs yeux !

Une guerre… de religion ?

Pour la première fois dans l'histoire des nouvelles technologies, une idéologie accompagnant l'innovation est formalisée et revendiquée dès sa conception. Dans cette religion, le Dieu est la cryptographie qui inspire le principe sacré de la décentralisation. Le prophète fondateur, qui vient apporter la vérité et délivrer les hommes de leurs chaînes, Satoshi Nakamoto, est inconnu. Pour certains, c'est même un groupe de personnes et non un individu. Le mystère renforce le mythe fondateur. La ferveur des communautés est à la hauteur des espoirs que suscite la possibilité de corriger les excès du Web.

Il y a vingt ans, il était commun de dire « aller sur Internet ». Avec le Web 2.0, on se demandait plutôt : « Êtes-vous sur les réseaux sociaux ? » Depuis l'émergence du Web3, la question que l'on me pose est maintenant : « Croyez-vous au Web3 ? » D'utilisateur, le Web3 nous propose de passer au statut d'adepte. Les promesses des startuppers des années 2000 étaient purement matérielles et utilitaristes, celles d'aujourd'hui sont spirituelles ou du moins nourrissent un idéal de partage, celui des communs numériques. Jake Orlowitz, directeur de la Wikipedia Library, décrit ainsi ce nouveau monde : « Un Web décentralisé appartient à chacun d'entre nous : son pouvoir réside dans les liens que nous tissons les uns avec les autres. Son architecture transcrit nos valeurs sous forme de code. Son usage affirme notre liberté de collaborer, de partager et de créer[64]. » Jeffrey Ventrella, fondateur de Wiggle Planet, ajoute : « À l'avenir, le Web sera comme l'air et l'eau, il sera un bien commun. »

En Occident, la pertinence du concept de bien commun comme principe créateur et élément conservateur de la société humaine était déjà au cœur de la doctrine sociale de l'Église, dès l'encyclique du pape Léon XIII *Rerum novarum* (1891). Pour l'Église, le bien commun est cet « ensemble de conditions sociales qui permettent, tant aux groupes qu'à chacun de leurs membres, d'atteindre leur perfection d'une façon plus totale et plus aisée[65] ». La notion de communs numériques a largement été dévoyée par les plateformes, qui ont joué sur la confusion entre production et exploitation de la ressource. Par exemple, Wikipédia est une ressource produite gratuitement par la communauté wikipédienne, mise en avant gratuitement par Google. Tout semble aller au mieux dans le monde des communs numériques. Sauf que l'exploitation de cette ressource gratuite permet à Google de s'enrichir considérablement grâce au temps et à l'attention que nous accordons à sa plateforme, tout en aspirant une bonne partie du contenu tiers sur sa propre page. La perspective vertueuse d'apporter, avec les communs numériques, une alternative à la dichotomie bien public-bien privé trouve avec le Web3 une solution technologique robuste. Le modèle illusoire de la gratuité ne tient plus, car il ne permet pas de financer la production des contenus. Ni retour au principe de faire payer les utilisateurs pour le contenu, ni exploitation abusive des fournisseurs de contenus par les plateformes centralisées, le Web3 permet la « mise en commun » de trois grandes dimensions : la ressource des créateurs, un régime collectif de partage avec les *tokenomics* et un système de gouvernance, les fameuses DAO.

64. Coldewey, D., « 24 tech experts weigh in on what exactly a "decentralized web" means », techcrunch.com, 25 juillet 2016.

65. Constitution pastorale *Gaudium et Spes*, n° 26, 1965.

Il y a donc des communautés d'adeptes et des détracteurs, des croyants et des non-croyants… La Silicon Valley est en pleine ébullition dans ces débats théologiques. Pour le journaliste américain Casey Newton, la controverse prend des airs de « guerre de religion ». Les candidats se bousculent dans les start-up crypto, car les ingénieurs sont peu désireux de continuer à bâtir les algorithmes des plateformes centralisées. Depuis chaque camp, les tweets fusent et chaque gourou du Web y va de sa prédiction sur le caractère « scalable » ou pas de la blockchain, sur la réalité de la décentralisation, sur l'adoption par le public, sur le risque de recentralisation, etc. Elon Musk ironise : « Est-ce que quelqu'un sait où est le Web3 ? », appelant à la raison face aux croyances et aux mirages. Mais la réaction dubitative des géants du monde d'avant et les peurs suscitées par l'idée de décentralisation ne sont pas sans rappeler le scepticisme suscité par Internet à la fin des années 1990. En 1998, Paul Krugman, le futur prix Nobel d'économie prédisait qu'« Internet n'aurait pas plus d'impact sur l'économie que les télécopieurs » ! Les reportages au journal télévisé en 1999, que l'on peut visionner sur les chaînes de l'INA, décrivent Internet comme un repaire de mafieux, trafiquants d'armes et autres pédophiles. C'est précisément l'accusation qui est aujourd'hui portée au Bitcoin et, de manière générale, à la finance décentralisée. Cette effervescence est donc la même qu'à la création du Web. Personne ne peut exclure la possibilité d'une véritable renaissance !

PARTIE 3

SCÉNARIOS DE RECONQUÊTE DANS LE WEB3

En 2021, le Web3 est sorti de l'ombre : essor du cours du Bitcoin, folies autour des NFT, coup de projecteur sur les métavers, explosion du hashtag #decentralized en réaction à la panne historique des applications Meta le 4 octobre 2021… Alors que les Gafam sont à leur apogée, forts de taux de connexion encore amplifiés par le covid, notons que c'est justement après l'apogée que vient le crépuscule. L'annonce trop précoce de Zuckerberg sur son métavers comme une ultime tentative de reconquête de l'opinion, l'effondrement des valeurs de la tech en 2022 plus brutal encore que la chute du cours du Bitcoin, la phrase « nous vivrons très bien sans Facebook », inimaginable il y a encore trois ans, de la part du ministre Bruno Lemaire lors du bras de fer avec Meta sur les données personnelles… sonnent comme les signes précurseurs du déclin d'un empire.

Mais de telles puissances ne sont pas aisées à renverser. Dans un premier temps, nous verrons que si les communautés décident de migrer pour des cieux plus favorables, la mécanique bien huilée des plateformes va inévitablement se gripper. Nous verrons pourquoi ces communautés pourraient être séduites par la promesse du Web3 et comment leur migration pourrait s'opérer. Nous aborderons les nouveaux écosystèmes qui en résulteront, fonctionnant sur des principes inédits de gouvernance et de distribution de la valeur. Et comme les Gafam ne vont pas laisser s'installer cette rébellion sans résister, nous verrons également, dans un second temps, comment leurs empires contre-attaquent déjà en profitant de la méconnaissance du Web3 et des a priori sur la décentralisation pour avancer leurs pions dans l'univers des cryptoactifs.

CHAPITRE 6

La grande migration des communautés

Executive summary

- **Les plateformes des géants du numérique ont pour principaux actifs leurs communautés :** les créateurs de contenus, les marchands, les utilisateurs, les annonceurs.

- **Ces communautés sont interdépendantes, formant un écosystème :** si l'une quitte la plateforme, le business model de la plateforme est compromis.

- **Les migrations de communautés d'utilisateurs ont déjà existé dans l'histoire du Web, entraînant la mort de la plateforme précédente :** Yahoo! vers Google, MySpace vers Facebook.

- **Le Web3 vient résoudre nombre de sources d'insatisfaction de ces communautés** autour de la rémunération des créateurs de contenus, des commissions des marchands, de la transparence pour les annonceurs.

- **Il offre aussi des conditions d'organisation transparentes et efficientes** de ces écosystèmes à travers les DAO (*decentralized autonomous organization*).

- **Il suffit donc que le mouvement s'amorce sur les marchés pour que les Gafam se retrouvent affamés de leurs contenus, assoiffés de leurs data ;** par effet domino, tout le système des Gafam pourrait s'effondrer et, en premier lieu, la valeur de ces business models toxiques auprès des investisseurs.

Du consom'acteur au *cons'owner*

Les entreprises qui se revendiquent du Web3 ou affichent leur passion pour la blockchain tiennent le même discours : elles souhaitent redonner le pouvoir à un utilisateur qui devient aussi investisseur et client, un *cons'owner*, pourrait-on dire. Trevor McFedries, le fondateur de Friends With Benefits, un cercle de réflexion autour du Web3 regroupant des membres issus de la culture et de la finance, avoue avoir été fasciné par « le capital en tant qu'arme » dans l'épisode GameStop, là où un mouvement comme Occupy Wall Street, en 2011, n'avait pu aboutir.

En effet, en janvier 2021 les clients de GameStop, cette célèbre enseigne américaine de jeux vidéo, ont voulu sauver leur magasin menacé par le fonds spéculatif Melvin Capital, qui avait acheté à découvert les actions de Game Stop, misant sur un effondrement du cours. La communauté s'est mobilisée sur le forum de discussion Reddit et a acheté en masse, faisant monter le cours de l'action et, par la même occasion, perdre des milliards de dollars à Melvin Capital. Voyant les défenseurs de GameStop « renverser un fonds spéculatif en quatre jours », McFedries a jeté son dévolu sur les innovations du Web3.

Pour la génération Z, qui avait une dizaine d'années lors de la crise financière de 2008 et qui aux États-Unis a parfois vécu la ruine familiale, un tel camouflet infligé à une puissance financière a un goût de revanche. Rappelons que le terme *empowerment* contient cette connotation vindicative qui le rend intraduisible en français. Parmi les gourous de la crypto, youtubeurs et autres instagrameurs qui promettent de devenir rentier en s'assurant une indépendance financière, l'idée de « réparer le monde » est toujours présente. Ne nous y trompons donc pas : si 86 % des investisseurs en crypto sont mus par la perspective d'une plus-value potentielle, 71 % d'entre eux sont aussi attirés par les promesses de la blockchain (décentralisation, partage du pouvoir et reconquête des données personnelles)[65]. Quand l'on

65. Étude « La crypto-monnaie en France », CryptoCheck, 2021.

reproche parfois à cette génération de ne savoir que s'indigner sur les réseaux, notamment autour du mouvement « woke », on oublie un pan entier de l'expression de leur prise de pouvoir par cette nouvelle arme de l'investissement.

Et il n'y a pas qu'aux USA que l'argent est un briseur de chaînes à l'égard d'un monde qui nous enferme dans la *rat race*, la course du rongeur dans sa cage. En France, ces « conso-traders » porteurs de *wallets* affichent un âge médian de moins de 30 ans, quand l'Autorité des marchés financiers (AMF) indique plutôt 46 ans pour les boursicoteurs. Ne sous-estimons pas la puissance de cette culture digitale commune. Une cryptomonnaie par exemple, Shiba Inu, a connu un engouement totalement viral.. Shiba Inu se classe dans la catégorie des « même coins », c'est-à-dire des cryptomonnaies initialement conçues comme des blagues. Son nom fait référence à la race de chiens Shiba Inu, utilisée comme symbole de Dogecoin, une cryptomonnaie qui parodie le Bitcoin, dont elle se présente comme concurrent. Derrière Shiba, nul projet d'entreprise, si ce n'est exprimer la création spontanée d'une communauté décentralisée, identifiable sur les réseaux autour du hashtag #shibaarmy. Il reste qu'à elles seules ces deux cryptomonnaies (Shiba et Dodgecoin) se partagent en 2022 une capitalisation de 80 milliards de dollars. Un risque spéculatif ? Très certainement. Le nouveau réseau social de demain ? Potentiellement aussi ! La culture est le ciment du Web3. Sans culture commune (les mèmes, les hashtags, les buzz...), ces cryptos ne vaudraient rien. Derrière une NFT ou une cryptomonnaie, ils achètent le droit de faire partie d'un projet plus vaste auquel ils s'identifient.

Les plus de 40 ans, dont je fais malheureusement partie, ne pouvons imaginer comment la jeune génération changera le monde. Celle-ci appréhende les problèmes de cette planète avec son logiciel mental de solutionnisme numérique mâtiné de ludification. L'écrivain italien Alessandro Baricco, dans *The Game*[66], qui décrit l'impact de l'ère numérique, exprime à ce sujet une idée extrêmement intéressante. L'auteur dédramatise notre regard condescendant sur cette « civilisation

66. Baricco A., *The Game*, Gallimard, 2019.

du poisson rouge[67] », cette génération avide de jeux vidéo et de NFT : « Quand les gens pensent voir la fin de la culture chez un jeune de 16 ans qui n'emploie pas le subjonctif, sans remarquer que par ailleurs ce garçon a vu trente fois plus de films que son père au même âge, ce n'est pas moi qui suis optimiste, ce sont eux qui sont distraits. » Pour lui, l'insurrection numérique n'est pas aboutie, d'autres élites et « faiseurs de vérité » vont être désintermédiés, d'autres formes d'humanité vont émerger dans « le Game » (nom qu'il donne au cyberespace), et seule cette génération a les clés mentales pour imaginer ce futur. D'ailleurs, comme le disait l'auteur et éditeur américain Stewart Brand, « beaucoup de gens croient pouvoir changer la nature des personnes, mais ils perdent leur temps. On ne change pas la nature des personnes. En revanche, on peut transformer la nature des outils qu'ils utilisent. C'est ainsi qu'on changera le monde[68]. » Cher lecteur, si vous aussi avez donc plus de 40 ans, essayons ensemble d'entrer dans « le Game » et de nous projeter dans le déroulé de ce qui pourrait être une prise d'assaut des plateformes centralisées à coup de tokenisation.

Affamer les Gafam

La première menace qui plane au-dessus des géants du numérique est de se trouver privés de leur communauté. L'une des clés de leur succès fulgurant est de n'avoir pas constitué un parc automobile (pour Uber), un parc hôtelier (pour Airbnb), ou reproduit la surveillance satellite (pour Waze) tout seuls. Sans leurs communautés, ces modèles fondés sur l'interaction de l'offre et la demande ne sont rien. Chaque grande plateforme interagit avec plusieurs types de communautés, la communauté des créateurs, celle des fans, des utilisateurs, des marchands et des annonceurs. Le token, en révolutionnant la mécanique

67. Dans son livre *La Civilisation du poisson rouge* (Grasset, 2019), Bruno Patino écrit ainsi : « Les ingénieurs de Google ont réussi à calculer la durée maximale de l'attention du poisson rouge : 8 secondes. Ces mêmes ingénieurs ont évalué la durée d'attention de la génération des milléniaux, celle qui a grandi avec les écrans connectés : 9 secondes. »

68. Cité dans Collet I., « *The Game*, d'Alessandro Baricco », *Le Monde/Binaire*, 10 avril 2020.

de rétribution et d'engagement des communautés, vient fissurer un postulat qui paraissait indéboulonnable de l'ère numérique : utiliser un contenu gratuit pour générer le maximum de trafic d'utilisateurs, capter les données et offrir la publicité ou le *lead*[69] le plus ciblé, respectivement à l'annonceur ou au marchand. Tel est le secret de la création de valeur.

Qu'il s'agisse des médias, des marketplaces, des influenceurs, de YouTube, d'Instagram, de TikTok, de Spotify, mais aussi de Waze, toutes ces plateformes ont besoin de contenus attractifs comme carburant pour faire fonctionner leurs services, amener la publicité vers les utilisateurs et inversement. Sans contenu, pas d'utilisateurs, pas de trafic. Sans trafic, pas de données personnelles, pas de monétisation ! En privant les Gafam de ces contenus, il serait donc possible de les affaiblir, certainement pas assez pour les tuer, mais suffisamment pour remettre en question ce principe déséquilibré de création de valeur.

Pour maintenir la communauté des créateurs et des marchands (par exemple, les développeurs d'applications sur les *stores*) qui leur fournissent ce contenu gratuit, les plateformes ont bien conçu des mécanismes de rétribution. Les youtubeurs ou les influenceurs signent des contrats avec des marques ou des partenaires, mais YouTube, Google ou Apple prennent jusqu'à 30 % de commission sur les inserts publicitaires, de même que sur les applications hébergées dans leurs *stores*. Tout système de paiement sur la plateforme rapporte des revenus de la même manière : sur Twitch, qui appartient à Amazon, on peut ainsi acheter des « diamants » ou des « badges » pour son influenceur préféré, avec toujours une commission prélevée par la plateforme.

La grogne monte chez les influenceurs, qui peinent à vivre de leur talent. Des systèmes alternatifs ont donc commencé à émerger, fondés sur ce qu'on appelle l'économie des créateurs, comme Patreon ou Substack. Ce dernier repose sur une newsletter payante sur abonnement, tandis que Patreon est un système de souscription à son influenceur, artiste ou écrivain préféré. Les taux de commission sont bien plus faibles,

69. Un *lead* représente une piste commerciale à explorer : par exemple, quand un prospect a manifesté son intérêt pour un produit proposé par une société. (Source : JDN.)

de l'ordre de 10 %. D'autres systèmes, comme Tipeee, reprennent la logique de pourboires où il s'agit de faire des dons.

En réaction au racket des plateformes, des alternatives ont émergé, mais restent à chaque fois centralisées. Il faut toujours beaucoup de fans pour exister, avec une prime à la notoriété pour une infime minorité de créateurs. Ce ne sont pas des systèmes où un utilisateur a intérêt à venir dès le début encourager un créateur parce qu'il peut y gagner sur le long terme. C'est même plutôt l'inverse : ce n'est qu'à partir du moment où un artiste a une grosse audience que son « fan » va pouvoir gagner quelque chose. Par exemple, la moitié des créateurs de contenu sur Twitch gagne en moyenne 0,11 dollar par mois ! À l'inverse, la moitié des revenus générés sur la plateforme sont possédés par 0,4 % des streamers. De façon plus générale, dans l'économie de la création, on considère que 68 % des créateurs de contenus ont gagné moins de 1 000 euros en 2020 tandis que, sur Patreon, seuls 2 % des créateurs gagneraient un montant annuel équivalent ou supérieur au salaire minimal américain[70].

Actuellement, il n'existe pas de partage de la valeur avec les fans, pas de système où les fans peuvent *gagner à investir dans un artiste*. Le système reste unilatéral : il manque la possibilité pour un fan de voter sur les contenus qu'il aurait envie de recevoir, il n'y a en somme pas d'exclusivité possible. Les corrections offertes par les plateformes de type Patreon, Substack ou Tipee sont très pertinentes par rapport aux plateformes dominantes, mais un volet manque encore, le mécanisme d'investissement et de partage de la valeur avec les fans.

Le *social token*

Avec la tokenisation se fait jour la possibilité de créer un processus bidirectionnel. Dans le Web centralisé, l'influenceur demandait à « soutenir son projet ». Avec le Web3, il peut demander à sa communauté d'en

70. Rahmil D.-J., « TwitchLeak : 50 % des streamers de Twitch gagnent 11 centimes par mois », *L'ADN*, 8 octobre 2021.

faire partie. Le *social token* va plus loin et permet à tous les passionnés de devenir « collectionneurs » de leurs influenceurs préférés. Certains considèrent ce *community token* ou *social token* comme une nouvelle classe de cryptoactifs. Il s'agit effectivement d'une cryptomonnaie dont la valeur est liée à la marque ou à la communauté sous-jacente qui émet le token, par opposition à d'autres cryptoactifs dont la valeur est dérivée du projet sous-jacent.

Plusieurs modèles de rétribution existent entre un créateur et ses fans : le créateur peut tout d'abord proposer à sa communauté d'investir dans des privilèges exclusifs qui prennent la forme de NFT, par exemple des vidéos *live* de moments rares ou une rencontre avec son idole. Ils peuvent également lancer une campagne de *crowdfunding* en vendant un livre dédicacé, une œuvre d'art sous forme de NFT et ainsi financer leurs futurs projets. C'est la valeur de l'autographe signé sur une affiche en sortie de concert, ou du maillot qu'un footballeur donne à la fin d'un match : un exemplaire unique qui va enrichir une collection, incarnation d'une expérience sans équivalent, pourvue de rareté et d'aura. Cela peut bien sûr être moins « fétichiste » : une qualité artistique ou sportive particulière, un moment de perfection. Citons en ce sens l'application décentralisée Artrade, un acteur français, qui veut permettre aux célébrités des réseaux Twitter ou Instagram de se rendre plus indépendantes des plateformes, en valorisant leur communauté à travers l'émission de NFT, avec une technologie brevetée qui permet de créer des NFT en *live*. En faisant une vidéo, on génère un actif NFT de façon assez simple, ce qui est encore un défi dans la cryptographie. La célébrité digitalise et financiarise ses moments, ainsi que ses créations.

Dans un second modèle, le créateur peut créer son propre *social token* et permettre à ses fans d'investir sur lui comme dans une entreprise et bénéficier d'une part de ses futurs revenus. L'argent revient directement au créateur, déduction faite de quelques pour cent de frais de fonctionnement de la blockchain. Ce principe permet d'inciter les premiers fans à investir tôt en eux pour bénéficier d'un faible coût du token émis par le créateur. Investir dans un individu est bien plus qu'un pari financier, c'est participer à faire grandir un projet et en partager les avantages. Le créateur peut également demander à sa communauté d'écrire un avis ou de partager une vidéo en échange d'un certain montant du *social token*. L'artiste André Anjos, plus connu sous le pseudonyme de RAC, a été l'un des premiers à saisir le potentiel de monétisation de sa célébrité en lançant son token $RAC pour court-circuiter l'industrie de la musique. Techniquement, les fans ne peuvent pas acheter directement le token $RAC, ils ne peuvent que le gagner (en achetant des marchandises, en le soutenant sur Patreon, en accomplissant des missions, etc.). En détenant le $RAC, les fans peuvent obtenir un accès à un espace privé d'un serveur Discord, ainsi qu'à de futurs produits dérivés en avant-première. Les deux modèles évoqués peuvent être mixés à l'envi. L'artiste numérique le plus connu d'Afrique, Osinachi, a également lancé son *social token* tout en menant une vente aux enchères de certains de ses NFT chez Christie's. Participer aux événements qu'il organise, prendre des photos et les partager sur les réseaux sociaux offre l'opportunité de gagner des tokens de l'artiste.

Le Web3 est d'autant plus intéressant pour les créateurs qu'il révolutionne la gestion des droits d'auteur, complexe, voire intraçable, dans le monde physique. Grâce au pouvoir de la cryptographie, la blockchain stoppe la logique incontrôlée de duplication à l'infini et de dévalorisation que permet le numérique, pour retrouver la propriété d'un actif numérique unique comme un bien physique. Aujourd'hui nous sommes encore dans la cohabitation des deux mondes : n'importe qui peut copier une vidéo, légalement ou illégalement, et obtenir la qualité équivalente à l'original. Mais, demain, l'utilisateur sera dans son métavers et accrochera aux murs les œuvres numériques qu'il a achetées, ou utilisera déjà sa télévision pour projeter les œuvres d'art numériques en NFT comme un cadre pour un tableau. Il pourra ainsi détenir l'unique exemplaire original d'une image ou d'une vidéo.

C'est donc l'inverse du système actuel : au lieu de chercher à générer des millions de vues en monnayant l'audience à des annonceurs, le producteur de contenus crée de la rareté en vendant directement, une ou plusieurs fois, sa vidéo, tout comme un photographe vend des tirages numérotés en série limitée d'un négatif. Au lieu d'avoir

10 millions de vues rapportant indirectement des revenus publicitaires, l'artiste vend une production à dix, cent ou mille personnes, avec cette différence essentielle qu'en cas de revente de l'œuvre l'artiste touche à nouveau une commission, de la même manière qu'actuellement des médiathèques peuvent rémunérer des auteurs chaque fois que leur ouvrage a été emprunté. Pour profiter de cette aubaine, certains artistes en viennent même à brûler leur œuvre physique pour qu'elle n'existe que sous forme numérique !

La migration des créateurs de contenus

Il n'est dès lors plus inévitable qu'un producteur de contenus cède 30 à 70 % de marge sur le fruit de son travail. Le Web décentralisé supprime l'intermédiaire et offre au créateur, avec le *social token*, une nouvelle forme d'attractivité qui n'est ni la facilité, ni la gratuité totale, mais le pouvoir de posséder une partie du projet et de l'aura du créateur. L'intérêt pour les créateurs de se libérer du commissionnement des plateformes et de continuer à toucher de l'argent à la revente de leur œuvre semble évident à première vue. Et ce basculement a vocation à tarir la source de richesse des plateformes centralisées. Mais le Web3 ne réussira que s'il y a migration des communautés, de même qu'il y a vingt ans Facebook a aspiré la communauté de MySpace. Cette dernière était arrivée bien avant Facebook et avait capté les jeunes sur un premier réseau social dédié à la musique. Grâce à une meilleure expérience utilisateur et un système de mise en relation plus large, Facebook a su capter cette communauté et MySpace est mort de sa belle mort.

Cependant, l'aversion à la perte, ce *nudge* (mécanisme d'incitation comportementale) très puissant qui pousse à préserver le *statu quo* plutôt qu'à risquer le changement, est un fait bien connu. Les créateurs actuels, forts de leurs millions d'abonnés sur YouTube, Instagram, TikTok et autres, ont tout à perdre dans l'opération. Car redémarrer sur une application décentralisée, c'est bien repartir de zéro, puisque *in fine* leur communauté n'appartient qu'à la plateforme. En 2020, à l'occasion des présidentielles américaines, après la « purge » des militants QAnon et autres influenceurs aux discours extrémistes sur YouTube, de nombreux youtubeurs éconduits se sont rendus sur la plateforme Odysee, qui n'applique aucune politique de censure des contenus. Ils ont certes souffert de pertes, mais ont reconstitué une partie de leur communauté. La migration est donc possible, et pour de meilleures raisons…

Il est une règle, considérée comme universelle depuis le début du Web, qui dit qu'une communauté peut se décomposer en 1 % de leaders d'opinion ou créateurs de contenus véritables et réguliers, 10 % de gens qui réagissent ponctuellement, et enfin 89 % de « passifs » qui se limitent à la consultation, appelés *lurkers* (rôdeurs en anglais)[71]. Cela suffit à créer une audience. Avec le Web3, les créateurs n'auront pas à intéresser ni à récompenser 100 % de leur audience et il est fort probable que ce sont les 10 % d'intervenants ponctuels qui constitueront le noyau dur de leur fan-club.

Cette économie du don peut sembler hasardeuse, mais elle a d'innombrables fois montré des ressources insoupçonnées : c'est ainsi que le projet de documentaire *Hold up*, qui mettait en doute le bien-fondé de la vaccination contre le covid, a pu lever 300 000 euros ! Il ne faut pas sous-estimer l'envie du public de contribuer à rémunérer les créateurs, pour quelque cause que ce soit. Certes, les réseaux sociaux sont d'abord le lieu d'interactions privées, familiales ou amicales, qui ne cherchent pas à monétiser quoi que ce soit. Mais n'oublions pas que, pour la génération Z, jeu et argent n'ont plus cette connotation morale négative. Jouer et gagner s'entendent au sens propre.

La variété des talents qui composent les 1 % est potentiellement infinie. Aujourd'hui, les premiers artistes à vendre des NFT ou émettre leur *social token* sont déjà connus pour leur travail, mais tout créateur de contenu à succès a vocation à fédérer une communauté « tokenisée ».

71. Voir sur Wikipédia « Règle du 1 % ».

Une mère de famille mettant en scène sa vie quotidienne peut commencer pour un petit cercle, puis devenir une influenceuse. On le voit pour des tâches aussi peu attirantes que les courses ou le ménage, où certains excellent à faire valoir leurs conseils, leur savoir-faire, leur humour. La notion de créateur s'élargit à toute forme d'activité innovante ou revalorisée. Un influenceur qui fait le ménage de façon drôle et inventive et en même temps donne des idées de décoration intérieure peut avoir autant de fans qu'un créateur de bijoux ou qu'un chanteur. N'importe qui peut devenir un influenceur, notamment en partageant sa vie de tous les jours et révélant l'intérêt à retrouver des gens qui nous ressemblent. Ces quidams ont aussi une valeur potentielle, par leur talent à se mettre en scène et à raconter des histoires, profitant de la facilité d'usage des réseaux. Dans cet écosystème, on sort également des univers parfaits « instagrammables », aux images retouchées, mettant en scène des vies de rêve. L'authenticité, la sincérité du propos valent autant, si ce n'est plus, qu'un glamour artificiel, et suscitent l'empathie, l'entraide, la solidarité, qu'elles passent par du temps ou de l'argent.

Cette révolution remet en cause l'échelle de valeur des choses, les oppositions classiques. Le manuel était tout en bas, l'intellectuel au plus haut, idem pour le quotidien et l'exceptionnel, la culture populaire et la culture classique, etc. À partir du moment où le pouvoir est donné à l'utilisateur d'édicter ce qu'est la valeur, on redécouvre de véritables utilités sociales, à commencer par celles des métiers manuels, pour qui c'est une chance incroyable, ou les tâches du quotidien, pour qui c'est un potentiel réenchantement.

Cette économie des créateurs a vocation à s'élargir à toute forme de talent humain, quel qu'il soit. Elle répond à une aspiration très forte de cette jeune génération qui veut sortir d'un univers réduit à la compétition et vivre de sa passion. On commence à toucher du doigt le fait de pouvoir redonner de la valeur à des choses qui en avaient perdu, déconsidérées ou perdues de vue. C'est une nouvelle donne dans l'échelle des valeurs sociales.

La tokenisation des marques

Les influenceurs qui ont réussi à percer sur YouTube ou Instagram ont monétisé leur notoriété auprès des annonceurs. La force de la recommandation s'imposant dans tous les marchés, ils ont découvert qu'ils pouvaient aussi être leur propre marque, leur propre produit et faire pour eux ce qu'ils faisaient pour les autres. Ces marques « DNVB[72] » sont dites verticales parce qu'elles font la promotion, la publicité et la conception de leurs produits, tout en s'occupant de la satisfaction client puisqu'elle remonte à eux directement. Ce sont des marques qui, souvent, ont été construites autour d'un influenceur concevant des habits ou des cosmétiques, et ont dès le départ impliqué les communautés dans leur création. Tout est intégré, alors qu'une marque classique conçoit ses produits avec ses ingénieurs et un petit panel de consommateurs, lance un plan de promotion, achète de l'espace et pousse la promotion avec des influenceurs qui ne sont dans ce cas qu'un canal de plus. Les marques communautaires seront sans doute les premières à embrasser le Web3, comme un moyen plus simple de récompenser et de collaborer avec leur communauté : faire des choix sur les produits, l'emballage, la communication… Le *social token* s'imposera rapidement aux marques qui ont déjà commencé à financiariser leurs relations communautaires.

En réalité, toute marque, en tant qu'immobilisation incorporelle (*goodwill*), est un actif « tokenisable ». La marque renvoie à un signe mis intentionnellement sur un objet pour le rendre reconnaissable, attester d'une origine, authentifier un savoir-faire. La marque, dès l'Antiquité est une construction sociale pour favoriser la confiance dans l'échange de biens. Aujourd'hui, ce gage de confiance qu'est la marque ne prend une valeur financière tangible qu'au moment de la valorisation de l'entreprise, par exemple lors d'une introduction en Bourse ou d'une acquisition. Et pourtant, c'est bien cette valeur

72. Digital Native Vertical Brands, néologisme créé en 2015 par Andy Dunn, créateur de la marque de vêtements pour hommes Bonobos.

intrinsèque de la marque qui attire les investisseurs. Celle-ci pourrait donc être distinguée du mécanisme d'évaluation de l'entreprise, pour mieux en exploiter le potentiel. C'est le principe de l'ICO (*initial coin offering*) où, en lançant sa propre blockchain et cryptomonnaie, la marque peut générer de la valeur tangible en convertissant cet actif incorporel. La valeur incorporelle de la marque est alors divisée en une quantité fixe de tokens qui seront proposés à l'achat au public. Il est probable et conseillé que les marques commencent par créer des NFT pour tester l'appétence de leurs communautés à la tokenisation. Une fois confortées par l'engouement de leurs fans, elles peuvent lancer leur token de marque (*brand token*) par l'intermédiaire d'applications décentralisées, comme le PSG l'a fait avec la plateforme socios.com, Alpine avec la plateforme Binance ou Yves Saint Laurent Beauté avec la plateforme POOLS. Ce procédé présente moins de barrières techniques à l'entrée que la création de sa propre blockchain. Mais, demain, l'émission d'un *coin* au nom de sa marque, lié à sa propre blockchain, sera certainement l'outil ultime pour l'exploitation pleine et entière de la valeur incorporelle de la marque et l'animation de ses liens auprès de toutes ses parties prenantes. Nous en reparlerons plus tard.

En attendant, les marques traditionnelles (non *digital natives*) qui sont restées sur les schémas publicitaires traditionnels, avec promotion directe sur les réseaux sociaux ou par des égéries que sont les influenceurs, vont devoir s'adapter si les créateurs de contenus fuient les plateformes centralisées. Si les audiences des Gafam diminuent parce que la génération Z se rue sur le Web3, les données proposées pour le ciblage perdront en exhaustivité et il arrivera à Facebook et Instagram ce qui arrive aujourd'hui à la télévision : devenir un média de vieux ! Les marques vont donc devoir explorer encore de nouveaux territoires dans un champ élargi de possibilités : utiliser les plateformes centralisées (Facebook, Twitter, LinkedIn, Twitch, Twitter, Snapchat, Instagram, Pinterest…), les applications décentralisées ou même émettre leur propre *social brand token* ! Même dans une configuration classique de médiatisation publicitaire de leur message, des solutions émergent pour sortir du modèle économique du ciblage publicitaire par la donnée. C'est le cas du projet Basic Attention Token.

Le Basic Attention Token

En 2016 est né un nouveau navigateur Internet dénommé Brave, basé sur un projet intitulé le Basic Attention Token (BAT), token de l'attention. Les plateformes ayant créé cette économie de l'attention, le but du BAT est de désintermédier les Gafam comme régies publicitaires, de permettre aux annonceurs, aux producteurs de contenus et aux consommateurs de « faire leur deal » entre eux.

Comme sur Chrome ou Edge, l'utilisateur navigue sur Brave et va voir s'afficher des publicités créées par des créateurs de contenu. S'il les visionne, il finance les créateurs de contenu et les annonceurs qui ont choisi ces publicités payent le créateur, mais aussi l'utilisateur, qui à son tour va pouvoir reverser de l'argent aux créateurs de contenu, selon un paramétrage de redistribution qui lui est propre. L'internaute choisit le nombre de publicités qu'il accepte de recevoir, puis selon le nombre de publicités vues, il reçoit des BAT. Il est donc payé pour regarder des publicités, il monnaye volontairement « son temps de cerveau disponible[73] ».

Les publicités sont personnalisées en fonction des contenus, mais tout est anonymisé : les données personnelles sont sur le navigateur, et non possédées par ces sociétés extérieures que sont les régies de publicité. L'utilisateur peut redistribuer ce qu'il gagne au site de son choix. Il peut donc paramétrer la rétribution de cet argent gagné ou le garder pour lui. Le principe même de publicité ciblée disparaît.

Au lieu d'utiliser des bloqueurs de publicité comme AdBlock et de mettre ainsi en péril les sites qui vivent de la publicité, on peut donc choisir de rétribuer sans avoir à disséminer ses données personnelles. La publicité vue est le simple équivalent d'un pourboire offert à un site : ce principe éradique le principe même du marketing et du ciblage publicitaire, tout en laissant exister la publicité en tant que telle.

73. Le « temps de cerveau humain disponible », selon l'expression formulée en 2004 par Patrick Le Lay, alors président-directeur général du groupe TF1, est ce que la chaîne de télévision TF1 vendait à ses annonceurs : « Ce que nous vendons à Coca-Cola, c'est du temps de cerveau humain disponible. » (Source : Wikipédia.)

Dans un tel système, où la rétribution est laissée à la libre appréciation, les utilisateurs sont conscients qu'il faut bien rémunérer les contenus et acceptent de reverser une partie de ce qu'ils ont gagné. Le procédé ne fait que commencer, mais il montre la possibilité d'une rupture totale avec le modèle dominant. C'est la fin de la publicité imposée, le début de la publicité choisie et même coproduite par les consommateurs, dans une logique de recommandation, notamment en rémunérant les avis les plus pertinents.

La migration des médias

S'il est une catégorie de créateurs de contenus qui a nourri abondamment les Gafam et leur a permis une récolte pléthorique de data, c'est bien celle des médias traditionnels. Force est de constater qu'en retour ils n'ont pas trouvé leur compte avec le numérique. Bien au contraire, ils ont subi une triple perte plus que problématique pour leur survie à long terme. La première est une perte d'abonnés, l'information, pour le meilleur et pour le pire, étant produite par une infinité d'émetteurs concurrents et disponible gratuitement. La seconde est une perte considérable de revenus publicitaires : en vingt ans, la presse a perdu plus de 70 % de ses recettes publicitaires, laminées par les Gafam[74]. Les médias n'en ont plus que quelques miettes. Enfin la dernière est celle de l'autorité : les titres classiques ne sont plus des références fédératrices et suscitent au contraire la méfiance, dans un océan de désinformation et de dérision.

Une part énorme de la population ne s'informe plus que par les réseaux sociaux, à partir de rumeurs, de commentaires, de titres ou photos d'articles non lus, etc. Seule une petite minorité accepte aujourd'hui de payer des abonnements pour des contenus travaillés, recoupés et exhaustifs. Se pose toujours le problème du financement de vraies rédactions fournissant un travail journalistique. Les créateurs de contenus que sont les journalistes de presse sont parfois devenus les

74. Alcaraz M., « En vingt ans, les Gafa ont laminé les médias historiques », *Les Échos*, 25 juillet 2018.

larbins des plateformes, tout comme les youtubeurs et les influenceurs. Facebook paye ainsi le journal *Le Monde* pour faire du *fact-checking* sur sa plateforme. Il peut se donner bonne conscience en faisant mine de lutter contre la désinformation, alors qu'en réalité cette correction ne porte que sur les dérives les plus grossières, qui ne nécessitent aucune investigation. En somme, il cherche la « privatisation des profits et la socialisation des problèmes », selon la formule de Tommaso Valletti, économiste en chef à la direction générale de la concurrence de la Commission européenne.

L'enjeu est donc toujours d'affamer les plateformes plutôt que d'être affamé par elles ! La blockchain et la tokenisation peuvent apporter un nouveau modèle économique aux médias, pour sortir de cette impuissance à monétiser leurs contenus, même si s'amorce une reprise des abonnements numériques à la faveur d'événements comme l'élection de Trump aux USA, le covid et la guerre en Ukraine, qui suscitent l'envie de disposer de contenus approfondis. L'influence de plateformes comme Netflix et Spotify sur le réflexe d'abonnement payant pour accéder au contenu de qualité est également à souligner. Le marché de l'information est donc mûr pour une révision de son modèle.

Le Web3 peut commencer par apporter des solutions intéressantes sur la traçabilité des sources : la plateforme Safe.press propose ainsi d'authentifier les contenus et les communiqués de presse des entreprises. Elle permet d'inscrire dans des registres distribués l'antériorité d'un document numérique, d'authentifier une photo, tout comme on authentifie les pièces détachées des avions. Elle utilise cette fonctionnalité notariale de la blockchain, dont l'intérêt est de certifier non pas tant des sources officielles que tous les contenus publiés par les internautes eux-mêmes, qui sont à l'origine des *fake news*. Et c'est là que la tokenisation entre en jeu, dans la mesure où elle exprime le travail des communautés, permet la rémunération de leur travail et une façon d'inventer un contrat social entre des organisations et leurs parties prenantes. C'est une nouvelle gouvernance des sources.

La rémunération du *fact-checking* par la tokenisation va être un vrai sujet : tout comme la certification des blocs sur la blockchain requiert une preuve de travail, on peut imaginer une logique de consensus imposant que l'information ait été recoupée plusieurs fois par un certain nombre de personnes pour qu'on puisse la valider. Il serait également intéressant de mettre en place un tel système sur les réseaux sociaux, puisque tout n'émane pas de sources crédibles comme une entreprise ou une institution : il faut pouvoir vérifier. Aujourd'hui ce travail est fait, mais *pro bono,* par les communautés, et c'est là qu'il y a un déficit dans le partage de pouvoir. Dans le cas des *fake news*, le besoin est impérieux de recouper, d'enquêter, de vérifier les sources d'information, d'autant plus qu'avec le *deep fake*, qui permet des détournements quasi parfaits d'images et de son, les abus vont se multiplier. Il faudra donc lutter contre eux comme on lutte contre des virus, dans une course aux armements technologiques. La blockchain peut authentifier des communiqués de presse, rémunérer le travail effectué par les internautes, aider à trouver un modèle économique sur les contenus avec un système de plateformes conçu par et pour les utilisateurs.

Un Netflix de l'actualité

Parallèlement, tous les médias pourraient produire un site Internet unique, un « Netflix de l'actu », avec un système d'abonnement centralisé, mais qui prévoirait, en fonction des contenus consommés, une rétribution à la hauteur du succès du travail des journalistes. La plateforme de kiosque Cafeyn montre le chemin : elle regroupe de très nombreux titres de presse, sans passer par les *gatekeepers* que sont Google ou Facebook. Il n'en reste pas moins que ces entreprises de presse ne peuvent se permettre de se passer de la visibilité des Gafam, et qu'elles sont encore dans un entre-deux, d'autant qu'aujourd'hui la plupart des internautes se contentent du titre, de la photo et des premières lignes offertes, l'article entier étant réservé aux abonnés.

Bien plus, la tokenisation permettrait de consulter les utilisateurs sur leurs préférences en matière de choix éditoriaux, de leur octroyer des droits de vote sur les sujets qui sont traités, de rémunérer différemment des articles ou des dossiers d'investigation qui ont nécessité plus de travail, contrairement à l'actualité quotidienne disponible partout. On pourrait donc retrouver dans les médias toute la chaîne, depuis la logique d'authentification des sources en passant par la rémunération du travail de consensus sur l'information, une logique de plateforme de mise en relation, ou même une gouvernance sur l'éditorial où les lecteurs exprimeraient leur envie que tel sujet soit traité.

Il existe ainsi un projet intitulé Ghost Knowledge, dans lequel chaque utilisateur peut demander à des experts de traiter tel ou tel sujet. Un avocat peut être sollicité pour parler de la légalité des NFT, par exemple. On soumet une proposition de prix pour effectuer le travail, et les auteurs pressentis acceptent ou non de le réaliser. Dans cette logique de gouvernance éditoriale, la communauté des utilisateurs peut demander le traitement d'un sujet ou une vérification d'information. Sur des sujets très sensibles comme la santé, où les vrais experts n'osent plus aller sur les plateaux télévisés, la blockchain et la tokenisation sont intéressantes, car elles peuvent créer du consensus de façon organisée et automatisée : toutes les institutions sont mises à contribution pour produire une réponse qui n'est pas portée par un individu, mais par un collectif. Les polémiques sur la crédibilité des agences publiques comme l'Agence nationale de sécurité du médicament et des produits de santé (ANSM) ou l'Autorité de sûreté nucléaire (ASN) et les conflits d'intérêts de leurs membres pourraient laisser place à un processus de validation où les données seraient anonymisées et transparentes.

Cons'owners avides de posséder une partie des services qu'ils utilisent, créateurs de contenus impatients de monétiser leur audience via un modèle véritablement rémunérateur, marques à la recherche de nouvelles dynamiques communautaires, médias enclins à retrouver un équilibre économique vertueux et leur statut de référents de l'information… Toutes ces communautés ont des intérêts convergents dans le Web3. Aujourd'hui déjà toutes sont liées les unes aux autres de manière systémique. Sans créateurs de contenus et sans médias, les utilisateurs ne viendront plus. Sans utilisateurs, pas de data donc pas d'annonceurs… Du fait de ces interactions multiples entre ces composantes, la bascule pourrait se jouer de façon tout autre que le déplacement de la communauté de MySpace vers Facebook ou de Facebook vers Snapchat et TikTok. Cette fois, il ne s'agirait pas d'un processus migratoire au sein d'un même écosystème, mais plutôt de l'émergence d'un nouvel écosystème. Tentons l'analogie avec un vrai écosystème biologique. Dans la nature, la migration est la résultante des interactions entre deux éléments : la biocénose (les êtres vivants qui le constituent) et le biotope (les conditions du milieu). Quand, il y a 66 millions d'années, un astéroïde de douze kilomètres de diamètre a percuté le Yucatan, cela a modifié les conditions du milieu, les interactions entre les êtres vivants et a conduit à l'émergence d'un nouvel écosystème. Les cendres issues des éruptions volcaniques ont entraîné l'obscurcissement et le refroidissement de l'atmosphère, ce qui a impacté la photosynthèse, donc la survie des plantes, puis la survie des herbivores, puis la survie des carnivores. Les plus gros, les dinosaures, sont devenus les plus fragiles, tandis que les petits mammifères ont tiré leur épingle du jeu, et ils sont nos lointains ancêtres !

De même, l'écosystème du cyberspace, dominé par ces dinosaures que sont les géants du numérique, connaît des modifications structurantes au niveau de son biotope avec la blockchain et les tokens. Ces derniers altèrent en profondeur les interactions entre les êtres vivants : les communautés s'enrichissent mutuellement de ces nouvelles conditions tandis que les géants du Web s'avèrent beaucoup moins adaptés. Ce nouvel écosystème obéit à de nouvelles règles et régulations, à commencer par les DAO.

Une nouvelle gouvernance : les DAO

Depuis quelques années, de nombreuses initiatives ont fleuri dans toutes les filières pour résister aux Gafam : on assiste chez les entreprises à un mouvement de panique, car elles réalisent qu'elles n'ont pas vraiment fait leur transformation digitale ! Comme nous l'avons vu, elles hésitent entre se mettre dans les mains des Gafam ou au contraire faire des alliances sectorielles pour résister. Pour comprendre le sens et l'intérêt des DAO, il faut comprendre cette difficulté d'aligner des intérêts économiques et stratégiques très hétérogènes entre acteurs de taille ou de nature très diverses.

Prenons à nouveau l'exemple des médias : en 2018 est née en France une alliance nommée Gravity, créée pour collecter et traiter massivement toutes les données personnelles et offrir une alternative à la publicité ciblée de Facebook et Google. Elle a mis en commun des moyens pour se doter d'une *data management platform* (DMP) qui permet aux annonceurs de cibler les visiteurs avec une meilleure qualité de données. L'annonceur connaît alors l'inventaire des médias sur lequel la publicité peut paraître, alors qu'un prestataire comme Facebook a une moindre qualité de ciblage. Le problème est que *Le Monde* et *Le Figaro* ne font pas partie de cette structure ! Ces deux poids lourds ont créé leur propre régie, Skyline, préférant se diviser plutôt que régner…

En Allemagne, on trouve de même une alliance appelée Verimi, dans laquelle on trouve les données de Lufthansa, Allianz, Samsung, la Deutsche Bank, etc. Critéo, la licorne française du *retargeting*, gère les cookies des sites de e-commerce. Un groupe comme Mulliez, qui possède Auchan, Décathlon, Leroy Merlin, Saint Maclou, a aussi sa propre plateforme, Valiuz.

Parallèlement, l'Europe avance sur la réglementation des données, notamment avec le RGPD. La fin des cookies tiers empêche justement de poser des traceurs dans la navigation de l'internaute. Cela veut dire que ces sites doivent demander à l'internaute de s'authentifier. Pour effectuer une commande, c'est tout à fait accepté et fait partie du service attendu, mais le consentement est plus difficile à trouver sur de simples sites d'actualité. Beaucoup d'opportunités sont donc perdues, car les acteurs doivent d'un côté respecter la législation sur les données personnelles et de l'autre savoir unir leurs intérêts.

Même chose dans l'automobile : depuis 2019, la frénésie de partenariats ne cesse pas : Volkswagen avec Microsoft, Seat avec IBM, Renault, Nissan et Mitsubishi avec Google, etc. Mais on commence à voir se conclure, pour la première fois, des partenariats entre concurrents, par exemple entre Daimler et BMW, dans une coentreprise fusionnant les offres de services à la mobilité (la voiture connectée). Ford et Volkswagen s'unissent dans perspective de la voiture autonome avec une prise de participation dans une même start-up américaine. Tout cela est cependant lent et laborieux.

L'art difficile de l'alliance sectorielle

Une course de vitesse s'est donc engagée entre les géants du numérique et les alliances sectorielles. Comme nous l'avons vu pour la domotique, l'incapacité des concurrents à se mettre d'accord entre eux pourrait laisser un Gafam devenir le champion du véhicule connecté ou autonome. Dans ce contexte, se contenter de faire appel à un Gafam est court-termiste : on sert plus les actionnaires qu'une vraie vision industrielle de la filière. Et chacun sait que ces alliances représentent aussi un enjeu de stratégie d'entreprise. Les constructeurs doivent donc se donner les moyens de développer l'écosystème de services nécessaires, sans se limiter à la vente de voitures. Pour eux, l'union fait la force : leur intérêt est de mutualiser leurs budgets sur les investissements en technologies d'intelligence artificielle pour pouvoir former un front commun face à Google, en s'appuyant sur des start-up européennes.

La finance aussi tient ce raisonnement-là : 75 % des start-up de la finance (*fintech*) cherchent à s'adosser à des banques qui leur apportent le réseau et la scalabilité, cette capacité à grandir plus vite, à massifier leurs services. Entre des banques au fonctionnement très lent et des start-up hyper dynamiques, on a besoin du meilleur des deux mondes. Les uns ont les clients, la force de frappe, la conformité, la puissance financière, les autres ont l'agilité, l'innovation, le regard nouveau.

Or il est particulièrement difficile de faire travailler ensemble d'énormes industries et des start-up. C'est un attelage fragile et peu manœuvrable, dans la mesure où les temporalités ne sont pas les mêmes. La solution est bien souvent d'exfiltrer les personnes de l'industrie traditionnelle dans la start-up et de faire incuber. Mais, ce faisant, on risque de perdre les cas d'usage, le lien à l'utilisateur. Voilà pourquoi ces alliances sont difficiles à faire naître et à faire réussir. L'alliance peut pâtir d'être trop hétérogène ou, au contraire, de rassembler des acteurs dans une concurrence si frontale qu'il est malaisé d'aligner l'ensemble des intérêts.

À cet égard, la DAO est décisive. Prenons l'exemple de la publicité ; les médias y comptent quatre sortes d'intermédiaires : les agences, les *trading desks*, les gestionnaires de données et les plateformes d'échanges. Plus ces alliances sont complexes, plus s'ajoutent des intermédiaires, pour transférer de la donnée ou vérifier la conformité. C'est ainsi que pour le responsable de marque de Procter & Gamble Marc Pritchard, du fait de ces multiples intermédiaires, « seulement 25 % de l'argent que l'on dépense en publicité numérique sert vraiment à toucher les consommateurs[75] ». Et c'est sans compter le risque de fraude, estimé à 20 % des investissements, compte tenu de la multiplicité et de l'opacité des intermédiaires. La blockchain offre la possibilité de gérer et de désintermédier cet ensemble d'acteurs, d'établir une relation directe entre celui qui fournit de la data, celui qui veut l'appliquer pour telle solution, celui qui fournit du service, celui qui apporte une certification, etc. En somme, elle permet de gérer la complexité des échanges entre de multiples acteurs, avec le minimum de déperdition et le maximum d'efficacité.

C'est précisément l'objectif de la DAO : gérer, dans un groupe d'acteurs hétérogènes, des attentes et des alignements, des objectifs différents des membres d'un consortium. On peut s'attendre par exemple à ce que *Le Monde* et *Le Figaro* ne partagent pas leurs portefeuilles d'abonnés. De même, un acteur de la domotique ne va pas souhaiter que les données de l'habitat soient partagées avec Google. Dans ce cas, un système des *smart contracts* permet de déterminer exactement de quoi a besoin Google, ni plus, ni moins.

Avec les DAO, les entreprises vont avoir les moyens de s'organiser en filières de façon efficiente pour faire face aux Gafam, tout en gérant les frottements et les craintes qui pourraient naître entre elles au sein du consortium. Les DAO apportent une gouvernance simplifiée, un outil de

75. Cité dans « Publicité sur internet : le marché en recherche de confiance », Mediametrie, *Audience le Mag*, 29 juin 2018.

résolution ou d'anticipation des conflits, avec une capacité à remettre au centre l'utilisateur et ses données personnelles, de façon sécurisée.

La DAO va apporter tout à la fois une logique de conseil d'administration, des organes de discussion et un mécanisme de prise de décision. Il s'agit de mettre les programmes intelligents au service d'une gouvernance, ce qui va au-delà de la simple relation entre un capteur d'informations et un programme informatique. Dans la logique de la DAO, le droit de vote de chaque membre est dépendant du nombre de tokens détenus, comme des actions qui ouvrent droit à des votes. Au départ, tous les participants ayant mis au pot, des tokens sont distribués, et il faut en réunir un certain nombre pour atteindre le quorum. Si ce quorum est atteint, il est possible de passer au vote. Pour tel type de décision, il faudra avoir telle ou telle majorité, etc.

Dans un conseil d'administration classique, le bureau soumet au vote les décisions. Avec la DAO, le processus est *bottom-up* : n'importe qui dans un consortium de presse peut soumettre une proposition au vote. Et si 60 % des membres trouvent qu'il s'agit d'une bonne idée, elle sera adoptée automatiquement. Le processus est donc moins arbitraire, moins dépendant des pressions de tel ou tel acteur dominant. Il est aussi plus pérenne, puisque, quoi qu'il arrive, les tokens inscrits sur la blockchain survivront aux membres qui composent le consortium et que la coopération est réglée via des règles de gouvernance inscrites dans des algorithmes.

La plupart des DAO sont dédiées au fonctionnement de la blockchain et de la finance décentralisée, permettant à toute la communauté de décider de l'avenir de la blockchain concernée, qui est la source de valeur d'une communauté. Uniswap, par exemple, est un protocole financier décentralisé utilisé pour échanger des cryptomonnaies. Il facilite les transactions automatisées entre les jetons de cryptomonnaie sur la blockchain Ethereum (ERC20) grâce à l'utilisation de contrats intelligents. Il compte parmi les cinq premiers systèmes d'échange de cryptomonnaies en termes de volume de négociation quotidien et dispose de l'une des plus grandes DAO. La communauté Uniswap est un écosystème de plus de 4 400 membres, comprenant des utilisateurs, des développeurs, des concepteurs et des éducateurs. Uniswap a lancé son jeton de gouvernance en septembre 2020 et a pu s'imposer comme une des DAO les plus influentes dans l'espace crypto. Par exemple, un vote au sein de la communauté se prononçant en faveur de la réduction des frais associés aux transactions sur les *stablecoins* a permis une forte hausse du volume d'échange. Uniswap a également fait la une de l'actualité dans la communauté crypto pour ses prises de position sur des questions plus larges. Par exemple, une proposition faite sur Uniswap a pu viser d'utiliser près de 40 millions de dollars de liquidités du DAO pour établir des garanties politiques pour la finance décentralisée en général. La mesure n'a jamais vu le jour car le groupe favorable à la proposition était composé de délégués d'une société d'investissement notable. On a ainsi pu remarquer que ce type de gouvernance évite la mainmise d'un acteur puissant et permet de protéger l'intérêt général de la finance décentralisée, tout en travaillant sur son avenir.

Un deuxième cas d'usage de DAO concerne le financement de projets communs. Dans la filière de la mode par exemple, Red DAO vise à rassembler les membres qui souhaitent soutenir l'écosystème croissant de la mode numérique. Red DAO explique sur son site Web qu'il soutiendra, achètera, archivera, collectera, investira dans des articles et des vêtements numériques dans le monde émergent des vêtements et de la mode numériques. Red DAO comptera jusqu'à quarante-cinq membres initiaux, qui mettront en commun leur capital pour réaliser des investissements. Dans un tout autre domaine, en 2021, une DAO originale du nom de ConstitutionDAO s'est créée pour lever des fonds afin d'acheter l'un des deux exemplaires de la Constitution des États-Unis au cours d'une vente aux enchères organisée par Sotheby's. L'ambitieuse tentative a échoué devant une offre supérieure, malgré les 47 millions de dollars récoltés ! Si ConstitutionDAO avait réussi à acquérir la copie physique de la Constitution des États-Unis, l'organisation avait l'intention de lancer un token de gouvernance. Celui-ci aurait permis aux membres de voter sur des questions relatives au document physique de la Constitution. Malgré son échec, cette DAO est une manifestation de la puissance d'intégration d'un groupe décentralisé, et démontre le pouvoir d'association et de gouvernance d'intérêts épars de cet outil.

Généralement, les ambitions se combinent et les DAO sont un regroupement d'acteurs hétérogènes qui veulent allier une puissance financière et une capacité de changer le monde. Nous retrouvons ici les principes fondateurs du Web3 vus précédemment : travailler ensemble pour créer et partager de la valeur liée à une mission commune. Les participants combinent la mutualisation de leurs finances, la mise en commun des idées et la technologie pour fluidifier les échanges et la prise de décision. Diatom par exemple est une DAO qui se consacre à la protection de l'océan et de la vie sur notre planète en pourvoyant en capital et en ressources des projets vérifiés qui éliminent les déchets plastiques de l'océan. À la différence des communautés qui existent de longue date sur les forums et les réseaux sociaux, l'ambition des DAO est bien de se structurer pour jouer un rôle économique et politique, au sens noble du terme.

Les « Stramosi » ou la promotion de la Roumanie par les NFT

Un cas d'usage avec la Roumanie illustre la manière dont une filière peut utiliser cette capacité de financement et d'action pour préserver la souveraineté numérique d'un pays et permettre à ses acteurs économiques de s'affranchir des géants du Web comme Instagram et Booking pour faire sa promotion touristique. Comme pour beaucoup de pays, la marque touristique et la promotion du tourisme de la Roumanie sont contrôlées par une entité centralisée peu efficace et manquant de stratégie à l'épreuve du temps. Disposer d'une organisation décentralisée apporte une solution pour la notoriété de la marque, tout en démocratisant la promotion individuelle du tourisme.

Ordinairement, il revient à Instagram de créer le désir et l'inspiration, et à Booking de permettre de passer à l'acte et de payer. Comment échapper à un tel modèle ? En 2019, une ONG basée à Bucarest a été créée pour gérer la promotion touristique par la décentralisation permise par les DAO et la blockchain. L'ONG s'est construit une audience de plus d'un million de personnes via les médias sociaux et a commencé à travailler sur une vision pour changer le tourisme en Roumanie en utilisant la technologie blockchain. Son ambition est de devenir une DAO de tourisme autoentretenue basée sur l'IA, alimentée via l'écosystème Elrond, la première plateforme roumaine de blockchain de troisième génération à se développer à l'international.

À l'heure actuelle, même si les voyageurs sont maîtres de leur temps et de leur argent et que entrepreneurs du tourisme ont des biens et services à proposer, quelqu'un d'autre est quasi-propriétaire de la relation entre eux. @Romania vise à sortir de cette dépendance et à autonomiser les acteurs du tourisme. L'idée est donc d'abord de fédérer les 500 000 acteurs de la filière touristique autour d'une plateforme de voyage unique et décentralisée, qui gérerait tous les types de destinations des 10 millions de visiteurs annuels en Roumanie. Les billets seront des NFT Elrond que les gens pourront acquérir, gagner ou vendre sur le marché du réseau Elrond. Au-delà du plaisir personnel de l'expérience de voyage, la plateforme @Romania aspire aussi à être un lieu d'investissement et de gestion de l'immobilier touristique. En utilisant la plateforme de @Romania, les utilisateurs auront un environnement décentralisé où ils pourront utiliser l'immobilier de vacances pour gagner un revenu passif. Telle est la vision : concurrencer et même dépasser le principe de Booking !

Pour financer le développement de cette plateforme, l'ONG a commencé avec le projet Stramosi, l'émission et la mise en vente de NFT culturels et touristiques : dix mille personnages (*stramosi* en roumain) en NFT basés sur les éléments du folklore roumain, représentant le patrimoine culturel du pays. Chacun a sa cote, comme pour les footballeurs de Sorare. Tous ceux qui achètent ces NFT ont intérêt à ce que leur cote monte, donc à créer un effet de rareté. C'est ainsi qu'une entreprise viticole a acheté des NFT pour les utiliser comme étiquettes sur leurs bouteilles de vin !

Cet investissement confère également un droit de vote sur la façon dont l'argent va être utilisé pour la promotion du pays. Le tokenomics précise l'affectation des fonds récoltés : 40 % pour le développement de la plateforme @Romania, 20 % pour les dépenses marketing et de contenu de la promotion touristique, 20 % pour les dépenses marketing liées aux Stramosi et 20 % pour encourager le développement du réseau Elrond. Mais toutes les décisions liées à ces investissements seront prises à travers une DAO, @RomaniaDAO, associée à ce projet pour permettre à n'importe quel Roumain de contribuer à la promotion de sa patrie.

La DAO et la blockchain rendent ainsi possible un partage concret de la confiance en un projet, qui permet de développer une économie locale avec le maximum de spontanéité. À partir du moment où des restaurateurs détiennent également des Stramosi, une remise aux autres détenteurs de ces NFT est accordée s'ils achètent leur vin dans ces caves. Entre consommateurs, distributeurs et producteurs s'est mis en place un système de redistribution de la valeur. De la richesse est créée et contribue à alimenter le fonds de la DAO. De fait se trouve généré un autofinancement de la promotion touristique du pays.

Les NFT Stramosi s'étant créés en trois semaines, on peut imaginer la créativité économique potentielle liée aux DAO ! Elle est l'équivalent d'une monnaie locale 2.0, émise pour favoriser une région, une ville, un écosystème économique, à la différence qu'elle reste liquide et échangeable en autres cryptomonnaies, bénéficiant d'une traçabilité qui garantit que les échanges financent le projet initial.

La DAO est de plus un outil de gouvernance : elle permet une coordination d'acteurs beaucoup plus rapide que les outils actuels… Les consortiums traditionnels paraissent tout à fait obsolètes comparés à ce dispositif qui permet à la Roumanie de fédérer des consommateurs, des distributeurs et des revendeurs ! Il est facile d'imaginer la puissance que pourrait atteindre une DAO autour de la mobilité, autour des médias pour défendre nos contenus, pour retrouver des modèles économiques, etc. La DAO offre les avantages d'un groupement d'intérêt économique, mais en dehors d'une autorité centrale.

Bien évidemment, elle ne va pas automatiser les échanges sociaux, remplacer les contrats de travail, les salaires, l'organisation des entreprises, la démocratie, etc. Elle permet simplement, et c'est déjà beaucoup, une gouvernance efficace et transparente sur des sujets précis, dans un périmètre donné. La plateforme de presse Cafeyn pourrait ainsi par exemple mettre en place une DAO avec sa communauté d'utilisateurs et de médias pour choisir des thèmes éditoriaux, s'il faut ouvrir les articles aux commentaires ou pas, s'il faut rester sur Facebook, etc. La DAO constitue un outil précieux dans une époque marquée par une défiance totale envers les institutions et les politiques.

Le futur du travail ?

Pour certains, le potentiel des DAO est tellement puissant pour les organisations qu'il pourrait même représenter le futur du travail. Les DAO sont d'abord des lieux virtuels où des personnes passionnées par les mêmes choses décident de s'associer pour se retrouver et atteindre des objectifs ambitieux. Cette vision commune est le premier ciment de la communauté et un levier de motivation sans commune mesure pour les membres. La transparence des règles de rétribution et de gouvernance facilite l'arrivée de nouveaux entrants et la coopération entre personnes qui ne se connaissent pas. L'absence de rigidité juridique et de contrats permet de démarrer plus rapidement des projets à petite échelle. L'option de quitter le navire, qui se révèle souvent difficile dans les associations malgré les pactes d'actionnaires, est également très souple : les détenteurs de jetons n'ont pas à attendre que quelqu'un veuille acheter leurs jetons pour les vendre, ils peuvent simplement les échanger contre une autre cryptomonnaie à tout moment.

Alors que les entreprises passent de plus en plus d'un système pyramidal à un système horizontal et collaboratif, la DAO ne comprend plus de hiérarchie ni même d'organigramme, les équipes deviennent liquides. Dans ce principe, rien n'oblige le travailleur 3.0 à travailler pour une seule et même entreprise : il peut suivre ses différents intérêts, collaborer sur plusieurs projets simultanément, sans avoir la contrainte de travailler pour un même employeur, dans un même lieu, à des horaires fixes. Il est récompensé par des tokens, la monnaie virtuelle de la DAO, pour des tâches précises dont l'accomplissement est facilement prouvé par les *smart contracts*. Il peut alors utiliser ses tokens pour faire des achats en crypto, les transformer en *stable coins*[76] ou les revendre sur un *exchange* pour recevoir un virement en euros. Les DAO, alimentés par les tokens, semblent être une voie prometteuse pour réinventer notre façon de travailler et de collaborer de façon efficiente en donnant aux détenteurs de jetons flexibilité et autonomie. Après la fragmentation du travail, offerte déjà par la digitalisation, et l'arrivée des slasheurs[77], les DAO sont susceptibles de continuer à réinventer notre manière de travailler et de gagner de l'argent.

76. Les cryptomonnaies telles que l'USDT ou le DAI, adossées à une monnaie classique telle que le dollar, l'euro ou le yen, ont pour avantage de limiter la volatilité et l'incertitude qui pèsent sur certaines autres cryptomonnaies.

77. Le slasheur est celui qui exerce plus d'une profession simultanément. Le terme « slasheur » vient du symbole slash (« / »), que les personnes concernées utilisent souvent dans leur bio de réseaux sociaux.

CHAPITRE 7

Et si les Gafam s'y mettent aussi ?

Executive summary

- **Le Web3 connaît des limites réelles** (dans la décentralisation, la mise à l'échelle de ses applications, l'interopérabilité) et supposées voire fantasmées (son impact écologique à travers le minage).

- **Comme pour la démocratie, un système fondé sur la transparence, la participation et le consensus est forcément plus lent** à faire progresser qu'un système centralisé et dirigé par un seul homme.

- **Les Gafam et BATX risquent de profiter de cette lenteur** pour capter l'engouement du public pour l'économie de la propriété.

- **Le mouvement a déjà commencé avec le métavers de Meta** et l'intégration des NFT dans les principaux réseaux sociaux des plateformes.

- **Les Européens devront être vigilants** à ne pas laisser les géants créer des cryptomonnaies qui leur donneraient les pleins pouvoirs.

- **Les annonceurs auront également un rôle clé** à travers l'orientation de leurs investissements marketing, pour encourager la bascule dans un Web plus vertueux.

Un nouveau monde semble s'esquisser, qui nous permettrait de sortir du Web centralisé et de la domination des Gafam. Il existe cependant des limites à ce mouvement, dont il faut être conscient.

Les limites de l'idéologie Web3

Tout d'abord, certaines plateformes de ce Web3 sont déjà extrêmement centralisées, par exemple dans la gestion des portefeuilles de cryptomonnaies où l'utilisateur est obligé de passer par Binance ou Coinbase pour pouvoir investir. Ces plateformes ont de nouveau réintermédié le système. Il faut bien, dans ce cas, des solutions pour simplifier l'usage de la blockchain. Une plateforme comme Open Sea dédiée aux NFT est déjà valorisée à plusieurs dizaines de milliards.

Beaucoup de détracteurs du Web3 ou de lanceurs d'alerte mettent en doute la décentralisation du Web3 lui-même. Certes, il est laborieux à tous égards de faire tourner ses propres serveurs. Pourtant, c'est là que le bât blesse : bien que tous les protocoles et *smart contracts* soient décentralisés, la majorité des applications décentralisées (DApps) fait appel à deux entreprises principales pour interagir avec la blockchain Ethereum : Infura et Alchemy. La quasi-totalité des DApps utiliserait ces services pour opérer leurs transactions sur Ethereum. On retrouve la même logique que les *data centers* Amazon Web Services ou Google Cloud : dans les couches des infrastructures, quelques acteurs sont omnipotents, ce qui fait que techniquement, l'ensemble n'est pas aussi autonome et décentralisé qu'il en a l'air. Des possibilités de corrections existent cependant, dans la mesure où toute l'architecture se bâtit dans la transparence pour la communauté de développeurs.

S'ajoutent à cela, avant même que le Web3 soit au point, d'autres formes de critiques concernant la vision financiarisée de cet Internet, étant donné que la motivation première se révèle souvent être moins les divers usages émancipateurs possibles que la spéculation sur les cryptomonnaies, autrement dit l'appât du gain, qui vous fait acheter un NFT de singe en espérant faire une bonne affaire, voire l'affaire du siècle… D'autant que la cybercriminalité raffole du Bitcoin pour faire payer des rançons aux entreprises paralysées par une cyberattaque. Mais rappelons que, selon un rapport de mars 2022 sur le blanchiment d'argent et les activités criminelles du département du Trésor américain lui-même, l'utilisation du dollar dans ces activités est supérieure à celle des cryptomonnaies !

D'autres critiques portent sur l'aspect social : seuls les plus riches pourraient miser sur ces nouveaux marchés virtuels. Pourtant, nous avons vu que ce ne sont pas les capitalistes traditionnels qui sont les plus présents, ce sont au contraire des jeunes, membres des classes moyennes ou populaires qui veulent un peu spéculer et investir, comme on jouerait au Loto ou au tiercé. En Turquie ou au Liban, les cryptomonnaies servent même de valeurs refuges[78]. On pourrait parler du capitalisme du pauvre…

Il est évident que ce Web3 ou Web décentralisé n'est pas encore abouti, qu'il a besoin de régulation. N'oublions pas qu'aux tout débuts du minitel ou d'Internet, ce sont également les malfrats, les idéologues et les spéculateurs qui se sont emparés les premiers des nouvelles technologies, profitant d'un nouveau Far West. Mécaniquement, tous ceux qui sont censurés par les plateformes dominantes se rabattent sur les réseaux sociaux alternatifs ! Même chose aux débuts de Wikipédia, qui a commencé par rassembler tous les « antis »… Internet a toujours connu ces phénomènes de balancier, avec un système qui finit par s'autoréguler, mettant en place ses propres mécanismes correctifs. Plutôt que de jeter le bébé avec l'eau du bain, je reste assez optimiste car le système a suffisamment d'avantages pour qu'on essaie de lui trouver des mécanismes de correction. Encore faut-il lui donner une chance, dans un cadre plus régulé, avec des utilisateurs qui vont y voir les bénéfices pour le reste de la société.

78. Loizot S., « En Turquie, la ruée vers l'or des cryptomonnaies », *Le Monde*, 5 janvier 2022.

Les limites écologiques et techniques de la blockchain

Le Web décentralisé a donc des limites évidentes, mais sortir d'un système requiert un certain temps pour en inventer un autre, surtout une alternative censée être plus démocratique et plus consensuelle. Les limites écologiques par exemple sont réelles, notamment avec le minage énergivore, mais aussi surestimées par les médias qui adorent agiter les peurs du public autour de ce qu'il ne connaît pas. Notons tout d'abord que la blockchain cherche les solutions à ce problème. De nouvelles blockchains, comme Solana ou Avalanche, présentent un processus de validation et de sécurisation des blocs beaucoup moins énergivore que le Bitcoin. Nous avons vu plus haut que l'inventeur du Bitcoin, Satoshi Nakamoto, a conçu un système de preuve de travail (*proof of work*) où la validation passe par la résolution d'une énigme qui s'appuie sur la puissance de calcul d'ordinateurs. Une blockchain comme Avalanche opte résolument pour le système de preuve de participation (*proof of stake*), et ne nécessite ni processus de minage, ni mineurs, mais des *minters* (« forgeurs » en français) qui mettent en jeu une partie de leurs cryptomonnaies. La *proof of stake* est de ce fait beaucoup moins gourmande en énergie. Plus besoin d'alimenter des fermes d'ordinateurs surpuissants, plus besoin non plus de produire en grande quantité des cartes graphiques. L'Ethereum Foundation estime ainsi que le passage à la *proof of stake* permettrait une réduction de la consommation d'énergie de 99,95 %. Le second argument des défenseurs de la blockchain, plus méconnu, est que les mineurs cherchent en permanence de nouvelles sources d'énergie à bas coût, et leur ingéniosité a conduit à explorer des sources d'énergie qui, sans le minage, auraient de toute façon été perdues. En effet, la rentabilité du minage s'appuie sur la capacité à trouver une énergie extrêmement bon marché : il faut donc exclure l'idée qu'ils seraient des consommateurs ordinaires s'appuyant sur les mêmes méthodes d'accès aux ressources qu'un particulier. Par exemple, lors de fortes intempéries, les centrales hydroélectriques tournent à plein régime et produisent un niveau d'électricité supérieur à leurs capacités de stockage, induisant des excès énergétiques abondants que les mineurs négocient à prix très faibles puisque, sans eux, ces surplus seraient gâchés. Pour certains spécialistes, cela va même plus loin puisque le Bitcoin est au contraire une solution pour financer les énergies renouvelables en particulier les coûteuses infrastructures d'hydroélectricité, qui obtiennent grâce à son fonctionnement 24h/24 et 7j/7 une source de revenus complémentaire[79]. Les mineurs de Bitcoin font donc bien plus que profiter de cette énergie dite « propre », ils la financent aussi de manière indirecte. Le dernier argument qui vient minorer ce qui semble être un consensus médiatique autour d'une source unique et contestable de critiques du Bitcoin est que, si l'on considère le Bitcoin comme une alternative aux systèmes de paiement et réserves de valeur classiques, son impact écologique est incomparablement plus vertueux que le minage de l'or (pollution de l'air, de l'eau, facture énergétique élevée, coût humain désastreux) et même que le système bancaire[80]. Un rapport publié par Valuechain révèle que « Bitcoin consomme 56 fois moins d'énergie que le système classique » du fait de la consommation d'énergie des infrastructures bancaires (électricité, pollution des employés pour se déplacer jusqu'à leurs lieux de travail, pollution des convois d'argent, etc.)[81] !

L'autre limite, technique cette fois, concerne l'interopérabilité et la scalabilité de la blockchain. Le souci est que faire évoluer une plateforme décentralisée par construction est plus lent que pour une plateforme centralisée comme Facebook, où il suffit qu'un Mark Zuckerberg ou un Jeff Bezos prenne une décision pour qu'elle soit appliquée de façon unilatérale et exhaustive. Dans un modèle consensuel et avec une décision de la communauté, le processus est plus compliqué, tout comme une démocratie est plus lente qu'une dictature ! Le risque est alors qu'entre temps les Gafam s'y mettent et s'emparent plus vite de ce sujet de la décentralisation et des cryptos que la blockchain et

79. « Bitcoin : minage éthique et énergies renouvelables », *Journal du coin*, 2 mai 2020.

80. Flevet C., « Quel est l'impact écologique réel de Bitcoin ? », *Usbek & Rica*, 27 mai 2021.

81. Khazzaka M., « Bitcoin : efficience énergétique des cryptopaiements », Valuechain, avril 2022.

les applications décentralisées elles-mêmes ! On a donc, d'un côté, des limites liées au fait que c'est un sujet naissant auquel les utilisateurs commencent seulement à s'intéresser et, de l'autre, une course contre la montre avec les Gafam. Ceux-ci peuvent tout à fait se donner l'apparence d'un Web décentralisé, sans réellement remettre en cause la centralisation fondamentale, dans une forme habile de récupération.

Le faux-nez de l'*empowerment*

Leur discours n'aurait pas à changer : il porterait toujours sur l'*empowerment* de l'utilisateur, comme lorsque Mark Zuckerberg a défendu son projet, depuis abandonné, de monnaie privée Libra face au Congrès américain. Mark Zuckerberg ne cachait pas ses ambitions, même revues à la baisse : « L'objectif de Libra, c'est d'abord de construire un système de paiement mondial plus qu'une monnaie. » Dans un tel projet, les banques centrales seraient remplacées par Facebook, mais il existerait toujours une entité centralisée qui prendrait une commission et exploiterait les données de la transaction. Portée par Facebook jusqu'à son retrait face à la levée de boucliers, Libra était un projet de cryptomonnaie indexée sur un panier de monnaies internationales, avec de nombreux partenaires comme PayPal, Visa, American Express... Le projet est revenu par la suite sous le nom de Diem, moins ambitieux puisque adossé seulement au dollar, mais toujours préoccupant s'il constitue un premier élément du métavers. Sous la pression du législateur, Diem a heureusement été également abandonné début 2022. Mais depuis le lancement de son métavers, Zuckerberg envisage de nouveau la création d'un moyen de paiement, une monnaie virtuelle pour les échanges au sein d'Horizon Home[82]. La devise, surnommée en interne Zuck Bucks, ne serait pas basée sur la blockchain mais reprendrait la logique de jetons sociaux et de jetons de réputation. Puisque Meta viendra optimiser les algorithmes pour cibler des publi-

82. Horizon Home est le nouvel espace intégré à Horizon, la plateforme sociale de Meta qui permet à tout le monde d'interagir et de trouver sa place dans le métavers. (Source : Génération Nouvelles Technologies.)

cités dans le métavers et y vendre des espaces commerciaux, adjoindre une monnaie virtuelle pour y effectuer ses achats sonne comme une évidence. Proposer aux marques l'optimisation de cette expérience d'achat en conjuguant la redoutable mécanique d'incitation des tokens et la mesure de nos données biométriques via Oculus sera imparable. Dans un tel cas de figure, une fonctionnalité du Web3 a simplement été intégrée au modèle Gafam pour accroître sa puissance.

C'est un scénario récurrent depuis le début de ces révolutions d'usages : les Gafam parviennent toujours à s'installer en avance de phase sur les usages. C'est ainsi qu'Amazon a intégré le Web social, en affichant des avis sur les produits vendus. Ces géants font toujours en sorte de renforcer la puissance de leur plateforme. Ils pourraient bientôt décider de lancer leur propre cryptomonnaie pour organiser un système économique avec leurs partenaires marchands ou annonceurs. Une tokenisation sous l'égide d'Amazon ou de Meta serait donc possible : elle proposerait une économie fermée, entre vendeurs et acheteurs sur la marketplace Amazon ou sur Instagram. Les deux firmes prendraient leur commission, proposeraient des tokens de récompenses, de privilèges pour les utilisateurs. Sur le fond de l'usage, rien ne semble changé et l'utilisateur pourrait être dupe.

Dans ce Web3 sous l'emprise des Gafam, les fabricants se retrouveraient à nouveau pieds et poings liés face à Amazon, l'équivalent d'un géant de la distribution qui certes leur offre une visibilité sans précédent et des ventes à court terme, mais au prix d'un rapport de force très défavorable. Le budget marketing des entreprises risque bien demain d'être découpé en trois : Facebook, Google et Amazon ! La tokenisation pourrait devenir l'arme fatale pour enfermer encore plus les entreprises et les consommateurs dans l'écosystème des Gafam.

Souvenons-nous que la digitalisation des petits commerçants a bien lieu, mais en payant le prix d'une lourde dépendance ! Aujourd'hui, les entreprises envoient des e-mails, conservent des bases de données de leurs clients, ce qui reste une vraie alternative marketing aux Gafam, mais cela suppose l'achat d'un logiciel de gestion des ventes, un service marketing et le respect des réglementations en vigueur, ce qui n'est pas à la portée de toutes.

Si la transaction se fait sur Facebook, ces efforts n'ont plus de sens, toute la relation client est de fait sous-traitée à un prestataire qui peut proposer un tunnel de conversion tout à fait fluide, livrant *in fine* toutes les données sur les produits qui se vendent le mieux, les tokens apportant des mécaniques d'incitation et de récompense supplémentaires. C'est ainsi qu'Amazon devient non plus un magasin comme un autre, mais la plateforme de recherche et d'achat par défaut de tous les produits, comme c'est le cas aux États-Unis. Les recherches se font directement sur ce site, en sautant l'étape Google. Beaucoup se plaignent des commissions prélevées par les opérateurs de cartes bancaires, mais que dire de ce qui les attend demain, quand toute la puissance marketing d'Instagram, par exemple, rendra les commerçants entièrement dépendants de ce système ?

Une blockchain qui risque d'être digérée par les Gafam

Il y a des raisons de rester optimiste, car les géants du Web sont désormais surveillés comme le lait sur le feu. Dans nos pays démocratiques, la prise de conscience a eu lieu et un point de non-retour a été atteint. Avec les réglementations européennes, des digues sont en train de se construire, qui ne permettront pas que les mêmes erreurs se répètent. On peut imaginer que le métavers ne va pas émerger dans nos démocraties avec les mêmes travers que celui que voudrait nous imposer Facebook. Les projecteurs des régulateurs sont focalisés sur son berceau, tandis que les métavers décentralisés (The Sandbox, Decentraland…) clament leurs différences avec Meta dans le traitement des données.

En revanche, dans les pays en développement, on court à la catastrophe, car ce sont les Gafam qui y ont le plus souvent amené Internet. En Inde, aller sur Internet c'est aller sur Facebook. L'entreprise y a lancé une offre de services de base qui comprend WhatsApp, Messenger, Facebook. Beaucoup de boutiques locales n'ont jamais créé de site Internet, car tout passe par leur page ou leur boutique Facebook !

Tout le commerce est dépendant de Facebook, qui a des partenariats avec des opérateurs, des cartes prépayées, etc. S'il s'y ajoute la cryptomonnaie, les micropaiements seront non seulement extrêmement faciles entre marchands et particuliers, mais cette monnaie risque de devenir la véritable monnaie locale, comme on l'a vu avec le Bitcoin pour le Salvador. Dans ces pays souvent corrompus, sans stabilité politique, le pire est envisageable en termes de cybercolonisation. On peut y ajouter, dans un pays-continent comme l'Inde, la grande difficulté à réguler une information ou des réseaux sociaux parlant des centaines de langues différentes. De fait, la désinformation y est largement plus répandue que dans nos démocraties. Elle montre que les réseaux sociaux peuvent devenir un outil politique et antidémocratique effrayant.

À suivre : *Les velléités décentralisatrices de Twitter*

Le cas Twitter est également intéressant. L'entreprise est bien plus petite que Facebook, mais elle propose un modèle hyper centralisé de captation de données qui a été aussi incriminé pour désinformation. Si le premier Twitter était à dominante chronologique, à présent les contenus sont gérés par engagement : ceux sur lesquels l'utilisateur a déjà le plus réagi sont mis en avant. Le réseau social, comme ses semblables, vit de la publicité et d'algorithmes de ciblage, mais travaille depuis 2019 sur une version décentralisée, qui s'appellerait Blue Sky. Sur les forums spécialisés de la firme sont lancés des appels à idées et à contributions pour inventer un Twitter ouvert et décentralisé. Cette décentralisation lui donnerait à la fois une seconde jeunesse et des outils de lutte contre la désinformation. Elle permettrait de renforcer les efforts visant à lutter contre les abus et informations trompeuses ; elle donnerait aux utilisateurs et à la communauté la capacité de contribuer à la conception des algorithmes ; enfin, elle aiderait à mieux informer les communautés des règles de la plateforme. Twitter envisage ainsi de créer une sorte de boutique d'algorithmes, présentant plusieurs variantes d'affichage de contenus.

Une autre piste de travail concerne la rémunération du travail de la communauté sur la lutte contre les infox (*fake news*) et le signalement des comportements inappropriés. Il semble qu'à l'inverse de Facebook, Twitter soit attaché au respect des fondamentaux de l'idéologie décentralisée. Mais pour combien de temps, au vu des différents rebondissements de l'affaire Musk et le chaos qui s'en est suivi[83] ?

83. Lire par exemple « Elon Musk renonce au rachat de Twitter », *Le Monde*/AFP, 8 juillet 2022.

Le piège du métavers à la sauce Meta

Venons-en à présent à l'énorme escroquerie que Meta (ex-Facebook) cherche à nous faire avaler depuis l'annonce de son métavers et son changement de nom en 2021. Tout d'abord, le métavers ne relève pas nécessairement du Web3 même si Web3 peut abriter des métavers ! En effet, tous les métavers ne sont pas forcément décentralisés, inscrits sur la blockchain et respectueux des données personnelles de leurs utilisateurs, alors que c'est fondamental. C'est le coup de génie de Mark Zuckerberg d'avoir annoncé le lancement de son métavers en pleine cryptomania, l'année de décollage des NFT, et d'avoir ainsi créé une gigantesque confusion entre tous ces concepts nouveaux. N'en saisissant pas la nuance, le lecteur lambda a amalgamé Bitcoin, métavers, NFT et Web3 dans un paquet qui formerait ce que l'on peut appeler le Web d'après.

Tous les métavers ne se valent donc pas et Meta espère bien, sur un malentendu, redonner une virginité à sa réputation en surfant sur la popularité du Web3. Pourtant, les métavers existaient préalablement au Web3. Le plus connu, Second Life, propose un système d'avatars 3D permettant aux participants de vivre une autre vie, de construire une maison de rêve et d'interagir avec les utilisateurs du monde entier. Ce jeu culte des années 2000 aurait encore un million d'utilisateurs. En 2022, le retour de son fondateur sur le devant de la scène marque la volonté de l'entreprise de retrouver une seconde jeunesse avec le Web3, en s'ouvrant à la décentralisation et aux cryptoactifs. Il faut dire que la blockchain offre des perspectives inédites aux univers virtuels : les solutions d'identité numérique fondées sur elle pourront alimenter des avatars numériques vraiment persistants, auxquels seront rattachées, de manière totalement sécurisée via le *wallet*, toutes les propriétés acquises ou gagnées dans le métavers. Les actifs numériques ainsi générés ou acquis dans le métavers pourront être revendus aux autres membres très facilement, sans monnaie fiduciaire. Le métavers semble donc prêt à hériter des principes de l'idéologie décentralisée, à savoir protection de la vie privée, partage de la valeur, résistance à la censure…

D'autres mondes virtuels sont souvent cités comme précurseurs des métavers, comme Fortnite, Animal Crossing ou Roblox. Même si le métavers n'est pas un jeu, ces mondes virtuels ont ouvert la voie à ce que nous prenions plaisir à disposer d'un double numérique de nos vies. Fortnite organise des événements comme des concerts dans son univers virtuel et permet l'acquisition de *skins*, ces *wearables* qui sont des actifs numériques proches des NFT. Roblox, de son côté, a introduit le sens du business chez les jeunes en permettant aux ados de créer et monétiser leurs propres jeux sur la plateforme – c'est le modèle *play-to-earn*. Ainsi, de la même façon, le leader des jeux Web3, Animoca Brands, a développé F1 Delta Time et REVV Racing, des jeux de simulation de course automobile en blockchain. REVV est conçu pour permettre une véritable propriété numérique des actifs du jeu, donnant aux joueurs la liberté et le contrôle de leurs éléments NFT en gagnant de l'argent à chaque fois que des membres utilisent le circuit dont ils sont propriétaires.

Les jeux vidéo ont inspiré les métavers et préparé les utilisateurs à la gestion de leur avatar, à l'acquisition et la revente de biens de consommation virtuels pour leur double numérique, mais aussi à devenir des entrepreneurs en herbe en gérant leur petite affaire virtuelle aux bénéfices bien réels. Decentraland et The Sandbox sont les deux pionniers du métavers, mais qui, contrairement à Meta, sont conçus sur un modèle décentralisé, associés à une cryptomonnaie reposant sur la blockchain Ethereum. Decentraland et The Sandbox sont les métavers les plus développés à ce jour, dans lequel les joueurs peuvent posséder, construire et monétiser des actifs virtuels et des expériences de jeu par l'intermédiaire de NFT. La question à ce stade de l'émergence de ces nouveaux mondes est de savoir quelle vision, entre celle de Meta et celle des alternatives décentralisées, va gagner. Autrement dit, s'agira-t-il de nouveaux outils conçus pour exploiter les masses ou la terre promise que nous voulons tous ?

L'Eldorado des NFT

Le dernier point de réflexion sur le Web décentralisé à la sauce des Gafam concerne les NFT : ceux-ci se sont fait connaître par l'art numérique, mais le champ s'élargit aujourd'hui à n'importe quoi : un joueur de foot, un moment de match, etc. Tout est « NFTisable » ! Twitter autorise ses utilisateurs à mettre leur NFT comme photo de profil ! YouTube ou TikTok travaillent quant à eux sur la rémunération des créateurs, mais bien sûr assez loin de ce que nous évoquions plus tôt, à savoir une vraie redistribution de richesse au profit des créateurs vis-à-vis de leur audience. Les Gafam s'orientent plutôt vers une nouvelle forme de commissionnage des créateurs de contenus. YouTube a ainsi proposé à des célébrités de lancer leur collection : les fans pourraient acheter directement des NFT de leurs créateurs. Attention toutefois au danger d'instrumentalisation : les NFT ont certes été générés sur la blockchain, mais pour être ensuite distribués par une plateforme qui est tout sauf décentralisée. On ajoute donc au système actuel l'économie de l'immatériel, c'est-à-dire cette digitalisation de la valeur, mais sans les vertus d'une architecture décentralisée. Il n'y a aucune notion de redistribution du pouvoir, et les NFT ne sont qu'une forme de cryptoactifs. Cela revient à surfer sur l'engouement pour toucher une partie du pactole, sans nouveau partage de la valeur.

La récupération de la blockchain et de la tokenisation par les Gafam est donc en route. Que peut-on mettre en œuvre aujourd'hui pour l'empêcher ou la freiner ? Comment lutter contre l'empire de la centralisation des données, qui a pour lui d'offrir l'expérience utilisateur la plus simple ? Les annonceurs auront une responsabilité majeure dans le choix de leurs investissements marketing, entre la simplicité toxique des Gafam et de nouveaux modèles, certes plus exploratoires, mais aussi plus prometteurs pour la société. Accepteront-ils un monde de données *zero party*[84] ? Si les Européens ont su construire des digues,

84. Nous avons vu au chapitre 3 les données *first party*, *second party* et *third party* : dans un projet Web3, l'annonceur ne dispose d'aucune donnée personnelle sur les possesseurs de ses NFT, sauf celles qu'ils veulent bien fournir, et l'on parle donc de *zero party data*.

qu'elles soient réglementaires ou industrielles, c'est avant tout par le financement de ces applications que l'on favorise leur essor ou leur extinction. Tandis que l'on peut craindre une Afrique ou une Inde entièrement colonisée par le capitalisme de l'attention, il reste encore un espoir que la décentralisation modèle notre fameuse troisième voie européenne. Même dans nos démocraties, tant que les applications décentralisées n'auront rien de la fluidité et de la convivialité des interfaces des géants du système, la bascule des usages risquera d'être toujours favorable aux Gafam. Mais le pire n'est pas toujours sûr : il est aussi possible que les usages proposés par les Gafam ne prennent pas. On peut espérer un vrai réveil des industriels européens, à travers le refus d'une exploitation effrénée des données personnelles. Les entreprises auront donc à composer dans un monde hybride en prenant le meilleur de la centralisation et de la décentralisation, du moins le temps que la transition s'opère.

PARTIE 4

SE PRÉPARER ET ADAPTER SA STRATÉGIE DIGITALE

Rien n'est joué. Les leaders du monde digital de 1997, AOL, Netscape, Prodigy, Geocities, Excite et autres Lycos, sont inconnus de la jeune génération puisqu'ils ont presque tous disparu. À nouveau champ de bataille, nouvelles opportunités pour les organisations européennes pour reprendre la main. Les codes sont si disruptifs, le cadre si peu régulé, qu'il est probable que l'expérimentation soit de mise dans un premier temps.

Mais, pour développer un leadership numérique, il faut se forger une vision. Cette quatrième partie a pour but d'aider les dirigeants à bâtir cette vision du futur de leur organisation. Dans un premier chapitre, nous les inciterons à diagnostiquer leur capacité à lâcher-prise de leurs certitudes du monde d'avant. Puis nous donnerons le mode d'emploi de la tokenisation d'une stratégie digitale, selon les *assets* déjà mis en œuvre. Enfin nous irons plus loin pour parler du business model de l'entreprise, qui sera *in fine* affecté si les organisations tokenisent les liens avec leurs parties prenantes.

CHAPITRE 8

Pourquoi partager la valeur ?

Executive summary

- **Pour une organisation, se lancer sur le Web3 n'a rien de comparable avec exister sur un nouveau réseau social :** c'est adopter une nouvelle philosophie autour de la valeur et du partage du pouvoir.

- **Cette aspiration forte de l'opinion est à corréler à la crise de confiance** montante envers les figures d'autorités.

- **Ne pas y répondre, c'est encourager les ruptures,** comme le complotisme, et favoriser l'émergence d'une contre-société.

- **Les organisations doivent donc se poser trois questions :** quel est leur degré de dépendance envers les géants du numérique, leur « empreinte Gafam » ? Cette dépendance est-elle compatible aujourd'hui avec les valeurs dont elles se targuent ? Sont-elles prêtes à accepter le principe du partage de pouvoir ?

- **Pour autant, les organisations n'auront pas à faire table rase de leur héritage digital ;** au contraire, vingt ans de révolutions numériques ont laissé quatre invariants stratégiques qu'il ne faut pas remettre en question, mais plutôt revisiter à l'aune de la tokenisation.

Pour comprendre la révolution en cours, il n'est pas inutile de prendre un peu de hauteur sur l'évolution de nos sociétés. Toutes les figures d'autorité doivent aujourd'hui, d'une manière ou d'une autre, partager le pouvoir, partager la valeur avec leurs parties prenantes, avec leurs communautés, du moins donner l'apparence de le faire. Participation citoyenne, entreprise à mission, inclusivité… Nous sommes en train de passer d'une société très verticale à une société plus horizontale. Les experts sont systématiquement remis en cause, comme on l'a vu lors de la crise sanitaire, où les politiques et les médecins ont été vivement contestés, à tort ou à raison. En 2008 déjà, les banques avaient été désavouées, ce qui a contribué, nous l'avons vu, à donner naissance aux cryptomonnaies. Les médias et les journalistes sont accusés de collusion avec le pouvoir, tandis que la publicité et le marketing sont jugés inauthentiques à force de fausses promesses.

Une énorme transition est en cours. De nouveaux mécanismes de régulation sont à inventer. La régulation verticale ne fonctionne plus, une sorte de chaos informationnel règne, d'une révolution technologique à l'autre, alors même que nous sommes face à de gigantesques défis climatiques et sociétaux, qui supposent des décisions collectives fortes. Comme le soulignait le sociologue Ulrich Beck dès 1986, dans nos sociétés développées la production sociale de richesses s'accompagne d'une production sociale de risques, qui sont perçus avec toujours plus d'acuité, ce qui suscite de plus en plus de défiance[85].

Construire le monde de demain doit se faire en restant conforme aux valeurs qui nous sont chères en Europe : liberté d'expression, liberté d'entreprendre, liberté d'innover, même face aux géants du Net… L'édifice doit reposer sur de nouveaux tiers de confiance, qui ne peuvent plus être les autorités traditionnelles. Les attentes de régulation citoyenne montent en puissance depuis vingt ans : des forces vives prennent le relais dans l'organisation de cette « multitude », pour reprendre le titre d'un ouvrage d'Henri Verdier et Nicolas Colin[86].

85. Beck U., *La Société du risque*, Champs-Flammarion, 2008.

86. Verdier H., Colin N., *L'Âge de la multitude. Entreprendre et gouverner après la révolution numérique*, Armand Colin, 2015.

Un retour aux sources de la démocratie

Il ne s'agit pas d'inventer un gouvernement du peuple mais un partage du pouvoir et une forme d'autorégulation sur certaines prérogatives. En ce sens, ces bouleversements nous invitent à revenir aux sources mêmes de ce qu'est la démocratie. Celle-ci n'est pas principalement un régime politique, mais une rupture fondamentale dans l'histoire humaine, dominée jusque-là par des formes de pouvoir fondées sur la religion, la naissance, la richesse ou le savoir.

Avec la démocratie, les sociétés humaines choisissent de « s'auto-instituer », acceptant de se confronter à la part de contingence vertigineuse qui donne à certains le pouvoir et pas à d'autres. L'humanité se retrouve ainsi soudain livrée à elle-même. Étymologiquement, la démocratie est le « pouvoir du peuple », autrement dit le pouvoir de ceux qui doivent être gouvernés. C'est pour cela qu'elle paraît paradoxale et chaotique : le titre à gouverner est sans cesse remis en jeu, avec un panachage de diverses règles et procédures comme les élections ou le tirage au sort. La démocratie est la fin de toute filiation politique (c'est-à-dire gouverner au nom d'une autorité supérieure), et la reconnaissance d'une incertitude : nous ne savons pas, dans l'absolu, qui est le plus digne de gouverner, d'énoncer la vérité, d'exercer une autorité politique. Nous ne disposons plus d'une révélation à ce sujet, et la légitimité à gouverner fait l'objet d'une délibération infinie.

Une chose est sûre : ceux qui désirent le pouvoir ou sont les plus aptes à le conquérir ne sont pas nécessairement les plus dignes de l'exercer[87]. Il faut au contraire, et c'est le sens du tirage au sort et de la démocratie participative en général, que ceux qui ne recherchent pas le pouvoir puissent néanmoins l'exercer, d'une manière ou d'une autre, surtout dans un contexte de faillites ou de discrédit des élites « légitimes ».

La révolution de la blockchain pourrait contribuer à réguler cette crise de la démocratie : la valeur doit cesser d'être confisquée par quelques-uns,

87. Voir à ce sujet les développements de Jacques Rancière dans *La Haine de la démocratie*, La Fabrique, 2005.

la technologie doit nous permettre d'organiser cette horizontalisation de la société. À partir du moment où l'on partage le pouvoir avec des DAO, des tokens et des *smart contracts*, le niveau d'éducation, le niveau social ne comptent plus, tout le monde est à égalité, sous réserve d'avoir accès au numérique. C'est par sa contribution, par son implication dans le projet, par son idéalisme que chacun se distingue, dans un contexte d'action bien plus convivial et accueillant que le monde politique traditionnel, fondé implicitement sur des hiérarchies et des capacités discriminantes.

On peut espérer une alliance objective entre une crise de croissance de la démocratie et des possibilités technologiques sans précédent. Un idéal politique rejoint un idéal technologique. Dans la société se multiplient des expérimentations d'autogestion. On aplatit les hiérarchies, on fait confiance au groupe pour trouver lui-même son leader, son mode de fonctionnement, sa gouvernance : il s'agit finalement d'une DAO qui ne dit pas son nom… Dans l'éducation, l'expérimentation de la classe mutuelle et inversée fait redescendre le professeur de son estrade, dans une reconfiguration physique de la classe et un enseignement de « pair-à-pair », par petits groupes.

Ne pas dévoyer l'idéal philosophique du « penser par soi-même »

Les organisations qui résistent à cette aspiration contribuent à des ruptures, dont un des pires symptômes est le complotisme : ne plus s'informer dans les médias classiques, basculer dans un monde sans régulation morale ou scientifique, ou régulé par des groupes d'intérêt qui savent manipuler les foules. Si nous continuons à être dans le déni, nous courons à la catastrophe, car les citoyens cherchent de plus en plus à s'affranchir de ces autorités, pour le meilleur ou pour le pire. Dans un monde algorithmique, l'idéal philosophique du « penser par soi-même » risque de se réduire à un « penser entre soi », au gré des bulles de filtre. Il devient entièrement dévoyé s'il ne trouve pas d'autres moyens de produire de la rationalité et du bien commun. Parce qu'on écoute ses semblables, parce qu'on accède à une diversité d'informations sans précédent, on peut avoir l'impression d'accéder à une forme de liberté, alors même qu'on est manipulé. Le sujet de la vaccination, par exemple, n'est pas tant un sujet de pédagogie de la science que le symbole d'une rupture des liens de confiance avec les autorités scientifiques.

Restaurer cette confiance ne peut pas être une simple question de politique de modération des plateformes, car la logique même des algorithmes est faite pour retenir les publics par leurs émotions les plus primaires. C'est un faux pouvoir donné aux utilisateurs. Il faut donc parvenir à mettre en place de nouveaux mécanismes de régulation qui donnent véritablement le pouvoir : pas le pouvoir de dénoncer, pas le pouvoir de s'indigner ou même de se mobiliser, mais un pouvoir de débattre, de décider et d'agir.

Le Web a montré qu'il a été capable de mettre en place des mécanismes d'autorégulation, notamment dans l'évaluation réciproque sur eBay ou sur Uber : l'acheteur, le vendeur, le conducteur, le passager sont évalués. De même, des forums de discussion imposent une « netiquette ». Si un utilisateur ne la respecte pas, il est exclu. C'est un mécanisme dissuasif qui était assuré par les administrateurs de la communauté, mais qui s'est perdu dans les réseaux sociaux des Gafam et des BATX, parce que ce pouvoir a été centralisé et confié à l'algorithme.

Si ces autorités, ces marques ou ces organisations se convainquent de la nécessité de ce lâcher-prise, du fait qu'il s'agit là de la clé de la lutte contre les suprématies numériques, alors il faudra se demander comment rendre du pouvoir à la multitude, dans quels domaines économiques, politiques, sanitaires ou environnementaux elles vont pouvoir concéder des prérogatives à nos concitoyens.

Les entreprises aussi sont concernées. Toutes sont travaillées par leur « mission », comme le montre le succès de la certification B Corp[88],

88. La certification B Corp est une certification octroyée aux sociétés commerciales (à but lucratif) répondant à des exigences sociétales et environnementales, de gouvernance ainsi que de transparence envers le public. Cette dénomination est une abréviation de *« Benefit Corporation »*, désignant une société reconnue pour avoir des effets *bénéfiques* sur le monde, tout en étant rentable. (Source : Wikipédia.)

dans une logique d'impact positif sur la société. Mais comment peuvent-elles imaginer jouer un rôle sociétal sans remettre en question leur gouvernance et sans intégrer la société elle-même à leur prise de décision ? À partir du moment où elles souhaitent sortir de leur seul rôle économique, leur gouvernance doit être révisée pour être plus inclusive. Or elles continuent à réfléchir à leur mission sans leurs parties prenantes.

Il ne s'agit pas de faire table rase du passé et de rêver d'un grand soir. Il y a des choses à gagner dans la centralisation, car elle est un facteur d'efficience, un facteur de simplicité pour les utilisateurs, un facteur de rapidité. Mais il va falloir composer avec ce partage de pouvoir en s'inspirant notamment de ce que nous apportent les DAO, ces nouvelles formes d'organisation décentralisée décrites précédemment.

Calculer son « empreinte Gafam »

Il ressort de cet état des lieux trois questions que doivent se poser les institutions et les organisations. La première est de savoir quel est leur degré de dépendance vis-à-vis des géants du numérique, une sorte d'« empreinte Gafam » – comme on parle souvent d'« empreinte carbone » pour mesurer l'impact des activités humaines en termes d'émission de carbone dans l'atmosphère. Ceci tout simplement pour avoir un regard lucide sur la façon dont ces géants déterminent la destinée numérique de leur organisation. Par exemple, quand les chambres de commerce et d'industrie (CCI) nouent un partenariat avec Google pour former les PME à leur transformation digitale, il s'agit d'être réaliste et de comprendre que les dirigeants de PME seront, en réalité, formés à faire du *Search Engine Advertizing*, c'est-à-dire ni plus ni moins que de la publicité sur Google ! Idem quand Google propose aux entreprises une méthode d'évaluation de leur transformation digitale (les « cinq A »), c'est évidemment une méthode d'évaluation de leur efficacité publicitaire pour mieux basculer leurs budgets marketing chez le géant de Mountain View !

La deuxième question est de se demander en quoi cette dépendance qu'ils entretiennent finance un système qui est *in fine* toxique pour leurs clients, pour leurs employés et pour la société entière et si cela est compatible avec leur mission ou leurs valeurs. Par exemple, l'entreprise de cosmétiques bio et vegans Lush, malgré ses 11 millions d'abonnés sur Facebook et Instagram, a décidé fin 2021 de quitter les réseaux sociaux. L'effet de ces plateformes sur le bien-être mental des adolescents leur paraissait irréconciliable avec la promesse de bien-être de leurs produits et l'impact qu'ils souhaitent avoir sur la société.

La troisième question, avant de se ruer sur les NFT pour les intégrer dans une stratégie digitale, est de savoir comment partager le pouvoir avec les parties prenantes, ce que cela affecte dans la gouvernance, dans le business model, et comment intégrer à l'organisation cette notion de partage du pouvoir.

Toutes les réponses à ces questions ne résident pas forcément dans la décentralisation. Sur le premier point du niveau de dépendance, il n'est nulle obligation d'aller chercher des solutions décentralisées : dans leur hébergement de données, dans leurs solutions cloud, dans leur gestion de la relation client, dans leur *data management platform*, dans les logiciels bureautiques, les dirigeants peuvent questionner leur souhait de contribuer à la souveraineté numérique, en faisant confiance à des entreprises européennes et en participant à un protectionnisme économique intelligent pour défendre nos capacités d'innovation et nos emplois. C'est une approche assez politique, mais cela peut aider nos PME à préserver une économie numérique souveraine et à la faire grandir dans les années qui viennent. Nous ne pouvons plus accepter que des entreprises françaises, comme Criteo par exemple, aient à s'installer aux États-Unis pour être prises au sérieux[89] ! Il faut changer de mentalité : soyons fiers et exigeants pour que nos PME deviennent des champions à l'international. Installons une culture de la défiance à l'égard des « colons » chinois ou américains, de même que les Américains lorsqu'ils n'ont pas voulu choisir Huawei pour le passage à la 5G…

89. Raymond G., « Criteo : la pépite française obligée de partir sur le Nasdaq pour grandir », *Huffington Post*, 30 octobre 2013.

Sur le deuxième point, le financement d'un système délétère, c'est davantage la couche cognitive qui est concernée que la couche logicielle ou physique. Cette fois les choses sont plus compliquées qu'un simple changement de nationalité des fournisseurs. À peine les entreprises ont-elles compris qu'il fallait être en conversation avec leur communauté en allant sur les réseaux sociaux qu'il faudrait qu'elles quittent les Gafam, alors même que les alternatives décentralisées n'existent pas encore ou sont balbutiantes ! Elles doivent comprendre que ce n'est pas à l'usage social qu'il faut s'attaquer, mais qu'il faut au contraire garder à l'esprit l'enseignement du Web 2.0 qui est que la marque, le sachant, le politique est un membre de la communauté parmi d'autres. Elles doivent en revanche répondre au défi du modèle économique des plateformes incontrôlées, à la prime qu'elles donnent à l'émotionnel et au sensationnel, car c'est bien là que résident toutes les dérives des réseaux sociaux, et non pas dans le fait d'organiser la conversation, de laisser les gens être eux-mêmes des journalistes et des contradicteurs. La preuve en est qu'on n'a jamais accusé les forums ou les blogs de quoi que ce soit d'aussi grave. Cet usage du débat public permanent est un acquis social, ce n'est pas lui qui pose problème. Mais rien ne nous oblige à le soumettre à une collecte sans fin de données personnelles à des fins publicitaires. Il ne s'agit pas de créer un Facebook ou un Google français, mais de remettre en cause le modèle économique qui fait leur fortune au détriment de la société et de la démocratie, et d'œuvrer à un modèle beaucoup plus protectionniste sur les données personnelles.

Tout cela est bien sûr compliqué, car les entreprises comme les particuliers ne vont pas pouvoir quitter du jour au lendemain Google et Facebook, qui sont des infrastructures incontournables. Quelqu'un qui a près de vingt années de souvenirs sur Facebook, partagés avec des centaines d'amis, ne souhaitera pas s'en défaire ! De même pour une entreprise qui a fondé toute son activité sur une suite logicielle de Google ou Microsoft. Cette « désintoxication » à l'égard des Gafam risque d'être longue et laborieuse : leurs solutions sont efficaces pour les entreprises et plaisantes pour les particuliers. La question est donc de savoir comment assécher leur modèle économique en mettant fin au ciblage publicitaire.

Ces géants ne disparaîtraient pas nécessairement : ils pourraient vendre des services, inventer d'autres modèles économiques. Trouvons un équilibre où les usagers restent sur Google et sur Facebook, mais avec un relais et un réinvestissement vers le Web décentralisé, une forme de protection de nos données personnelles et surtout de nouveaux modèles économiques fondés sur un postulat de départ radicalement différent : rémunérer la contribution, et non plus la collecte de données sur les personnes. Il s'agit donc pour les dirigeants de reprendre conscience des valeurs qui ont fait défaut aux premiers temps de la transformation digitale. Cette prise de conscience ne doit pas conduire à révolutionner sa stratégie digitale, mais à l'adapter, en gardant ce que les précédentes technologies ont apporté de meilleur, tout en intégrant de nouvelles composantes du Web décentralisé.

Les quatre *drivers* de la stratégie digitale

Même en recherchant une meilleure performance digitale, des invariants stratégiques, héritages de vingt ans de transformation, s'imposent aux entreprises. Ces invariants n'ont pas à être remis en cause, car ils sont performants. Il faut simplement les revisiter à l'aune de la tokenisation, à la lumière de l'idée de partage de pouvoir et dans l'optique de cette révolution de la propriété immatérielle, de l'économie de l'engagement.

Une stratégie digitale est un écosystème de sites Web, d'applications mobiles, de réseaux sociaux, dont les composantes vont dépendre des *drivers* du marché, autrement dit de ce qui va amener du trafic vers cet écosystème. Tout comme dans le monde physique, le *driver* correspond au choix de l'emplacement dans la rue la plus commerçante de la ville. Ces *drivers* sont les mécaniques qui conduisent un internaute à croiser la marque et à être exposé à son produit, à ses services, qui l'incitent à renforcer ses liens au cours de sa navigation.

Il existe quatre types de drivers qui correspondent aux quatre usages du Web que nous avons déjà rencontrés : la *recherche d'information*, héritage du Web des documents, dans laquelle il faut distinguer la recherche autour de la marque (par exemple : « Zara ») de la recherche générique (par exemple : « petite robe noire »), la *recommandation*, héritage du Web des réseaux, le *relationnel*, issu du Web des données, enfin l'étape ultime, *l'expérience sans rupture*, fille du Web du phygital.

Dans la recherche, l'internaute utilise des moteurs : l'invariant stratégique est la nécessité dans laquelle se trouve l'entreprise d'occuper le terrain en luttant pour le meilleur référencement sur Google, de loin le moteur le plus utilisé dans le monde, mais aussi sur les places de marché de type Amazon.

Le deuxième invariant stratégique est la recommandation. Un produit est aujourd'hui choisi moins pour ses qualités intrinsèques qu'en raison des bons avis qu'il a récoltés, des critiques positives dans les médias. Les influenceurs et les communautés d'utilisateurs font la pluie et le beau temps sur cette perception, et on ne reviendra pas en arrière dans ce domaine.

Troisième invariant, le relationnel renvoie au fait de disposer d'une base de données de clients. Le Web des données a apporté une personnalisation de l'expérience sans précédent. L'utilisateur a pris goût au fait que l'algorithme connaît ses centres d'intérêt, que ses informations n'ont pas à être saisies à chaque fois quand il revient sur un site, qu'il y a une mémorisation de son expérience et qu'elle est optimisée par ces remontées de data. Toute cette stratégie relationnelle est un acquis très fort de ces vingt ans de transformation digitale.

Le dernier invariant relève du « phygital », qui intègre de façon fluide le magasin physique dans la stratégie digitale. Le magasin, qui ne peut tout stocker, devient un support de commande sur le Web. Le chemin peut aussi passer par le produit : la balance connectée amène à télécharger une application mobile et à avoir accès à des services. Cela peut passer par la rencontre physique : le consommateur rencontre un commercial sur un salon. Entre le *drive* et le *click and collect*, le consommateur recherche une expérience fluide, « sans couture » entre le digital et le physique.

Ces principes de recherche, de recommandation, de relationnel et de phygital sont donc à considérer comme immuables dans la réflexion que doivent mener les organisations sur leur stratégie digitale. Pour autant, ils vont être adaptés, revisités par les fonctionnalités qu'apporte le Web3. Il ne s'agit donc pas, avec le Web3, de laisser de côté le dispositif qu'ont mis en place les organisations mais d'étudier comment l'hybrider au mieux avec des tokens. C'est ce que nous allons voir maintenant.

CHAPITRE 9

Comment adapter sa stratégie digitale à la tokenisation ?

Executive summary

- **Les organisations ont à leur disposition différentes formes d'incitations pour leurs tokens :** le statut, l'aspiration, l'avantage financier et le pouvoir.
- **Elles doivent jouer avec ces mécaniques** pour revoir les quatre types de stratégies digitales qui les animent aujourd'hui.
- **La tokenisation de la stratégie d'occupation conduit à revisiter le modèle de plateforme,** en récompensant les différents contributeurs que sont les marchands et les créateurs de contenus.
- **La tokenisation de la stratégie de recommandation mène à donner plus de pouvoir créatif à ses super fans** et à encourager les avis et les likes de ses adeptes.
- **La tokenisation de la stratégie relationnelle va inciter les entreprises à développer davantage des mécaniques communautaires** pour garder le lien et des données sur les individus, avec un nouveau CRM fondé sur le binôme *wallet*/token.
- **La tokenisation de la stratégie *Online to Offline* exige de créer des ponts entre le virtuel et le réel** par des NFT associés au produit et des métavers proposant de prolonger l'expérience en réel.

Tokens statutaires, aspirationnels, financiers et participatifs

Considérons à présent la façon dont ces *drivers* vont être « tokenisés », autrement dit la façon dont ils vont aider à :

- créer un lien direct avec les parties prenantes pour ne plus dépendre, à terme, des géants du numérique ;
- faire fructifier les *assets* en offrant de nouvelles opportunités d'investissement aux parties prenantes, donc proposer un nouveau partage de la valeur ;
- développer un nouvel écosystème de projets, de services, d'outils, donc une nouvelle économie de la propriété avec les membres et les parties prenantes, à travers une vision partagée des projets.

Sur quels types de tokens va-t-on pouvoir s'appuyer ? Puisque le token est un principe de récompense, on peut distinguer quatre types d'incitations. Un premier type permet une incitation statutaire : le bénéfice pour l'utilisateur est l'acquisition d'un statut particulier, tout comme, sur l'application de guidage Waze, l'utilisateur peut gagner des galons en fonction de ses contributions pour la communauté. C'est la *gamification,* un principe bien connu dans l'animation communautaire : la logique de la gloire, de la visibilité et de la distinction, de la même façon que les entreprises promeuvent le meilleur employé du mois ou que les jeux vidéo proposent un *hall of fame* qui affiche les pseudos des meilleurs joueurs. Toutes les marques de luxe et les *love brands* – comme Nutella, Harley Davidson, Dior, PSG, etc. – détiennent un potentiel formidable de monétisation de ce magnétisme qu'elles exercent sur leurs fans. C'est la logique de ceux qui choisissent de porter un logo Nike ou Adidas sur leur t-shirt ou Louis Vuitton sur leur sac. On peut déjà afficher un NFT Louis Vuitton dans son métavers ou ses réseaux sociaux ! Il en ressort un sentiment d'appartenance, une sorte de standing virtualisé. Au-delà du statut, ces distinctions peuvent offrir des exclusivités ou privilèges : rencontrer l'égérie d'un parfum ou l'acteur d'un film, par exemple. Autant la publicité a idéalisé la projection de l'individu dans des rêves, autant la tokenisation va pouvoir ancrer cette projection grâce à des propriétés immatérielles. S'offre donc aux marques un très riche champ d'exploration pour entretenir leur imaginaire, mais avec des moyens beaucoup moins coûteux qu'une publicité diffusée aux heures de grande écoute. On peut de cette façon rendre le luxe bien plus accessible : ceux qui ne peuvent s'offrir le sac Vuitton pourront néanmoins acheter un objet ou un accessoire virtuel de la marque.

Le deuxième type de token repose sur le partage d'une même vision : on pourrait l'appeler le token « aspirationnel ». Ce token répond à la critique selon laquelle ces systèmes de rétribution sont trop guidés par l'appât du gain, trop matérialistes. Dans ce type de tokens, il n'y a aucune gratification financière. Il ne s'agit que de la satisfaction de participer à un idéal commun, de construire un monde meilleur, de contribuer à un projet à impact positif. Prenons l'exemple de la levée de fonds autour d'un projet de restauration du patrimoine, ou pensons à l'ONG @Romania évoquée au chapitre 6 autour de la promotion du tourisme en Roumanie. On pourrait également citer Cardashift, un *launchpad* ou plateforme de mise en avant de start-up à impact positif à destination des investisseurs. Grâce à une blockchain, les participants peuvent voter pour leurs projets préférés et choisir l'impact qu'ils veulent avoir sur le monde. En 2020, le célèbre forum de discussion en ligne Reddit a lancé deux jetons basés sur Ethereum, Mooncoin et MyBricks, dans le cadre de son programme de points communautaires, visant à récompenser les utilisateurs réguliers et pertinents apportant un contenu de qualité aux utilisateurs. Il n'y a rien d'autre à gagner que la satisfaction d'avoir aidé les autres.

Le troisième type de token concerne les incitations financières, les plus évidentes dans un projet de tokenisation. Prenons l'exemple du jeu vidéo : on a parlé au chapitre 7 du modèle *play-to-earn*. Dans un jeu de course automobile, un joueur peut investir dans le circuit de Monaco et percevoir un droit d'utilisation de chaque autre joueur venant rouler dans ce circuit. Plusieurs types de mécaniques sont possibles pour ces incitations financières en fonction de l'objectif visé : par exemple une présélection par un principe de *whitelist*, à savoir que les premiers contributeurs à avoir accès aux tokens à un certain prix vont être sélectionnés par les fondateurs. Dans un système de *fact-checking* pour la presse ou les médias, on privilégiera des chercheurs ou des scientifiques, plus fiables sur le nucléaire ou la santé. Ce sont des tokens accordés finalement « sur dossier », selon le principe de l'*opt-in* (cooptation). Pensons à un principe hiérarchique : l'utilisateur obtient plus ou moins d'incitations, plus ou moins de récompenses en fonction du pourcentage de tokens détenu. Ou encore des systèmes qui récompensent la fidélité, avec des tokens tous les six mois, à condition qu'ils soient gardés un certain temps ; un système qui récompense le parrainage qui fait grossir la communauté, ou même des dynamiques de *gamification*, avec des *incentives*, des bonus, des lots à gagner en fonction des actions réalisées. Alors que le *smart contract* permet de mesurer l'engagement, le token permet de le récompenser de multiples manières.

Le dernier type de tokens relève du pouvoir de décision : on peut les appeler les tokens « participatifs ». Ils sont associés à une DAO qui gère la gouvernance de l'organisation, la gestion des droits de vote qui donnent un pouvoir de décision et d'action. Une telle possibilité est une des raisons d'être les plus fortes du mouvement de décentralisation.

Dans une stratégie numérique intégrant le Web3, il s'agit donc de composer avec ces quatre types de tokens, de fait souvent imbriqués les uns dans les autres. Pour une mécanique de tokenisation idéale, il est nécessaire de jouer simultanément sur le levier statutaire, le levier aspirationnel, le levier financier et le levier participatif. L'enjeu reste d'aligner les intérêts de l'organisation ou de l'entreprise qui « tokenise » avec les intérêts des individus qui achètent les tokens.

Dans ce schéma se réunissent une entreprise qui investit en visant un retour sur investissement et un utilisateur qui cherche un « retour sur expérience ». La tokenisation organise cette convergence, mais de façon très matérielle. L'utilisateur sera récompensé à travers des pouvoirs, des gratifications économiques ou des privilèges qui répondent à ses aspirations.

Dès lors, tout est question d'équilibre : si la vision de l'entreprise est poussée trop loin, elle peut faire rêver, mais avoir du mal à mobiliser dans l'action. Si la logique financière est poussée trop loin, elle risque de n'attirer que des spéculateurs qui pourraient disparaître très vite, n'ayant pas adhéré à la vision. Il faut viser de fédérer ceux qui viennent d'abord pour s'enrichir mais croient quand même au projet, ceux qui ont besoin du service et qui ont l'intention de l'utiliser, et enfin ceux qui éprouvent un sentiment d'appartenance, et qui pourraient devenir des ambassadeurs de la marque auprès du public. C'est ainsi que peut être atteint le bon dosage dans la communauté cooptée.

Mais, pour cela, il faut bien comprendre les motivations des parties prenantes, bien écouter les aspirations, les segmenter, ajouter aux cartographies de communautés de l'organisation une couche qui comprend ce qui pourrait être incitatif et pousser ces cibles à travailler pour l'entreprise. Dans *L'Art de la guerre digitale*[90], je décrivais cet outil précieux qu'est la cartographie des communautés pour comprendre leurs attentes et leurs usages. Ce type d'étude fournit tous les enseignements pour définir ce qu'il faut raconter pour que les utilisateurs soient captés et s'intéressent aux contenus de l'entreprise, de la qualité de l'expérience qu'il faut leur proposer pour aller jusqu'au bout du « tunnel de conversion » qui conduit à l'achat. Comprendre si leur motivation de récompense sera plutôt statutaire, financière, aspirationnelle ou participative est la suite logique de cette exploration de l'environnement Web de l'entreprise. Car année après année, les enjeux de la transformation digitale ne se substituent pas les uns aux autres, ils se cumulent. Dans une nouvelle perspective, il s'agit désormais aussi de bâtir un système de rétribution qui corresponde aux différents profils des communautés. Aux contenus et services attendus se greffe la mécanique incitative.

90. *Op. cit.*

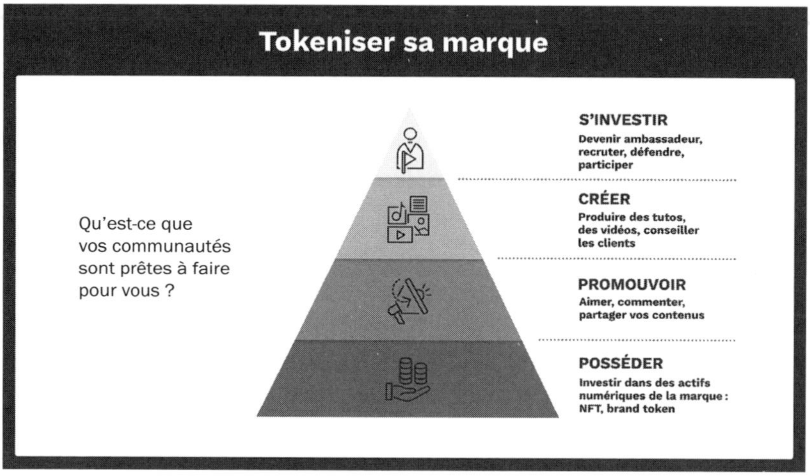

Figure 9.1 – *Tokeniser sa marque*

Prenons l'exemple d'un fournisseur d'énergie qui cherche à devenir un leader de la transition énergétique vers la neutralité carbone : il s'agit d'un projet de long terme suffisamment aspirationnel pour intéresser les communautés. L'entreprise devra étudier l'environnement communautaire de cette thématique de la « transition énergétique ». Cela la conduira à segmenter des profils de *personae*[91] entre ceux, par exemple, qui ont une voiture électrique, ceux qui rénovent leur maison avec un objectif d'isolation thermique tandis que d'autres s'intéressent aux matériaux de construction bas-carbone, ceux qui veulent produire leur propre énergie avec des panneaux photovoltaïques, etc. On aboutit à des sous-communautés qui ont des objectifs bien différents et dont il s'agira de comprendre les leviers de motivation : financière, écologique, statutaire… Pour chacune de ces communautés, il faut concevoir une mécanique de tokenisation, un sous-objectif précis qui va la récompenser pour sa contribution au système, avec des incitations différentes.

91. Citoyen ou consommateur fictif représentatif d'une communauté d'individus partageant des préoccupations communes.

Du côté de l'entreprise, il est important de détailler les missions attendues de la communauté, qui correspondent à des tâches précises, autrement dit de découper un objectif de long terme – la neutralité carbone – en sous-objectifs de plus court terme, qui vont permettre de faire avancer le projet : encourager les changements de véhicules, les travaux d'isolation, l'achat de matériaux biosourcés, l'utilisation d'énergies renouvelables, etc. Pour mener à bien son projet, il est probable que ce fournisseur d'énergie aura des partenaires dans la filière, notamment parce qu'il a besoin d'acquérir des certificats d'économie d'énergie pour compenser l'émission d'énergies fossiles : des start-up qui installent des bornes de chargement de véhicules ou de grosses entreprises de rénovation énergétique, par exemple. Les *smart contracts* permettent de tracer la souscription des services par les particuliers et de faire remonter au niveau du fournisseur d'énergie cette information de manière à la récompenser en tokens. Ils vont rendre possible de mesurer l'atteinte de ces objectifs de court terme et de les récompenser avec des logiques rétributives.

Tel est d'ailleurs le critère qui permet de définir si les objectifs et les sous-objectifs sont bons : peut-on les retranscrire en *smart contracts* ? Si un client a changé son système de chauffage, s'il a isolé sa maison, un lien entre ses actions et sa facture pourra être établi, sur le nombre de kilowattheures consommés, et un *smart contract* peut mesurer cette économie d'énergie. En tant que membre, plus on réalise d'économies d'énergie, plus on gagne des tokens. Si l'entreprise souhaite que cette tendance aille plus vite et plus fort, le *social token* lui fournit un ressort pour motiver les communautés et en faire des ambassadeurs du système. Plus ils convainquent d'autres particuliers de participer au projet, en fournissant un lien de parrainage, plus ils gagnent de tokens. *In fine*, ces tokens peuvent par exemple leur permettre d'avoir des réductions sur leur facture énergétique selon un principe de conversion en euros fixé par l'entreprise. Le partenaire B to B lui-même (start-up ou grosse entreprise de rénovation) disposera de sa propre mécanique de tokenisation, au sein d'une DAO décidant des règles de récompense des communautés, des investissements à lancer pour étoffer les projets proposés aux particuliers ou du choix de nouveaux partenaires à intégrer.

Tokenisation des stratégies digitales

Reprenons à présent les quatre invariants de la stratégie digitale vus au chapitre précédent et revisitons-les au prisme de la tokenisation, voyons comment les retravailler et comment tirer profit des tokens pour les renforcer, tout en se préparant à l'évolution du Web, de façon à ne pas se faire balayer par les révolutions technologiques…

La force de la première révolution numérique dans les usages est d'avoir permis, par un système de mots-clés, la rencontre entre le flux des besoins des consommateurs et la vitrine de l'offre des entreprises. Ce que parvenait à faire la principale rue commerçante d'une ville, Google l'a reproduit. Le premier axe de stratégie digitale à revisiter correspond donc à la stratégie d'occupation. Elle consiste à obtenir le référencement des produits ou des marques sur les moteurs de recherche via un site « harpon à prospects ». L'enjeu est de capter ces recherches à travers une plateforme qui opère l'interface entre l'offre et la demande. Cette plateformisation de l'économie reste un héritage stratégique fort des années 2000. C'est là qu'ont émergé les sites de e-commerces, les marketplaces et les sites d'information qui sont encore aujourd'hui des places dominantes de nos usages, inscrits au cœur de nos *customer journeys* ou parcours clients. Il faut donc continuer à travailler cet enjeu d'occupation du parcours informationnel de l'internaute, car lutter contre les modèles toxiques issus du Web 2.0 ne veut pas dire se débarrasser des plateformes. La puissance du format reste intacte pour concentrer en un seul endroit une offre large de biens et services et faciliter ainsi la vie du consommateur. Point de retour en arrière possible sur cet acquis incontournable dans nos usages. Il faut même chercher où il y en a encore à inventer ! On connaît des plateformes B to C qui sont omnipotentes, comme Booking, Uber, Doctolib ou Blablacar… Mais d'autres B to B sont à imaginer, voire encore de nouvelles plateformes B to C, dans une logique de spécialité.

Si la plateforme reste un invariant stratégique important, c'est aussi parce qu'à travers elle a été découvert « l'effet de réseau », qui se produit quand le bénéfice de l'utilisateur augmente de façon exponentielle avec le nombre d'utilisateurs et de contributeurs, comme le montre la marketplace d'Amazon, qui réunit sous une même enseigne les consommateurs, mais aussi les vendeurs. Cette logique de maximisation des contenus et services génère une efficience maximale : l'internaute dispose d'une offre quasiment infinie, qui l'incite à multiplier les achats. L'effet de réseau est donc désormais indissociable des business models à succès du digital.

La stratégie d'occupation ou de « plateforme »

Que peut apporter la tokenisation à cet invariant stratégique ? Rappelons tout d'abord qu'il existe différents types de plateformes. Les plateformes « biface » sont celles qui fédèrent à la fois les utilisateurs et les contributeurs d'un marché. C'est le cas de Booking, qui fédère un parc hôtelier d'un côté et des utilisateurs de l'autre. Les plateformes *downstream*, sont en en aval de la chaîne de valeur en contact avec le client final, comme Tripadvisor qui rassemble les utilisateurs autour d'avis sur les hôtels (downstream content) ou Booking qui rassemble les utilisateurs autour des offres sur les hôtels (downstream e-commerce). À l'inverse, Amadeus, le système de réservation de toutes les compagnies aériennes, est une plateforme en back-office, dite *upstream*, en amont de la chaîne de valeur, puisqu'elle ne fédère que les marchands dans une logique purement B to B. Enfin, les plateformes dites *fullstack* intègrent toute la verticalité d'un marché : c'est le cas d'Expedia, qui rassemble les compagnies aériennes, les hôtels, les transports, etc. Ces plateformes sont donc « en vertical » sur le marché, en rassemblant l'offre de services la plus large au sein d'une filière économique.

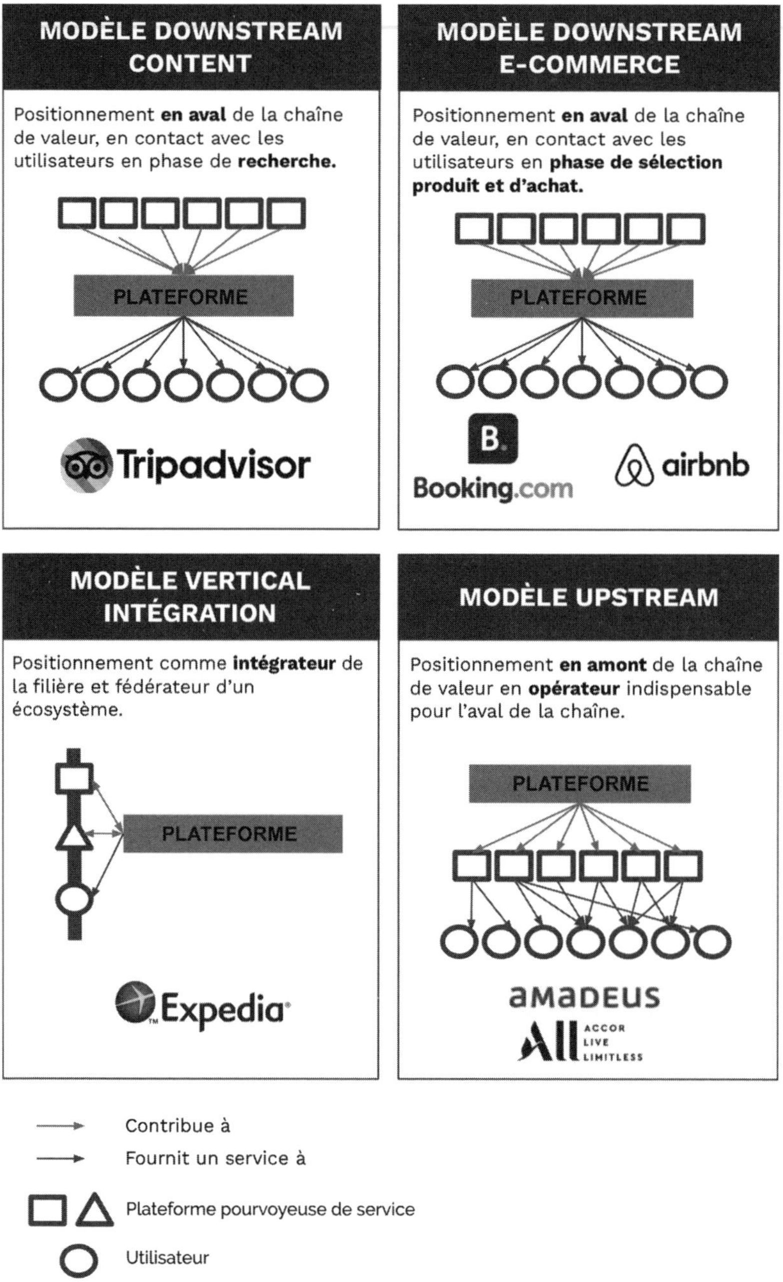

Figure 9.2 – *Les différents modèles de positionnement des plateformes*

Une des particularités d'un marché décentralisé est qu'il met en relation des acheteurs et des vendeurs de biens et de services sans avoir besoin de faire confiance à un intermédiaire. Les places de marché décentralisées sont donc l'essence même des blockchains. Elles permettent aux utilisateurs d'interagir et d'effectuer des transactions sur une plateforme mondiale, sans autorisation et auto-exécutable. La plupart des fonctionnalités importantes telles que l'exécution de transactions et le déblocage de fonds sont contrôlées par un contrat ou un programme intelligent au lieu d'une personne. Cela signifie que les acheteurs et les vendeurs acceptent les conditions et, lorsque les conditions sont remplies, la transaction est automatiquement exécutée par le programme. Parce qu'ils ont tendance à utiliser la cryptomonnaie pour les paiements, ils bénéficient également de tous les avantages d'un système de paiement mondial 24h/24 et 7j/7. Pour créer leur marketplace, les entreprises peuvent utiliser un protocole comme Syscoin qui propose une plateforme intégrée pour le commerce électronique et les marchés décentralisés avec une sécurité élevée car elle est « fusionnée » avec Bitcoin. Une autre façon de décentraliser les places de marché consiste à utiliser une plateforme où les développeurs créent des outils qui permettent aux entreprises de créer leurs propres places de marché *peer-to-peer* comme Origin Protocol qui utilise la blockchain Ethereum. En créant un système de normes et de contrats intelligents, ces plateformes permettent à presque tout le monde de créer leurs propres places de marchés décentralisés. Elles offrent également aux utilisateurs des moyens simples de gérer les listes, les avis, les évaluations, ainsi que les acheteurs et les vendeurs.

Exemple : *Comment tokeniser Ma Ville Mon Shopping ?*

Prenons l'exemple de la marketplace Ma Ville Mon Shopping (entreprise de La Poste), disponible dans une dizaine de villes, qui permet aux commerçants de proximité d'avoir une vitrine e-commerce sur Internet en bénéficiant de la puissance logistique de la Poste. On y retrouve une structure biface : d'un côté, les commerçants qu'il faut fédérer et, de l'autre, les clients qui peuvent acheter ; mais il y a aussi un potentiel d'intégration de toute la chaîne de valeur,

car pourraient aussi s'y trouver les offices du tourisme, les acteurs des événements de la ville et tous ceux qui ont intérêt à ce que l'on dispose d'un endroit virtuel qui dynamise l'économie locale. C'est une plateforme globale, ou qui se veut telle. Malheureusement, il faut être réalistes : face à Amazon, largement dominant sur Google pour les requêtes de biens de consommation, et à Facebook, qui propose un ciblage géolocalisé et ciblé sur les besoins des consommateurs, la marketplace a peu d'avenir. Et, pourtant, s'il existe un acteur de proximité des territoires, susceptible de battre Amazon sur la livraison au dernier kilomètre, c'est bien la Poste ! Voyons donc comment la Poste pourrait profiter du Web3 pour donner une (nouvelle) chance à son beau projet. En inscrivant Ma Ville Mon Shopping dans une blockchain et en émettant son propre *coin*, elle pourrait proposer aux agglomérations françaises un levier de dynamisation de l'économie locale, avec un moyen de paiement électronique sécurisé pour les citoyens et une palette de tokens pour organiser le partage de la valeur entre les acteurs clés d'une marketplace que sont les marchands et les consommateurs.
Un premier type de token pourrait être émis pour financer le projet auprès d'un troisième type d'acteur qui nous vient de cette nouvelle économie de la propriété. Imaginons que Ma Ville Mon Shopping fonctionne comme un métavers, une carte de France, qui vende des NFT de chacune des villes concernées. Ces NFT peuvent être achetés par la région, la ville, l'Office du tourisme, les citoyens, les commerçants... devenus crypto-investisseurs. Cette levée de fonds va permettre à chacune de ces régions de financer le déploiement et la promotion de l'espace Ma Ville Mon Shopping auprès des citoyens. Les premiers détenteurs des NFT pourront toucher des commissions sur cet espace, comme dans un jeu d'arcade où utiliser une partie d'un jeu fait gagner des tokens à son propriétaire. Ici, c'est par exemple un pourcentage sur les ventes qui seront faites sur la marketplace de la ville que touchera l'investisseur. On peut imaginer des mises en vente de NFT spéciaux pour les temps forts de la ville comme tel marché de Noël, telle foire ou tel festival. Ces NFT seront achetés par les citoyens ou par les commerçants, qui vont les utiliser sur leurs étiquettes, leurs emballages, sacs ou encore leur vitrine. Ce mécanisme finance les événements physiques, mais permet aussi aux commerçants de valoriser leurs investissements virtuels et de faire la promotion de leur boutique en ligne sur Ma Ville Mon Shopping.
Côté utilisateurs, un autre type de tokens sera émis pour générer du trafic et des achats auprès du public. Il s'agira de tokens d'incitation économique et des tokens de fidélité pour les citoyens. S'ils achètent sur Ma Ville Mon Shopping, ils pourront accéder à des services comme des places de cinéma, de théâtre, des paniers

surprise de différents commerçants. En effet, il n'est pas forcément nécessaire de proposer des réductions, mais des exclusivités, des services qui les récompenseront de leur fidélité. À l'inverse, si, dans les boutiques physiques, ils payent avec le *coin* de la plateforme, ils bénéficieront systématiquement d'une réduction, ce qui aura pour mérite de pousser les consommateurs à visiter leurs commerçants et préserver l'attractivité du centre-ville. Ici la tokenisation fabrique un hybride entre un billet de banque et une carte de fidélité, qui exprime l'attachement à un territoire, à la volonté de faire vivre les commerçants de son quartier et l'envie de créer du lien.

D'autres tokens pourraient être encore destinés aux commerçants pour récompenser leur activité sur la plateforme : plus ils remplissent leurs fiches produit, plus leurs articles et leurs photos sont complets, et plus ils ont accès à des fonctionnalités supplémentaires. Le type de service proposé en échange des tokens pourra être décidé à travers une DAO, impliquant tous les artisans et commerçants de la ville, concernés par la plateforme. Ils pourront par exemple voter pour plébisciter les services d'un graphiste qui va les aider à confectionner un *flyer* sur leurs promotions, d'un photographe pour les assister dans la réalisation de leurs fiches produits. Ils peuvent aussi choisir de débloquer des fonds pour des investissements publicitaires géolocalisés (de type Google Ads). On recourt certes à nouveau à Google, mais dans une logique vertueuse de capitalisation des investissements de création de trafic, qui profitent ensuite à tous. Tout le monde a intérêt à ce que cette petite économie fonctionne, sur le modèle, pas si éloigné, des systèmes d'échanges locaux (SEL) et des monnaies alternatives, qui cherchent à recréer de la valeur dans un circuit fermé, au service d'un intérêt social prédéfini, avec des objectifs précis, de façon à s'assurer que la valeur investie dans cette plateforme soit bien redistribuée à toutes les parties prenantes du système.

Cependant, pour réussir, un site comme Ma Ville Mon Shopping doit générer du trafic et talonner Amazon ! Il lui faut aussi acquérir une puissance de feu sur Google, et qui dit trafic dit contenus, usages, fiches produits exhaustives : un grand nombre de contributeurs s'impose. Pour que les commerçants prennent le temps et y trouvent leur intérêt, il faut qu'il y ait du chiffre d'affaires. C'est tout le problème du démarrage : sans trafic, pas d'achats, mais sans achats alléchants, pas de marchands. Le token va ici agir comme une monnaie locale, mais en mieux : l'artisan ou le commerçant a intérêt à gagner des tokens le plus tôt possible, car demain ils prendront de la valeur, et il y aura une prime au primo-accédant. C'est ainsi que @Romania a vendu rapidement ses NFT Stromasi, attirant les investisseurs par la perspective de montée de la valeur du token. Avec ces incitations, le site gagne en audience, génère ses premières ventes qui encouragent les premiers investisseurs. Les premiers utilisateurs ont intérêt à revenir car les premiers gains sont immédiats, en réduction ou en cadeaux. Une mécanique vertueuse s'instaure et va permettre d'accélérer le rythme, alors qu'aujourd'hui la plupart des marketplaces régionales se contentent de vivoter, pour avoir cherché à reproduire Amazon (en moins bien), sans le réinventer.

Il faut donc inventer les moyens de rivaliser avec les plateformes sur leur propre terrain, notamment face à leur capacité à occuper une position dominante sur Google et à proposer une offre de biens et services exhaustive. Lors de la crise sanitaire, le gouvernement a donné 500 euros aux TPE de moins de 2 millions de chiffre d'affaires pour « soutenir la numérisation ». Hélas, l'argent de ce type de mesure est allé directement dans les poches de Google et Facebook en publicités locales, autrement dit en pure perte pour la Nation. Et ce n'est pas parce que cette somme de 500 euros paraît dérisoire en regard de l'enjeu que représente la numérisation les commerçants pour faire face à Amazon que cette politique a été un échec : 5 000 euros n'auraient pas suffi non plus ! Du fait de cette logique de plateforme qui, on l'a vu, est incontournable, il est impossible d'envisager que chaque commerçant à son niveau parvienne à exister sur les parcours des consommateurs et concurrence une marketplace ! En revanche, mutualiser les efforts auprès d'un expert de la logistique, proche des territoires, aurait du sens. Tout seul, on va plus vite, mais, ensemble, on va plus loin, dit un proverbe africain... S'appuyer sur un *asset* souverain comme la Poste aurait été un facteur clé de succès pour une marketplace souveraine, en injectant à une initiative comme Ma Ville Mon Shopping certes l'héritage des Web 1.0 et 2.0 ainsi que le modèle Amazon, mais en y ajoutant les ingrédients du Web3. La tokenisation est de ce point de vue un levier décisif pour que toutes les énergies convergent. Grâce à elle, on fédère des intérêts qui ne sont pas alignés : ceux des commerçants, ceux des consommateurs, ceux des fournisseurs, et on peut même envisager de faire coopérer secteurs privé et public, cohabitation souvent ô combien complexe !

La stratégie de recommandation

Le deuxième type de stratégie digitale hérité de ces dernières années et dont nous allons étudier l'adaptation dans le Web3 est la stratégie de recommandation. Il est ici question de l'art de faire parler les communautés des produits et services de l'entreprise. Cette technique de marketing digital vise à influencer les prospects, toujours sur leur parcours informationnel (*customer journey*), mais cette fois à travers la recommandation (*ambassadorship*) des clients ou des influenceurs. Pour y parvenir, la plupart des marques ont monté leurs propres pages sur les réseaux sociaux, étant présentes sur Facebook, Twitter et/ou Instagram, de façon à répandre la bonne parole via la viralité de leurs propres messages. Elles peuvent aussi faire appel à des influenceurs, par des partenariats rémunérés, autrement dit grâce à du « placement de produit ». Elles encouragent également les avis clients, en mettant en place des solutions de certification d'avis, afin que leurs consommateurs viennent poster des commentaires représentatifs du degré de satisfaction.

Ce marketing de la recommandation n'est pas près de s'arrêter, car il est devenu une habitude et un réflexe chez le consommateur, y compris pour un achat physique en magasin, où le client a vite fait de dégainer son portable. Avec le Web décentralisé, les opportunités pour les marques d'encourager cette recommandation vont se multiplier et faire fleurir de nouvelles formes de contributions.

Les types de recommandations sur lesquels l'entreprise va pouvoir s'appuyer dans ce Web décentralisé permettront de récompenser en premier lieu l'implication des communautés sur la conception de produit, autrement dit la remontée d'idées, notamment à travers les mécanismes de consultation et de vote que sont les DAO afin de solliciter les avis, les idées, les envies autour des produits. Les marques peuvent également valoriser et récompenser les communautés dans les choix de communication qu'elles font, mais aussi remercier l'entraide entre clients ou entre clients et potentiels acheteurs, etc.

Pour être efficace, il faut néanmoins dissocier les différentes formes d'*ambassadorship* possibles dans les communautés qui évoluent autour de la marque. Souvenons-nous que, dans une communauté, on trouve 1 % de leaders d'opinion qui sont des créateurs de contenu et 10 % de commentateurs ou contributeurs occasionnels, tous les autres étant simples lecteurs. Nous pouvons donc cibler ces trois types de potentiels ambassadeurs, en considérant que les 1 % sont des « super fans » très impliqués, avec une forte envie de contribuer, que les 10 % sont plutôt de simples fans tandis que les 89 % de passifs ont juste vocation à amplifier le mouvement de la communauté.

Les 1 % offrent l'opportunité d'associer des « super followers » au processus créatif autour du produit, de la communication, de la commercialisation, car leur motivation, leur talent, leur capacité à créer des contenus, le fait qu'ils aient une audience potentielle, donc qu'ils aient eux aussi des fans, sont des atouts précieux pour la marque. On perçoit tout de suite les limites de cette démarche : comment des marques comme Dior ou Chanel pourraient-elles accepter de co-concevoir leurs créations, leur communication et leur commercialisation avec de simples internautes, aussi actifs soient-ils ? Ces marques sont tellement sanctuarisées et contrôlées qu'on imagine mal un partage du pouvoir. Il y a évidemment une forme de lâcher-prise qui devra s'imposer à elles[92]. Mais rappelons que ces mêmes craintes infondées ont causé le retard au démarrage du secteur du luxe dans le e-commerce : longtemps celui-ci a été à leurs yeux synonyme de banalisation ou de dévalorisation. L'expérience premium dans la boutique de prestige se perdait ou devenait facultative. Mais les leçons ont été tirées : non seulement toutes les grandes marques de luxe gagnent désormais beaucoup d'argent en ligne, mais elles sont même plutôt en avance sur le Web décentralisé, par l'utilisation des NFT et l'exploitation de leur imaginaire dans les métavers.

L'étape suivante serait qu'elles acceptent qu'un NFT ouvre des droits d'image, des droits d'exploitation aux influenceurs. Si l'un d'eux achetait le NFT d'un sac Louis Vuitton, d'une image de la marque, le créateur pourrait avoir envie d'en faire des t-shirts ou une activité de création autour de ce droit d'exploitation, de ce droit d'image. Ce lâcher-prise ira-t-il jusqu'à accorder une licence d'exploitation du NFT pour que les créateurs puissent eux-mêmes l'utiliser ? Dans la mode, les influenceurs font déjà ce qu'on appelle des capsules, des collections qui sont co-conçues avec les marques, ce qui est compliqué à mettre en œuvre. C'est ainsi qu'Alpine

92. Rossow A., « Le procès de Hermès contre un créateur de NFT établira un nouveau précédent juridique pour l'art numérique et la mode », beincrypto.com, 30 janvier 2022.

Cars a vendu des NFT : ce ne sont pour l'instant que des images, mais demain ils seront sources de droits associés : rouler avec ces voitures dans le métavers, les reproduire en miniature, les revendre, etc.

L'usage des NFT faciliterait grandement cette cession de droits en les encadrant juridiquement, pour qu'on puisse accorder une forme de liberté d'expression au créateur et à l'influenceur, tout en continuant à contrôler l'image de la marque. Soit, encore et toujours, l'alignement d'intérêts peu convergents au départ.

Community manager *vs* digital asset manager

Les 10 % de contributeurs moins engagés vont quant à eux occasionner pour les entreprises la création d'un nouveau poste. Les entreprises vont sans doute avoir à créer un nouveau métier, celui de « digital asset manager », qui aura pour mission de faire fructifier ce capital de marque auprès de toutes les parties prenantes. Son rôle sera de valoriser toutes les formes de recommandation par les internautes auprès de leur communauté. Actuellement, les données liées à leurs activités sont détenues par les plateformes, hébergées dans les *data centers* de Facebook ou de Twitter. Dans le Web décentralisé, elles vont bénéficier de la portabilité, comme des données personnelles dont l'individu sera propriétaire. Son activité numérique, associée à son portefeuille électronique, constituera son identité numérique sur le Web décentralisé. Chaque like, chaque avis, chaque tweet, chaque mention de l'entreprise pourra être non pas récompensé, car il ne s'agit pas de tout rendre mercantile, mais au moins reconnu, en permettant à la marque d'identifier toutes ces traces laissées par les internautes dans leurs activités numériques.

Dès l'instant où l'utilisateur se connecte à un service, se met en place une traçabilité de toute son activité numérique. Quand il contribue à une marque, il l'autorise à récupérer cette information-là et aucune autre. Elle lui est rattachée de façon authentique. C'est ainsi que les entreprises pourront repérer leurs plus grands fans, les classifier, les segmenter, les identifier, y compris les 1 % avec lesquels elles ont intérêt à créer une relation plus approfondie. Venant d'eux, un avis après achat permettrait de gagner une extension de garantie de trois mois de plus. Une photo prise en magasin avec le produit donnerait un accès privilégié aux soldes. Une aide à un autre consommateur qui a du mal avec son produit débloquerait la possibilité de consulter des contenus techniques, pour rendre le contributeur encore plus expert. C'est une façon d'animer cette logique de recommandation.

Le plus proche équivalent de ce digital asset manager est le community manager bien connu, à ceci près qu'en raison de l'hégémonie des géants du numérique ce poste se réduit dans les faits à celui d'un gestionnaire des formats publicitaires Facebook, TikTok ou LinkedIn ! Certes, aux débuts de Facebook, tout ce qui était dit à la communauté lui parvenait. Mais aujourd'hui, les contenus que la marque publie touchent au mieux 15 % des fans, puisqu'ils n'apparaissent dans la *timeline* de l'utilisateur qu'à condition d'être sponsorisés. Les Gafam ont rendu captives les entreprises et leur font comprendre, en somme, que, si elles veulent communiquer à leurs millions de followers, elles doivent payer les intermédiaires.

Voilà pourquoi l'appellation de « community manager » est devenue inappropriée : ce dernier n'est plus qu'un spécialiste de la publicité sur les réseaux sociaux, et plus du tout un expert de ce qui intéresse sa communauté et de ce qui va permettre de l'animer. Tout se réduit à une course aux *metrics*, encouragée par une forme de rétention d'informations par les plateformes dominantes. C'est aussi ce qui rend le retour sur investissement des entreprises de plus en plus compliqué à calculer : l'écran de fumée des statistiques de Facebook fait que les entreprises sont prises en tenaille entre des doutes sur l'intérêt réel de leur présence et la peur de perdre leurs millions de followers en quittant le réseau social. La situation est déséquilibrée, la mesure des performances contestable.

Oser sortir des réseaux sociaux centralisés

Le reste de la communauté, les 89 %, sont appelés en anglais les *lurkers* (« rôdeurs » ou badauds du numérique). On peut se contenter de leur envoyer des contenus, mais l'enjeu est de les mobiliser et de les faire évoluer, autrement dit de réaliser la bascule vers les réseaux sociaux décentralisés, l'équivalent des Facebook et Twitter décentralisés. Comment oser faire migrer les millions de followers qu'une entreprise a rassemblés sur les réseaux sociaux dominants vers un autre système ? L'aversion à la perte est compréhensible… Il ne suffit pas pour cela de distribuer des NFT à des influenceurs, ou de récompenser les avis. Il faut que les entreprises changent de monde, se défassent de l'illusion d'avoir un capital, leur nombre de fans, alors qu'en fait elles ne possèdent rien en propre et enrichissent les géants du numérique !

Les incitations doivent donc être fortes pour lever les craintes : chacun doit réaliser que les réseaux sociaux seront de moins en moins intéressants économiquement. Toute entreprise subit aujourd'hui des conditions d'utilisation de moins en moins flexibles et une réglementation de plus en plus stricte sur l'exploitation des données personnelles, avec une capacité de ciblage qui sera de moins en moins pertinente sous l'étau de la réglementation et la réalité de migration des communautés. Cet or noir de la data a jusque-là représenté une sorte de martingale, alors qu'aujourd'hui les bases de données de Google Analytics ont été amputées de 20 à 30 % pour cause de RGPD. De plus, les internautes sont devenus plus alertés et échaudés par ce ciblage : des outils comme les bloqueurs de publicités ou de cookies se sont banalisés. De ce fait, les entreprises ne peuvent qu'être disposées à s'intéresser aux alternatives décentralisées aux réseaux sociaux.

Le nouveau monde des réseaux sociaux décentralisés est encore à naître : il est probable qu'il ne fasse pas émerger des acteurs dominants et très concentrés, même s'il est souhaitable qu'il y ait quelques points d'entrée, pour les raisons d'efficience que nous avons expliquées. Mais, quelle que soit leur taille, cette concentration n'aura pas le même sens, car aucun de ces futurs réseaux sociaux ne *possédera* les données personnelles des utilisateurs. Dès l'instant où l'internaute est propriétaire de ses données et profite de leur portabilité, une concurrence plus saine se met en place, qui porte sur l'interface, sur le service, et non sur la façon d'attirer le maximum d'utilisateurs et de données par une fausse gratuité.

Il est donc probable que l'on se dirige vers des réseaux sociaux qui se déclineront en multiples services thématisés, à l'image de Pinterest. Les entreprises doivent rester à l'affût de ces alternatives car, y aller trop tard, c'est laisser tous leurs détracteurs ou leurs concurrents construire de puissantes communautés qui rendraient problématique leur capacité d'influence sur ces nouveaux espaces. La chose s'est déjà produite lors de la naissance de Wikipédia : à ses débuts, l'encyclopédie libre avait été trustée par tous les « antis », les idéologues, tous ceux qui ont une cause à défendre, et qui sont toujours les premiers sur les nouveaux médias, car ils y trouvent une liberté et une audience très appréciables. Petit à petit, les institutions, les sachants et les élites finissent par les reconnaître et les adopter. Les entreprises ayant pignon sur rue doivent donc investir plus rapidement ces nouvelles agoras, pour lever elles aussi leurs armées de *cons'owners* investis sur leur mission.

La stratégie relationnelle

Venons-en au troisième type de stratégie digitale, les stratégies relationnelles liées à la possession de données sur les utilisateurs, le plus souvent via l'exploitation de solutions de CRM (*customer relationship management*). Dans le monde centralisé qui est le nôtre, les stratégies relationnelles font qu'une entreprise dispose d'une base de données de ses clients, de ses utilisateurs, de ses partenaires, etc. Ces bases de données sont segmentées selon les critères, le goût, les centres d'intérêt, les statuts, l'âge et le sexe, autrement dit toutes les données disponibles sur ses publics. Celles-ci permettent d'envoyer des e-mails ciblés et personnalisés sans passer par les Gafam. Enfin, en théorie, car, après vingt-cinq ans d'usage de l'e-mail, rares sont les entreprises à être véritablement capables d'envoyer des e-mails personnalisés. Il s'agit bien d'une vraie propriété de l'entreprise, d'autant plus importante que certains marchés sont entièrement déterminés par l'utilisation de ces bases de données d'utilisateurs, comme le *retail*, où les enseignes encartent des millions de personnes grâce à leurs comptes de fidélité.

Ces bases sont un vrai vecteur de captation des cibles pour les faire revenir sur le site Web via la newsletter. La nouvelle gestion de l'identité numérique dans la blockchain, avec une réappropriation par l'utilisateur de ses données personnelles, va évidemment avoir de l'impact sur ces stratégies relationnelles traditionnelles, ce qui n'est pas plus mal puisqu'elles aussi touchaient à leurs limites. Le *marketing automation*, qui envoie des mails en fonction de l'activité sur le site, se heurte désormais à une saturation des internautes. De moins en moins de consommateurs se réjouissent de recevoir trois SMS et dix mails de la part d'une enseigne, et beaucoup en viennent à créer des adresses mail poubelles spécialement à cet usage ! Une quantité astronomique de déchets numériques est générée par ce biais, des milliards de mails qui atterrissent dans des boîtes sans destinataire, contribuant à dégrader le bilan environnemental du numérique.

À l'inverse, la portabilité des données va obliger les entreprises à se concentrer beaucoup plus sur le service qu'elles vont offrir à leurs utilisateurs plutôt que d'emmagasiner des datas peu discriminantes sur les individus. Avec cette portabilité, l'utilisateur a le pouvoir de fermer immédiatement l'accès à ses données pour une entreprise. Il sera plus facile de retirer son consentement à recevoir des informations de la marque. Ce n'est plus à l'entreprise de bien vouloir le rayer de sa *mailing list*, ce à quoi certaines renâclent. Réciproquement, il est aussi facile de s'abonner, sans avoir à créer un compte de façon fastidieuse. Le *wallet* se connecte automatiquement, permet à l'entreprise de récupérer au cas par cas les données d'adresse, de livraison, de carte bancaire… On revient à une vraie et saine logique relationnelle, et particulièrement propice à l'explosion du e-commerce. Le simple clic sur une notification émise à travers le token ou NFT détenu peut permettre un achat. *Wallet* et tokens sont les clés pour instaurer une nouvelle forme de CRM.

La bonne nouvelle pour les entreprises est qu'elles n'auront plus à mettre autant d'énergie à améliorer la qualité de leurs données, ce qui est actuellement un enjeu décisif, tant les bases peuvent être lacunaires ou erronées. La moins bonne nouvelle est que cette décentralisation devrait encore augmenter le niveau d'exigence du consommateur quant à l'expérience qui lui sera fournie ! Sa fidélité ne sera plus garantie : il faudra construire un lien plus puissant qu'une simple missive entre la marque et ses clients, se demander ce qui va faire que le consommateur aura envie de revenir. Mais il sera aussi plus facile pour les entreprises de personnaliser la relation avec le consommateur. Les tokens permettront d'ouvrir des contenus et des services exclusifs en fonction de l'utilisateur, bien plus facilement que lorsqu'il s'agissait d'enrichir laborieusement les bases de données imparfaites que l'on possède soi-même. Les données étant possédées par le client, elles sont nécessairement plus complètes et à jour.

Sur cette base, les entreprises pourront se recentrer sur la création d'un lien communautaire avec leurs parties prenantes. Prenons la vogue des robots de cuisine intelligents comme Thermomix ou Magimix. Une véritable communauté de fervents adeptes s'est développée autour de ces appareils[93]. Chacun des fabricants de ces robots possède une vaste base de données et la fait vivre, parallèlement aux dizaines de blogs ou de chaînes YouTube qui naissent spontanément. La passion commune, qui fait que la marque est légitime à fédérer les aficionados, est évidente : il s'agit de la cuisine, de la gastronomie, du fait-maison.

Il faut aussi se demander si la marque peut apporter quelque chose de spécifique à cette communauté. Dans le cas des robots cuiseurs, la marque a une vraie utilité car elle propose de renouveler en permanence l'expérience de cuisine, avec de nouvelles options, de nouveaux

93. Krémer P., « "Le Thermomix, j'en parle tout le temps" : comment les robots-cuiseurs ont envahi les foyers français », *Le Monde*, 11 février 2022.

accessoires, des recettes liées à des dates de l'année, des rencontres entre passionnés ou avec des démonstrateurs, des ateliers thématiques, etc. Ces marques ont souvent une vraie réflexion autour de l'usage jusqu'à la réparation des produits ou le fait de proposer la location plutôt que l'achat. Tout cet ensemble permet au consommateur de se de créer des liens qui l'enrichissent, de projeter une image de lui-même créative, douée, utile et même de transcender l'utilité, en envisageant autrement les tâches ménagères. La tokenisation est l'outil idéal pour faire évoluer ces stratégies relationnelles : il est beaucoup plus approprié de créer une DAO avec des consommateurs impliqués qu'avec le grand public. Si Thermomix souhaite mettre en place une mécanique de tokenisation de sa communauté, la première étape consistera à établir son *tokenomics*, c'est-à-dire concevoir les bonnes incitations pour animer la communauté : financières, honorifiques, participatives, aspirationnelles ? Une fois encore, c'est l'étude des profils de la communauté qui guidera la marque dans le choix des gratifications. Ensuite, elle aura à émettre son *community token*. Coinvise, qui semble être l'une des start-up les plus prometteuses dans ce domaine, peut être un bon choix car elle abaisse les barrières à l'entrée pour toute personne souhaitant lancer un DAO ou un token de communauté. Thermomix pourra alors mettre en place les missions de sa communauté (proposer des recettes, conseiller les autres utilisateurs, coopter de nouveaux clients ou membres, etc.) et utiliser Coinvise pour automatiser le processus de récompense via les *smart contracts*.

Voilà un exemple de stratégie relationnelle avec ces parties prenantes que sont les clients. On peut aussi réfléchir à des stratégies relationnelles avec d'autres types de communautés comme les employés, les partenaires, les riverains d'une usine… Aujourd'hui, EDF organise ainsi des journées portes ouvertes dans ses centrales nucléaires et collecte des bases de données de riverains. Cela lui permet d'informer sur des exercices en cours, sur ce que fait la centrale. C'est une stratégie relationnelle qui n'est pas dédiée à la vente d'énergie, mais qui vise l'acceptabilité sociale de son activité. Dès l'instant où l'on comprend mieux, on adhère plus facilement. L'entreprise doit pouvoir, comme une association militante, disposer d'une base de personnes informées et en confiance par rapport à son activité pour l'aider à ce que les rumeurs et la désinformation aient moins d'emprise sur le public.

On peut aussi imaginer des stratégies relationnelles tokenisées qui n'entraînent pas une financiarisation et permettent d'associer des parties prenantes, comme nous l'avons vu avec l'exemple du *fact-checking*. C'est une stratégie de lobbying, pour les entreprises comme pour les ONG, qui conduit à recruter des alliés, des experts qui souhaiteront porter le sujet sur les réseaux, défendre leurs idées et argumenter autour de tel ou tel sujet mis à mal par de la désinformation. C'est une façon de transformer ses alliés en activistes. Le lobbying reposant sur des échanges dans les couloirs feutrés de l'Assemblée nationale ou de la Commission européenne n'a pas bonne presse. Là encore, il peut laisser place à un système plus horizontal, impliquant le citoyen et plus transparent, à travers le partage et le débat. Si aujourd'hui les *fact-checkers* s'expriment sur les réseaux et interviennent pour maintenir un bon niveau de connaissance sur un sujet, les institutions, les ONG et les entreprises qui contribuent à cette connaissance devraient pouvoir les fédérer avec les tokens.

La stratégie O to O

Voici maintenant comment revisiter le quatrième invariant d'une stratégie numérique : l'articulation du rapprochement entre le virtuel et le physique. Cette logique du phygital est aussi appelée « O to O », *online to offline, offline to online*, avec l'idée d'une symétrie et d'une fluidité totales. Le consommateur d'aujourd'hui est 100 % connecté, en tout temps et en tout lieu, et cela fait de l'expérience physique avec une marque une parenthèse dans une vie connectée. C'est l'inversion de nos mondes, avec des interactions virtuelles qui prennent souvent plus de temps et d'importance dans nos vies que les interactions physiques.

Dans ce nouveau monde, les entreprises veulent offrir à l'utilisateur une expérience globale : commander en ligne et collecter en magasin, ou commander en magasin et recevoir par livraison, flasher le produit avec un QR code pour en savoir plus, tout comme le journal télévisé propose des QR codes pour approfondir un sujet. Il s'agit d'une histoire qui commence dans un monde et qui finit dans l'autre, le plus possible « sans couture », c'est-à-dire de la façon la plus fluide possible.

Dans ce contexte, la tokenisation va jouer un rôle d'intégration entre la vie physique et la vie virtuelle. Ceci dans les deux sens : *Web to store* et *store to Web*. Elle va permettre d'approfondir la réflexion sur les avantages dont peuvent bénéficier les clients, pour une expérience toujours plus originale. En rendant possible la personnalisation tout en évitant la saturation des e-mails et des SMS, la tokenisation pourrait renouveler profondément les interactions entre l'entreprise et ses clients.

Commençons par le *Web to store*, du virtuel au physique : l'utilisateur pourra gagner des tokens offrant des accès physiques et différents types de bénéfices à récolter dans la vie réelle. Via l'achat d'un NFT ou grâce à des tokens gagnés dans une expérience digitale, on pourra bénéficier d'*upgrades* dans le monde physique : certains tokens offrant des options en plus lors de l'achat d'une voiture, un surclassement dans l'avion ou à l'hôtel, etc. Il pourra s'agir d'accès à des services en B to B : certains tokens débloqueront des formations ou des « conseils de pro », des cours en présentiel, des frais de livraison offerts, sans parler des exclusivités, des accès prioritaires, des soldes privées, du test d'un nouveau produit, d'une personnalisation du produit ou du service, etc. Ce sont des tokens qui ouvrent la possibilité de prolonger ou d'améliorer l'expérience dans la vie réelle. Prenons l'exemple du Club Leader Price. Les clients de ce Club de fidélité ont reçu par e-mail un QR code les invitant à télécharger une application Leader Price Wallet, développée par la start-up Arianee. Cette application leur permet de créer un *wallet* dans lequel ils trouvent un NFT, qui se présente sous la forme d'un avatar représentant l'un des différents métiers de la distribution alimentaire (le boulanger, le livreur, le vigneron…). Cette symbolique correspond en fait à différents types de récompenses, en lien avec le profil de l'avatar. Les détenteurs des NFT « Livreur » bénéficieront par exemple des promotions sur leurs frais de livraison tandis que ceux qui possèdent les NFT « Vigneron » auront des remises sur le vin.

Les avatars vont évoluer dans le temps en fonction du comportement d'achat et les rétributions associées. À la différence d'un programme de fidélité classique, chaque détenteur d'un NFT du Club Leader Price pourra échanger sur un marché secondaire son NFT contre un ou plusieurs autres NFT du Club Leader Price, afin d'étoffer son portefeuille ou choisir le NFT lui apportant les avantages qui l'intéressent le plus.

Exemple : *Les métavers du luxe*

Dans le domaine du *Web to store* on ne peut pas ne pas parler à nouveau des métavers. Il s'agit d'une expérience tridimensionnelle, dans un univers virtuel où les utilisateurs peuvent déjà faire leurs courses avec leur avatar : de nombreuses marques de luxe comme Ralph Lauren, Gucci, Balenciaga, Diesel, etc., se sont déjà lancées dans ce business. Elles vendent des produits numérisés dans différents univers virtuels, suivant un modèle déjà bien présent dans l'univers des jeux vidéo. L'utilisateur a la possibilité d'acheter sous forme de NFT certains habits ou accessoires pour son avatar[94]. La différence de taille, par rapport aux jeux vidéo qui n'exploitent pas la blockchain, introduite par le NFT est que l'objet acheté peut être sorti du jeu et revendu, ce qui est tout l'inverse des univers virtuels que nous connaissions, centralisés sur des plateformes propriétaires, qui ont le monopole de la valeur de ce qui est échangé. C'est pourquoi les NFT suscitent actuellement une grande spéculation[95]... Malgré les premières esquisses comme Decentraland, les véritables métavers sont encore en gestation, mais on peut déjà acheter et vendre des emplacements virtuels sur leurs espaces. Pour les marques, de ce fait, il n'y a plus de limites dans la créativité phygitale autour de leurs produits : le consommateur pourra les tester dans ce monde virtuel et les acheter en version physique. Toutes les marques s'y projettent avec l'idée de créer un nouveau marché où elles vendront des habits virtuels pour quelques dollars, où elles donneront envie de les acheter véritablement après les avoir testés dans cette nouvelle cabine d'essayage. Ces métavers seront semblables à des jeux vidéo où la console sera de plus en plus un accessoire ou un costume revêtant le corps de l'utilisateur lui-même, comme l'imagine le film de Steven Spielberg *Ready Player One* (2018) et son univers parallèle, l'Oasis.

94. Faguer A., « Première Fashion Week dans le métavers, *Les Échos*, 30 mars 2022.

95. Aït-Kacimi N., « Ces traders qui font fortune sur les NFT », *Les Échos*, 28 mars 2022.

Passons maintenant au *store to Web*, le chemin inverse qui part du physique vers le virtuel : là aussi, le monde physique va donner accès à une myriade de services virtuels. Chaque achat dans le monde réel sera associé à un NFT qui permettra d'avoir un lien direct avec le consommateur. Cela résoudra le problème des marques dites B to B to C, qui n'ont pas de contact direct avec le client. Prenons l'exemple d'un client qui achète une fenêtre dans un magasin de bricolage : le fabricant lui-même n'a pas le contact avec lui, et cette coupure donne du pouvoir au distributeur qui, lui, dispose de la base clients. Avec la tokenisation, pour la première fois, les entreprises vont pouvoir, quoi qu'il arrive, établir ce canal de communication avec leurs acheteurs. C'est d'autant plus important pour les marques de luxe, car beaucoup d'achats dans ce secteur sont des cadeaux : l'acheteur n'est pas forcément l'utilisateur ! C'est ainsi que l'entreprise Arianee donne une identité numérique à des produits physiques, en les rattachant à un *smart contract*. D'une part, cela permet d'ajouter des fonctionnalités de traçabilité, pour apporter à l'acheteur un certificat de propriété qui a valeur de certificat d'authenticité. D'autre part, cela crée un jumeau numérique du produit physique, qui peut être utilisé dans un univers virtuel. Les doubles virtuels peuvent être distribués de manière 100 % numérique, ou bien être récupérés grâce à un QR code placé sur le produit. Les clients comme Breitling, Ba&sh, Printemps et le groupe Richemont bénéficient d'un accès à l'utilisateur à travers une plateforme qui permet aux marques de gérer la partie blockchain de leur relation client (distribution, programme de fidélité, etc.). À partir de là, les marques vont pouvoir suivre les nouveaux utilisateurs, les reventes éventuelles, etc. Les vies du produit deviennent accessibles aux entreprises comme elles ne l'ont jamais été.

Autre exemple, dans l'alimentaire : Bonjour Le Bon est une start-up fondée sur une plateforme qui, à chaque achat, permet au consommateur d'obtenir un token « Bonjour ». Il s'agit d'un QR code qui apparaît sur l'emballage : une fois celui-ci scanné, l'utilisateur obtient la traçabilité du produit, son origine, son producteur, etc. Par la même occasion, l'acheteur collecte des points comme des bons d'achat et obtiendra des droits de vote associés. Ces droits permettent d'être impliqué dans la communauté Bonjour Le Bon au sujet des choix responsables ou des circuits courts entre l'éleveur et le consommateur. La tokenisation ouvre donc un canal de communication, mais aussi un canal d'incitation et d'orientation des achats, ou d'établissement d'un lien direct avec des points de fidélité.

S'emparer enfin du Web

Les quatre types de stratégies que nous avons détaillées (stratégie d'occupation, de recommandation, relationnelle, d'intégration phygitale) ne sont que consolidées par le Web3. La tokenisation ne remet pas en question ce que les entreprises ont déjà construit dans le digital depuis des années, elle leur permet de le revisiter en intégrant les spécificités du Web3. Elles seront amenées à doser leur implication sur ces différents leviers et les mixer. C'est une démarche nouvelle, car beaucoup d'entreprises n'ont fait qu'avoir recours aux services des Gafam sans construire quoi que ce soit d'original par elles-mêmes. Il leur revient à présent de faire fructifier leur *asset* digital.

Pour bien le comprendre, servons-nous de notions utilisées dans le marketing digital à propos des différents dispositifs dits *owned*, *earned* et *paid*. Le *owned* renvoie à ce que l'entreprise possède (son site Web, ses applications mobiles, sa base de données de contacts), le *earned* à ce qu'elle mérite (la recommandation de ses clients, de ses partenaires, ce que les autres disent d'elle) et le *paid* à ce qu'elle a payé pour acquérir son trafic (la publicité). Une bonne stratégie digitale maximise prioritairement ce que l'entreprise possède, développe les recommandations des tiers et compense les défaillances ou amplifie les leviers précédents avec de la publicité. Malheureusement, comme dans la fable, beaucoup d'entreprises ont construit une maison de paille plutôt qu'une maison de pierre, par facilité et pour aller plus vite, autrement dit, tout misé sur le *paid*, avec un trafic à 100 % sous assistance des Gafam. Plutôt que de créer des sites plateformes ambitieux sur leurs marchés, elles ont déployé des sites vitrine associés à des pages Facebook et des ventes sur Amazon. Plutôt que de réaliser des contenus de qualité produisant un référencement naturel sur Google, elles ont acheté des mots-clés... Plutôt que de travailler leur propre communauté par un forum, une base de données ou un parc d'utilisateurs de leur application mobile, elles ont préféré acheter des followers. Elles ont finalement consommé le Web au lieu de s'en être emparées.

Vingt ans plus tard, si le Web3 produit le même effet que l'astéroïde du Yucatan sur les dinosaures en faisant émerger un tout autre environnement digital qui favorise ceux qui sont riches de leurs *assets* plutôt que les plus dépendants de la publicité Gafam, le constat risque d'être sévère. Pire, les entreprises seront soumises au dilemme suivant : dois-je rester sur les plateformes centralisées, dénoncées voire rejetées par mes consommateurs qui plébiscitent les alternatives décentralisées, ou prendre le risque de recommencer à zéro la conquête de ma communauté ? Les entreprises s'apercevront qu'elles n'ont rien construit par elles-mêmes : ni site Web puissant, ni applications mobiles utiles, ni capacité de contact avec leurs clients via des bases de données dont elles sont propriétaires. Trop d'entreprises se sont enfermées dans un modèle « B to Gafam to B », ou « B to Gafam to C », à la fois par facilité et par un effet de mode qui impose à chacun d'être sur une grande plateforme.

Elles n'ont vu dans le digital qu'un canal de communication alors que le cyberespace crée l'opportunité aux entreprises de réinventer leurs interactions avec leurs publics dans cette nouvelle dimension : devenir leur propre média, créer leur propre centre commercial, leur propre réseau de prescription. Et ce n'est hélas pas une question de moyens, mais souvent de vision. Dans beaucoup de cas, le budget dédié aux Gafam depuis dix ans aurait permis de construire des *assets* comme une marketplace incontournable, concurrente d'Amazon, forte d'un lien direct avec les clients, les fournisseurs et les parties prenantes.

CHAPITRE 10

Les nouveaux business models de la tokenisation

Executive summary

- **La tokenisation n'est pas qu'un instrument marketing,** elle concerne le business model de l'entreprise puisqu'elle génère des flux de revenus et modifie la structure de coûts.

- **Les parties prenantes que sont les fournisseurs, les actionnaires, les clients et les salariés peuvent toutes devenir potentiellement investisseuses en tokens** et être impliquées dans différentes formes d'interactions avec l'organisation.

- **Collectivement, la valeur créée est supérieure** et la redistribution de ce surplus est définie dans une économie des tokens.

- **Toutes ces caractéristiques du business model peuvent être conçues à travers un outil de type business model** ***canvas*** révisé avec la tokenisation.

Si toucher à leur business model est impliquant, les entreprises pourraient y être contraintes sous la pression de leurs parties prenantes ou par souhait de faire correspondre leur mode d'organisation à leur raison d'être. Au-delà de la stratégie digitale, des canaux marketing et communication, des stratégies pour acquérir son trafic, l'animer, fidéliser ses clients, la tokenisation a un impact plus profond encore, qui touche au *business model* des entreprises. En effet, les structures de coûts sont impactées par le fait de rémunérer de façon diverse les contributeurs. D'autre part, à partir du moment où un système de commissions bénéficie à l'entreprise, celle-ci va toucher des flux de revenus associés à la liquidité de ces tokens sur le marché. Plusieurs sources de revenus sont donc possibles.

Un *crowdfunding* d'un nouveau genre

S'appuyer sur la force de travail de toutes ces communautés et bénéficier de leur support financier – les tokens étant un excellent moyen de lever de l'argent – représentent une formidable opportunité pour les entreprises. Il y avait en 2014 aux États-Unis autant de propriétaires de bitcoins que d'utilisateurs d'Internet en 1995. Et comme pour le Web en 2000, le phénomène s'accélère. En 2021, le nombre de *crypto-owners* a triplé en un an, pour atteindre le taux de pénétration de 4 % de la population mondiale fin 2021. Fin 2021, ils étaient 80 millions d'utilisateurs de portefeuilles électroniques Blockchain et le chiffre devrait atteindre 1 milliard d'ici 2029[85]. Pour ceux qui avaient encore des doutes, ces chiffres montrent que le mouvement de *cons'ownership* est appelé à devenir *mainstream*, c'est-à-dire dominant dans les usages. Comme nous l'avons vu, les objets de collection et l'art numérique représentent actuellement la grande majorité des ventes NFT sur Ethereum. Les ventes NFT dans des métavers comme The Sandbox et des jeux comme Axie Infinity

85. Lajeune G., « Le nombre d'adresses Bitcoin actives proche du million : un indicateur clé pour mesurer son adoption », *Futura Sciences*, 20 août 2021.

vont rapidement dépasser celle des objets de collection numériques et d'art. Dans l'univers des *brand* ou *social tokens* d'entreprises, destinés à revisiter les liens entre une entreprise et ses communautés, ultra minoritaires en part d'investissement, tout reste à construire, mais il est évident que la voie est ouverte.

D'après la société de gestion Ark Invest, la crise du Covid-19 a accéléré le passage des activités hors ligne aux activités en ligne. On estime qu'en moyenne les internautes ont passé 38 % de leur temps libre en ligne et 62 % hors ligne en 2021. D'ici 2030, on s'attend à ce que ces moyennes s'inversent, avec 52 % du temps libre en ligne et 48 % hors ligne. Sans le Web3, les dépenses annuelles en ligne devraient augmenter à un taux annuel de 16 %, passant de 1,4 milliards de dollars en 2021 à 5,2 milliards de dollars en 2030. Avec le développement du Web3 et tout ce qui l'accompagne en financiarisation des expériences en ligne, les dépenses annuelles en ligne devraient augmenter à un taux annuel de 28 % pour atteindre 12,5 milliards de dollars d'ici 2030.

S'ouvre donc aux entreprises de toutes tailles un vivier inédit de collectes de fonds. Même si le digital a simplifié le *crowdfunding*, par la mise en relation des porteurs de projet et des consommateurs, celui-ci reste assez rigide en raison des contraintes légales associées à un investissement dans une entreprise, avec un pacte d'actionnaires et des statuts. Il est évident qu'investir à hauteur de quelques euros, par l'achat d'un token ou d'un NFT, dans un projet que l'on trouve intéressant ne correspond donc pas à la logique du *crowdfunding*. Si l'engagement d'aujourd'hui, matérialisé par le like de Facebook ou YouTube, se traduit demain en achat de crypto, il faut que ce soit aussi simple que de liker sur un réseau social. Et tout est en place puisque, avec le Web3, votre mode de connexion au service ne passe pas par Facebook Connect ou Google Connect, mais par votre *wallet*, c'est-à-dire votre portefeuille numérique, une solution de paiement qui vous permet de payer vos achats en ligne, d'effectuer et de recevoir des virements, depuis un ordinateur ou un smartphone. Dominant les paiements de commerce électronique depuis 2017, les portefeuilles numériques ont dépassé les paiements en espèces en 2021 dans les paiements aux points de vente, à la suite de la pandémie de Covid-19, toujours d'après Ark Investment.

Comme nous l'avons vu plus haut, les *utility tokens* n'ont pas le qualificatif d'instrument financier et sont donc à bien différencier des actions classiques d'une entreprise cotée ou des parts sociales d'une entreprise non cotée. Celles-ci sont un pourcentage de la valeur financière de l'entreprise, alors que les tokens n'expriment que la valeur de l'*asset* digital, du cryptoactif qui a été émis, lui-même dissocié de l'entreprise. Nombreux sont les observateurs du Web3 à se méfier des ICO (*Initial Coin Offering*), ces levées de fonds qui permettent aux investisseurs d'acheter des tokens à prix réduit. Je suis moi-même dubitative face à des entrepreneurs qui lèvent 150 millions d'euros sans autre forme de crédit qu'un *white paper* de dix pages sur leur site Web et une communauté Discord ! Mais le fait demeure que les ICO sont là pour rester, même si la finance décentralisée devra affronter une surveillance réglementaire plus approfondie, une demande de transparence accrue et la poursuite des auteurs de *scams* (escroqueries). J'appelle de mes vœux cette arrivée des entreprises « traditionnelles » sur le terrain du Web3, pour créer la confiance et accélérer la régulation.

De nombreuses entreprises existantes commencent à regarder au-delà de la bourse pour lever des fonds en cryptomonnaie via des ICO. Certaines entreprises peuvent vouloir lever des fonds avec ce système pour poursuivre leur expansion sur de nouveaux marchés, lancer de nouvelles catégories de produits ou pivoter vers un modèle commercial entièrement différent. La levée peut s'appliquer au lancement de nouveaux projets innovants dont on veut tester l'appétence auprès des consommateurs. Choisir la voie des ICO est intelligent car les investisseurs en crypto sont plus disposés à financer des idées que les investisseurs classiques. Mais le risque de voir ses tokens être requalifiés en titres financiers (comme c'est arrivé à Telegram, après une levée historique de 1,7 milliard de dollars en ICO en 2018) par les gendarmes financiers, ou la difficulté technique de développer sa propre blockchain et de maintenir dans le temps l'alignement des intérêts autour de son *coin* (comme Kodak en a fait l'expérience avec son KodakCoin, abandonné depuis) font que les ICO concernent majoritairement des nouvelles entreprises technologiques.

Les entreprises traditionnelles se tournent davantage aujourd'hui vers l'outil simple, rapide et efficace du NFT. La croissance et la popularité des NFT viennent également du fait que l'univers associé est beaucoup plus ludique et accessible que celui des ICO. Tout un écosystème s'est construit autour de leur commercialisation, avec des places de marché, des influenceurs, des galeries virtuelles dans le métavers. Il rend aussi plus facile l'association au produit physique de l'entreprise *brick & mortar*[86], dont il est le jumeau numérique. La Maison Bouey, négociant de vins depuis deux cents ans, s'est ainsi lancée dans l'exploration de ces nouveaux modes de commercialisation mondiale en utilisant la plateforme Binance et sa centaine de millions de porteurs de *wallets*. Chaque NFT est un titre de propriété digital de bouteilles ou de caisses de vins identifiées par un numéro unique. « Quelques bouteilles de grands crus classés mais aussi des collections uniques ont été "mintées" (réalisation de l'image qui est mise en avant sur la plateforme), labellisées (mise en place d'un code spécifique sur l'image du NFT pour certifier la provenance et éventuellement suivre la bouteille lors de son déplacement) et mises aux enchères[87] », explique Pierre Paperon sur LinkedIn, spécialiste blockchain et instigateur du projet. Comme tout NFT, il peut être conservé pour profiter de sa valorisation financière dans le temps, être revendu sur une place de marché, ou échangé à tout moment contre la caisse de vin correspondante. Voilà une nouvelle forme de placement, qui profite du double engouement pour les grands crus classés de Bordeaux et des NFT.

Avec le Web3, l'équation inhérente à toute transaction entre une entreprise et son client, fondée sur l'attente d'un produit ou d'un service en échange d'argent, se trouve bouleversée. Notre *cons'owner* peut

86. Dans le contexte d'Internet et du commerce électronique, l'expression *brick and mortar*, ou brique et mortier en français, sert à désigner une entreprise de vente traditionnelle ayant pignon sur rue, c'est-à-dire des points de vente physiques dans des immeubles « en dur ». Le concept est associé à l'idée d'une certaine permanence de l'entreprise liée aux immeubles qu'elle occupe. (Source : Wikipédia.)

87. « Sécurisez vos achats de grands crus classés », Famille Bouey (www.famillebouey.fr/nft).

désormais attendre, avec l'achat de son produit ou en échange d'un investissement dans le token de marque, une propriété d'une partie du projet de l'entreprise et le retour sur investissement de ce capital.

Une autre application de ces levées de fonds en cryptomonnaie peut être l'investissement dans un projet à impact positif, afin de concrétiser la mission de l'entreprise traditionnelle, souvent questionnée sur la réalité de son engagement voire accusée de *greenwashing*. Force est de constater qu'une entreprise ne peut, même avec une fondation, se transformer en ONG, car elle doit aussi servir les intérêts de ses actionnaires. Mais quand les actionnaires deviennent des *cons'owners*, l'entreprise peut réellement diversifier ses finalités. Par exemple, une entreprise comme Bouygues Construction, qui s'engage à « accompagner un territoire, agir durablement au profit de celles et ceux qui y vivent ou qui y travaillent[88] », pourrait lancer un NFT de rénovation des bâtiments du patrimoine. La levée de fonds permettrait le dégagement de liquidités pour financer des restaurations. En échange, l'investisseur détient un « certificat de propriété » attestant qu'il y a contribué. Sans être propriétaire de l'entreprise ni du bâtiment, il est titulaire de « droits d'usage » sur le projet soutenu et de privilèges à définir (propriété du bien en 3D dans le métavers, possibilité de privatisation du lieu pour des événements, possibilité de distribuer des tickets gratuits, etc.) ou d'un partage de la valeur générée.

Aucun projet n'intègre encore toutes les facettes de la tokenisation. Nous sommes toujours dans l'expérimentation et le prospectif. Mais cela suffit à comprendre la différence de nature par rapport à l'actionnariat : dans celui-ci, c'est tout ou rien. Avec les tokens, il y a une créativité, une légèreté et une souplesse sans précédent dans la digitalisation de la valeur commune. Mais aussi un aspect évolutif dans la participation, l'intéressement, l'engagement, la gratification, qui n'est pas imaginable avec de simples dividendes. On peut comparer cette logique aux différents niveaux d'un jeu vidéo, qui donnent accès à des univers et des pouvoirs toujours plus riches.

88. « Nos 12 thématiques d'engagement » (www.bouygues-construction.com/engagements).

La tokenisation est donc le moyen de virtualiser de la valeur, des appartenances, des fidélités, des préférences, des droits d'usages, de l'exclusivité, de l'argent également, mais qui n'est qu'un aspect parmi d'autres de l'engagement affectif pour un projet, quel qu'il soit. Comme nous l'avons vu au chapitre 6 avec le mouvement des milléniaux autour du *coin* Shiba, elle permet de lever des fonds sur simple sollicitation d'une communauté, sans le filtre des investissements classiques. On dépasse l'aspect simpliste des points de fidélité traditionnels ou la lourdeur juridique du *crowdfunding*, pour aboutir à du *love money* digitalisé.

Parties prenantes hybrides

De nouvelles formes de parties prenantes de l'entreprise émergent. Celles-ci sont habituellement les partenaires, les clients, les fournisseurs et les investisseurs. Surgit à présent une partie prenante hybride, par exemple le consommateur/investisseur ou le fournisseur/investisseur, autrement dit un contributeur qui va aussi investir. À la différence du *crowdfunding*, ce contributeur bénéficiera d'un marché secondaire qui rendra son token liquide. C'est potentiellement une source de fonds très importante pour les entreprises, qui peut les amener à réfléchir à des business models orientés vers leurs investisseurs. Au rythme actuel de progression du nombre de *wallets* détenus dans le monde, le potentiel est considérable : il y a dès maintenant plus d'argent que de projets à financer, ce qui fait que le secteur se cherche et prend un tour très spéculatif.

Quels sont les modèles de contribution ? Il en existe à foison : le *play to earn* dans les jeux vidéo, où le joueur-investisseur gagne lorsque d'autres joueurs utilisent la partie du jeu dont il est propriétaire ; le *learn to earn*, où les utilisateurs sont payés pour apprendre, par exemple, le fonctionnement et les bénéfices de nouveaux projets Web3 lancés sur le marché et potentiellement devenir investisseur comme le propose la plateforme Coinbase ; ou encore le modèle *work to earn*, qui offre un moyen d'attirer des développeurs, qui sont une ressource rare. Plutôt que de lancer des BSPCE, des stock-options et des actions gratuites, ce qui se révèle souvent très compliqué sur le plan légal et fiscal, le développeur est payé en partie en tokens, ce qui permet de fédérer rapidement la communauté. De nombreux sites proposent déjà ces « cryptojobs ». Autre possibilité, le modèle *contribute to earn* a déjà été évoqué, avec le *social token*, mais on peut envisager aussi le *participate to earn*, qui récompense ceux qui participent activement à la gouvernance d'une DAO. Le *create to earn* est aussi possible : les créateurs sont rémunérés par une commission sur les transactions futures. L'entreprise Stepn propose même le *move to earn* : après l'achat de sneakers virtuels en NFT, les utilisateurs sont rémunérés en fonction du nombre de pas qu'ils font dans la journée… Tous ces modèles illustrent cette notion de conso-investisseurs, avec un changement de configuration des business models.

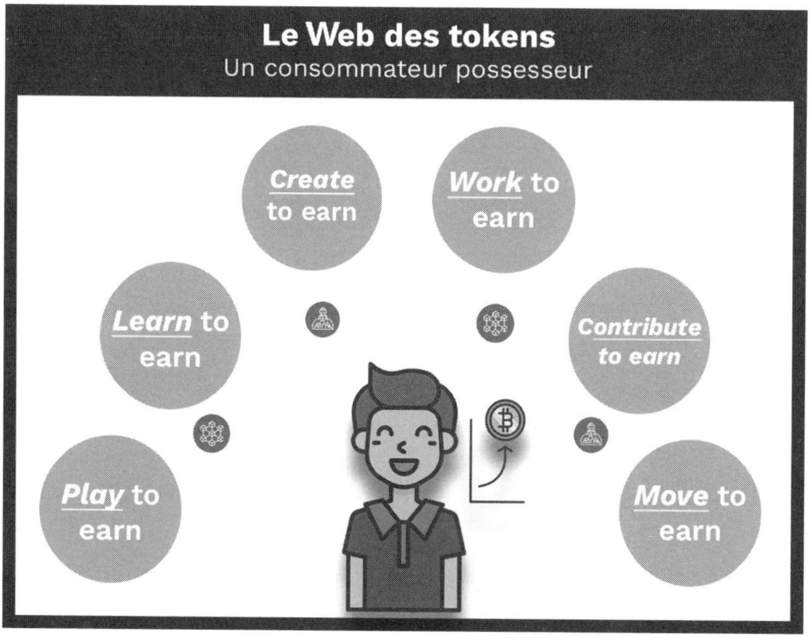

Figure 10.1 – *Le Web des tokens : un consommateur possesseur*

Dans le modèle classique, la création de valeur se fait autour de l'entreprise, qui a ses parties prenantes à l'extérieur, avec lesquelles elle a des échanges transactionnels : fournisseurs qui permettent de produire, consommateurs à qui sont vendus des produits et des services, éventuellement investisseurs qui attendent un profit, à quoi s'ajoutent les pouvoirs publics à qui sont payés des impôts et qui fournissent un cadre légal. La création de valeur est donc centrée sur l'entreprise, avec des parties prenantes qui restent globalement passives.

Au contraire, dans la *new economy*, chacun est rémunéré à hauteur de la valeur réelle qu'il apporte au modèle. C'est un autre cadre de la création de valeur : coopérative et collaborative avec les fournisseurs, les salariés, les investisseurs et les utilisateurs. Chacun sera rémunéré par des tokens, à l'image de ce que nous avions rencontré sur la plateforme Ma Ville Mon Shopping, où les commerçants profitaient d'une forme de rétribution, tout comme les utilisateurs, les régions ou les offices du tourisme qui pouvaient participer au service, via une DAO. Les DAO, en tant qu'organisations numériques, sont bien placées pour agréger et coordonner l'économie plus large des parties prenantes. Elles sont positionnées pour capturer la valeur du travail de ces acteurs et leur redistribuer.

Dans le nouveau schéma, la création de valeur est commune à ces différentes formes de contributions venant des fournisseurs, travailleurs, utilisateurs. La valeur créée collectivement est plus importante que celle qu'aurait pu générer l'entreprise à elle seule. Ma Ville Mon Shopping aujourd'hui ne peut intrinsèquement pas concurrencer Amazon. Avec le Web3 et en redistribuant les rôles à un ensemble de parties prenantes intéressées, la valeur de cette plateforme va augmenter : son trafic en ligne, son attractivité, ses membres, le trafic en magasin et la rétention des clients, etc. Mais, pour réussir, chacun doit jouer le jeu, investir éventuellement, agir dans tous les cas. Le schéma de création de valeur est donc beaucoup plus éclaté et participatif.

Revisiter le business model *canvas*

Prenons le type classique de business model *canvas*, enseigné dans les écoles de commerce. Dans cet outil méthodologique que n'importe quelle start-up utilise pour présenter et vendre son projet, il faut remplir neuf cases.

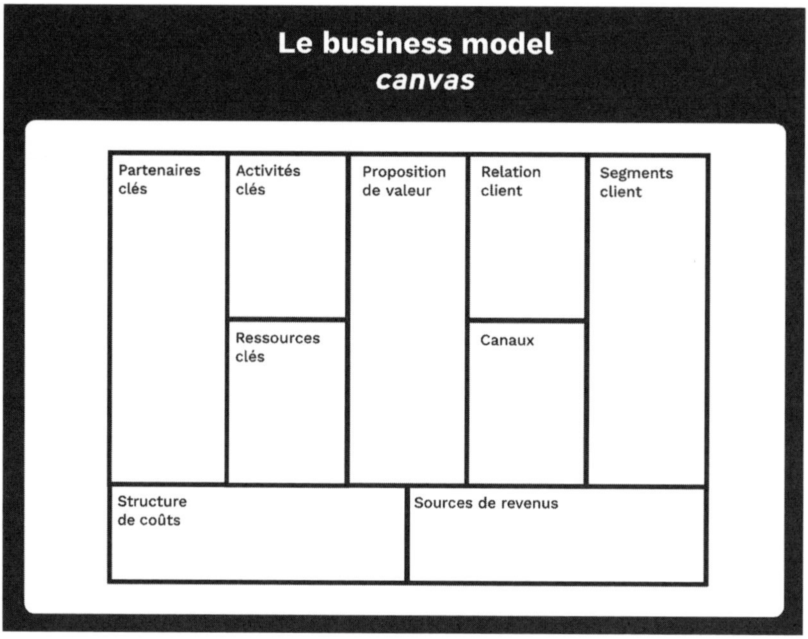

Figure 10.2 – *Le business model* canvas

L'entreprise spécifie sa proposition de valeur : ce qu'elle apporte d'unique sur le marché, ce par quoi elle résout un irritant des clients ou répond à une forte aspiration. Autour de cette proposition de valeur s'articulent différents segments qui permettent de décrire quel va être le *business model*. L'entreprise aura besoin de partenaires clés, qu'ils soient fournisseurs, partenaires industriels ou technologiques. Elle va également définir ses activités clés : vente de produits, service personnalisé, etc., puis ses ressources clés : les matières premières, les talents, un brevet… La case suivante concerne les cibles auxquelles s'adresse le produit ou service (profils clients, B to B, B to C…) et le canal de distribution. Une autre concerne la relation clients afin de définir comment s'organise la fidélisation des clients dans le temps. Enfin vient le socle, la structure de coût et de revenus : comment l'entreprise va-t-elle se financer ? Quels sont les coûts les plus importants ? Quelle est la part d'investissement en CAPEX et en OPEX[89] ? Et puis, bien sûr, quels sont les flux de revenus (abonnement ou non, panier moyen, fréquence d'achat, etc.) ?

Cette trame, qui décompose le business model classique tel qu'il est enseigné dans les écoles, n'est plus du tout adaptée à un modèle dominé par la tokenisation. À partir du moment où les contributeurs sont aussi investisseurs, le versement des tokens à ces partenaires correspond à l'argent qu'on aurait pu mettre dans des dépenses marketing, dans une agence de recrutement pour trouver des talents ou dans des frais juridiques et financiers pour organiser une levée de fonds. La partie prenante intermédiaire est remplacée par un acteur actif qui économise une structure de coût habituelle. Cela permet d'externaliser certaines tâches marketing, communication, RH, et d'en remplacer d'autres par la contribution des parties prenantes.

Dans un monde centralisé, la proposition de valeur était au centre car c'est elle qui constituait l'essence de la promesse faite au client et la raison d'être d'une transaction. L'entreprise organisait son business autour : aux fournisseurs étaient associés des coûts, aux clients des revenus. Dans le nouveau modèle où la création de valeur devient collaborative, le business model *canvas* perd toute pertinence. Il faut donc réfléchir à la façon d'organiser cet écosystème de développeurs, d'entrepreneurs, de consommateurs, de fournisseurs et d'investisseurs.

89. Les OPEX ou dépenses d'exploitation sont les charges courantes pour exploiter un produit, une entreprise ou un système. Les CAPEX ou dépenses d'investissement se réfèrent aux immobilisations, c'est-à-dire aux dépenses qui ont une valeur positive sur le long terme. (Source : Wikipédia.)

Une grille plus adaptée pourrait ressembler au schéma ci-dessous :

Le business model *canvas* tokenisé

Proposition de valeur		
Ressources clés		
Partie prenante 1 Ex : Chauffeurs	Partie prenante 2 Ex : Utilisateurs	Partie prenante 3 Ex : Investisseurs
Promesse	Promesse	Promesse
Activités clés	**Activités clés**	**Activités clés**
Incentive	Incentive	Incentive
Structure de coûts	**Structure de coûts**	**Structure de coûts**
Flux de revenus	**Flux de revenus**	**Flux de revenus**
Canaux	**Canaux**	**Canaux**
Économie des tokens		
Gouvernance		

Figure 10.3 – *Le business model* canvas *tokenisé*

Tokeniser Uber, mode d'emploi

L'exemple utilisé dans le schéma précédent décrit la marche à suivre si l'on voulait créer une plateforme VTC, mais en mode décentralisé. La proposition de valeur d'Uber consiste à offrir aux consommateurs une plateforme d'intermédiation donnant accès par géolocalisation et moyennant commission à des prestataires de services non-salariés. La création de valeur est intrinsèquement liée au contournement du Code du travail en exploitant les chauffeurs. Dans un monde tokenisé, la proposition de valeur reste le cœur du *business model* d'entreprise mais elle se décline en promesses spécifiques à chaque partie prenante. Elle pourrait se formuler ainsi : permettre à des VTC de s'organiser entre eux pour offrir aux consommateurs une plateforme donnant accès par géolocalisation à des chauffeurs, moyennant commission pour financer les frais de fonctionnement et rémunérer l'accompagnement des investisseurs. En dessous, les ressources clés deviennent nos parties prenantes : les chauffeurs, les utilisateurs et la communauté d'investisseurs. Pour chacune d'elles, il faudrait retrouver un mini business model de type *canvas*, préciser ce qu'on va leur promettre, ce qu'ils devront faire, quelle va être leur tâche clé, quelles seront leurs motivations, ce que cela va coûter à l'entreprise, ce que cela va lui rapporter et par quels canaux.

La promesse faite aux chauffeurs pourrait consister à devenir propriétaires de la plateforme pour laquelle ils travaillent. Ils auraient alors à recruter d'autres chauffeurs, évaluer les utilisateurs et participer à la gouvernance de la plateforme. Il s'agira d'émettre une première quantité de tokens pour assurer la gouvernance de départ, et les chauffeurs auront intérêt à ce que ces tokens prennent de la valeur. Ils s'activeront pour recruter afin que la communauté grossisse, ce qui fera croître la plateforme.

Tandis qu'une plateforme classique comme Uber a pu dépenser beaucoup d'argent, avec des commerciaux, pour aller chercher de nouveaux chauffeurs, à l'avenir les chauffeurs eux-mêmes seraient incités à faire cette publicité. Le coût se réduirait à la distribution de ces tokens, qui seraient émis en quantité limitée, les premiers chauffeurs ayant intérêt à venir le plus vite possible. Pour ce qui est des flux de revenus, le token de recrutement deviendrait ensuite le token d'activité, qui prendrait de la valeur en fonction du nombre de courses effectué, et occasionnerait un pourcentage de prélèvement bien plus faible que celui pratiqué par Uber puisque ne devant couvrir que les frais de fonctionnement de la plateforme et pas la rémunération du modèle. Pour ce qui est des canaux de communication, il pourrait s'agir d'un groupe Discord, d'un forum en ligne sur lequel on discuterait des décisions à prendre autour de la plateforme. Un autre canal serait bien évidemment la plateforme elle-même, qui permettrait aux chauffeurs de consulter la valeur de leurs tokens.

Un *business model* s'organise autour du chauffeur, un tout autre autour de l'utilisateur, et encore un autre pour les investisseurs de la plateforme elle-même. Pour chacun d'eux, les tokens créent une mécanique de motivation et de rémunération. En dessous du tableau, on retrouve une ligne « économie des tokens » qui permet de fixer les règles de liquidité entre tous ces tokens produits pour chacun des chauffeurs, des utilisateurs et des investisseurs. C'est toute la réflexion autour des moyens pour éviter la fraude, maintenir le cours du token et assurer sa liquidité. Il pourrait par exemple être demandé aux chauffeurs de déposer une partie de leurs tokens sur un *exchange*, une plateforme sur laquelle n'importe qui pourrait les racheter. Ils seraient alors rémunérés : c'est ce qu'on appelle le *stacking*. Les applications prévoient cela pour assurer une certaine liquidité de leurs tokens, pour qu'ils existent sur le marché secondaire et permettent à d'autres acteurs d'entrer, ainsi qu'aux chauffeurs de tirer les fruits de leur investissement de départ. Ce programme de liquidité assure la fluidité des échanges entre chauffeurs, utilisateurs et investisseurs. Dans cette ligne « économie des tokens » seront donc fixées les mécaniques, plus financières, qui vont permettre de s'assurer de la fidélité des investisseurs, de la fluidité du marché et de la valorisation du token dans le temps.

Puis nous avons ajouté une ligne « gouvernance » puisque, à la différence d'un business model centralisé, il faut gérer aussi le côté participatif des décisions entre l'ensemble des parties prenantes : quel sera le mode de gouvernance, quel token permettra d'accéder à des droits de vote, à des droits de suggestion, etc.

L'entreprise n'est donc plus au centre avec ses clients, elle doit administrer les interactions avec les différentes parties prenantes, gérer leurs activités-clés, la manière de les intéresser, de les rémunérer, d'estimer quelle valeur elles contribuent à créer pour l'entreprise, quel flux de revenus sera potentiellement associé à leur travail. En amont, la proposition de valeur est ce qui permet à tout le monde de se projeter. Il s'agit d'une vision, d'une aspiration commune qui doit être le ciment du projet. Ce token aspirationnel est indispensable, sans être suffisant. L'économie tokenisée montre comment le partage de la valeur peut être organisé entre les parties prenantes. Chacune a son couloir, avec ses avantages et ses attendus. La gouvernance décentralisée est le socle qui fonde la confiance. Chaque fois, la transparence sur la mécanique de redistribution doit se retrouver dans le business model.

Les incitations à la tokenisation des entreprises

La question qui se pose est alors la suivante : les entreprises existantes vont-elles devoir adapter leur business model à la tokenisation ? Tout cela paraît encore lointain : imagine-t-on EDF, Auchan ou Decathlon revisiter complètement leur business model avec ces nouvelles règles ?

Les entreprises bien établies ne vont pas forcément se ruer sur ce nouveau mode de gouvernance et de partage de la valeur, mais elles risquent d'y être peu à peu contraintes, en raison de la difficulté à maintenir à leur avantage le rapport de force sur leurs parties prenantes. Elles vont devoir s'accommoder de la nécessité d'externaliser une partie de la création de valeur, tout simplement parce qu'elles n'arriveront plus à l'internaliser. La génération Z, sans doute la première à vouloir entrer dans « le Game », sera de plus en plus difficile à salarier dans la durée. Les créateurs de contenus, toujours plus nombreux, ouvriront de nouveaux canaux de promotion et de distribution des produits, sur la force de la recommandation. Pour en profiter, les entreprises se verront imposer de nouvelles conditions de partage de la valeur par ces acteurs débarrassés de l'intermédiaire Gafam ou BATX qui les étouffait. Les ONG et autres parties prenantes de la société risquent de faire pression pour des modes de gouvernance plus engageants dans le temps, comme les DAO. L'ère numérique a progressivement aplati les systèmes verticaux pour des réseaux horizontaux. Le mouvement se poursuit et, comme toujours dans ce cas, mieux vaut penser le changement que changer le pansement après coup !

Une deuxième forme d'incitation peut être suscitée par l'envie de résoudre les difficultés de coopération avec les start-up ou avec les concurrents. Sur certains nouveaux projets, les entreprises de petite taille, innovantes mais fragiles, vont imposer des organisations décentralisées aux grands groupes afin de mieux définir les rôles, les zones d'exclusivité, et de ne pas être étouffées par leur inertie. Ces business models décentralisés ne concerneront pas l'ensemble de l'entreprise, mais des nouveaux projets avec des acteurs externes. Le Gaia-X européen offre aux entreprises une vision cible de ce mode de coopération plus respectueux de notre souveraineté numérique et qui permettra à l'Europe de basculer dans ce nouvel écosystème économique numérisé. C'est la clé d'une organisation par filière avec les concurrents, sous forme d'alliances ou de consortiums, qui pour l'instant a échoué, notamment face aux Gafam.

Enfin, une troisième force à l'œuvre qui poussera les entreprises à adopter le Web3 me semble venir de leur propre volonté de changement. Nombre d'entreprises redéfinissent leur raison d'être de manière à avoir un impact positif sur la société, en visant la certification B Corp. Ces évolutions vertueuses semblent impensables, ou du moins freinées, dans un modèle centralisé. Les entreprises les plus allantes peuvent difficilement avoir un impact sur la société sans intégrer la société dans leur business model ! Dans dix ans, on se demandera sans doute comment on a pu envisager que ce soit possible…

Tout cela n'est pas que de l'anticipation : le parallèle avec les sociétés coopératives d'intérêt collectif (SCIC) est éclairant. Ce statut créé en 2001 prévoit que la société peut réunir un collège des salariés, un collège des fondateurs, un collège des bénéficiaires (clients et fournisseurs) et un collège des collectivités territoriales. Certaines structures de l'économie sociale préfigurent les organisations décentralisées qui ont une logique beaucoup plus horizontale. Le mécanisme de tokenisation pourrait conduire à une forme de réinvention de l'économie sociale, qui recherche un partage de la valeur plus inclusif, plus fin et plus juste. Il pourrait être une modernisation puissante de ce modèle horizontal, fusionner le meilleur de l'économie de marché et de l'économie sociale, en répondant aux attentes des jeunes générations de diplômés.

Si les Gafam ont longtemps pu incarner cet idéal d'émancipation et de créativité que ces générations appelaient de leurs vœux, contrairement aux promesses affichées ils n'ont engendré qu'une digitalisation du monde tel qu'il est, pyramidal et centralisé, et non un nouveau monde. La tokenisation pourra au contraire jouer sur l'aspiration, le projet, la mission, qui seront en mesure de cimenter les nouvelles formes d'entrepreneuriat et les nouvelles façons de travailler. Elle pourrait signer la convergence entre une technologie révolutionnaire de certification des échanges et la reprise d'idéaux démocratiques et philosophiques très anciens, qui s'expriment par exemple dans les coopératives agricoles où la propriété, l'usage, les outils, la production s'échangent et se mutualisent de façon complexe entre agriculteurs, distributeurs, propriétaires, locataires, banquiers, etc., dont les intérêts doivent trouver chaque jour à s'aligner.

Inversement, les entreprises de l'économie sociale, qui cherchent à impliquer leurs sociétaires, pourraient trouver avec la tokenisation un moyen de les motiver. Dans nos sociétés où les inégalités de revenus et de patrimoine ne cessent de grandir, la tokenisation pourrait être l'occasion d'un meilleur partage de la valeur, ce qui est une attente forte de nos sociétés. La tokenisation se révélera peut-être une arme puissante pour répondre à l'enjeu climatique, qui est l'exemple même d'un alignement d'intérêts a priori impossible à concilier, entre pionniers, consommateurs indécis et rentiers du tout fossile, climatosceptiques et gouvernements.

Conclusion

Quand mon fils de 10 ans, toujours à l'affût de mes conversations, vient me voir à la fin d'un *call* et me dit : « Mais c'est quoi, au juste, les gars-femmes ? », le temps s'arrête, un ange passe et je me dis qu'il va falloir faire preuve d'imagination. Je me saisis d'une feuille blanche, d'un crayon et je me lance. « Alors, mon petit Gabriel, le royaume des Gafam peut être comparé à une grande citadelle, prisée et imprenable. La vie y est si douce que les visiteurs ne la quittent plus, se divertissant des spectacles de saltimbanques et y dépensant tout leur argent auprès de marchands et bonimenteurs. Ceux-ci sont trop heureux de l'affluence, du bon commerce, mais aussi des petits secrets sur les individus que leur confie le roi. Car le roi des Gafam sait tout sur tout le monde et dans les moindres détails. En effet, la gratuité des buffets a une contrepartie pour le visiteur qui en profite : il doit subir l'épreuve des questions dans le donjon des données personnelles et livrer ses habitudes de vie et ses pensées les plus intimes au souverain des Gafam. Détestée et adorée à la fois, la citadelle commence à rebuter quelques marchands et bonimenteurs, régulièrement houspillés pour leur complicité avec le roi. » Finalement, je me prends au jeu et, filant la métaphore, je poursuis le récit de mon petit conte.

« Un jour, le souverain voisin, le roi Europe, s'offense du désordre moral aux portes de son royaume. Il décide alors de mener l'assaut avec son trébuchet RGPD et fait subir quelques dommages au donjon des données personnelles. Il persévère et parvient à fissurer un peu les remparts avec ses canons DMA et DSA. Enfin, il brandit son arme ultime, la charte Gaia-X qui vise à inciter les marchands et bonimenteurs à venir bâtir leur propre place de marché et gagner davantage qu'avec le roi des Gafam, souverain jamais avare de taxes. Las, la perspective paraît fort lointaine et hasardeuse aux marchands et bonimenteurs tant que la manne du roi des Gafam est là.

Mais c'est de l'autre côté de la citadelle que se porte le regard inquiet du roi des Gafam, là où s'édifie le village Web3, un village d'un genre nouveau. On dit qu'il n'y a aucun roi, ni noblesse, pas même d'écu, mais des jetons, à gagner par son travail et à dépenser à la foire permanente qui s'y tient. Chaque jeton est aussi une voix, un peu de pouvoir, pour façonner le village à son image. Quelques marchands curieux expérimentent cette nouvelle forme d'interaction avec les villageois. Les saltimbanques ont commencé à fuir la citadelle dans l'espoir de monnayer leur notoriété, chichement soldée par le roi des Gafam, contre ces fameux jetons. Les visiteurs pourraient bien suivre aussi, las de leur amusement stérile dans leur prison dorée. Le roi des Gafam n'en dort plus. »

Cette parabole, quoique enfantine, résume l'incertitude dans laquelle nous nous trouvons et ce moment, où tout est encore possible. Le bel idéal du Web3 décentralisateur et protecteur des données personnelles suffira-t-il à changer la donne ? Est-il assez attractif pour faire évoluer les pratiques des visiteurs de la citadelle, sensibles aux sirènes de la gratuité, et celles des entreprises, ces marchands et bonimenteurs qui préfèrent louer les services des Gafam plutôt que construire leur propre édifice digital ? Soyons lucides et gageons que l'écrasante majorité d'entre elles continueront à profiter du ciblage publicitaire, tant qu'il y aura des données et que les utilisateurs continueront à succomber à la tentation « d'être le produit » plutôt que de débourser un centime. C'est tout à fait humain, et la protection volontaire et bénévole des données personnelles restera une niche pour gens éduqués et suffisamment fortunés.

Mais c'est là que la troisième rupture portée par le Web3 peut renverser la table. C'est la plus puissante parce qu'elle porte en son sein une révolution d'usages. La nouvelle vague d'*empowerment* réside dans la capacité nouvelle offerte à l'utilisateur de monétiser son pouvoir social et, par là même, de fixer la valeur des choses. C'est la révolution de la digitalisation de la valeur, qu'il s'agisse de valeur symbolique comme la monnaie, de valeur matérielle comme le vin, immatérielle comme le temps ou même virtuelle comme un fichier numérique. Le digital organisait jusqu'ici l'échange de la valeur, à présent il l'incarne et se pose en rival du monde physique. Chaque version du Web a fait descendre de son piédestal une forme d'autorité : les journalistes, les sachants, les marchands se sont vus réintermédiés par le pouvoir du pair-à-pair. Voici maintenant que les institutions financières, agents immobiliers et autres commissaires-priseurs sont concurrencés par une nouvelle casquette du citoyen-consommateur : le *cons'owner* qui revendique un droit de détermination de la valeur et de propriété sur ce qui compte pour lui.

Des esprits chagrins pourraient objecter que, avec cette digitalisation de la valeur et cette économie de l'incitation et de l'engagement, le Web3 ne nous sort pas d'une vision marchande et des logiques de profits. Le goût pour les cadeaux, les gratifications et la gamification des échanges élèvent-ils vraiment le débat ? Et que restera-t-il après l'éclatement de la bulle des métavers et des NFT de pacotille ? Certes, la grande majorité des NFT et des tokens proposés aujourd'hui peuvent être qualifiés, comme jadis la pyrite, d'or des fous, scintillants, mais vides de valeur. Ces expérimentations sont le symptôme du classique emballement des attentes dans le cycle de la *hype*, avant une approche plus raisonnée – et raisonnable – de la technologie. Le meilleur de la tokenisation est à venir. Mais la massification des usages, avouons-le, passera par l'appât du gain d'une génération qui a soif d'un nouveau modèle de rémunération plus souple et plus libre. Réjouissons-nous malgré tout ! Car si le Web3 ne réussit à percer *in fine* que parce qu'il a apporté au bon peuple « du pain et des jeux » comme sous l'Empire romain, au moins ce pain et ces jeux seront-ils les leurs, et leur valeur sociale comme économique ne sera-t-elle pas détournée par des ogres insatiables.

À l'inverse, laisser les monstres Gafam et BATX nous enfermer dans leur métavers, double numérique enjolivé de nos vies réelles, pour finir de nous abîmer dans une addiction au virtuel, est une dystopie effrayante.

Gagner la guerre digitale n'aboutira sans doute pas à une utopie morale, mais peut-être à retrouver l'esprit originel d'Internet, fait de partage entre égaux.

Le Web3 pourrait être une nouvelle ambition concrète et raisonnée, dans un monde en quête de sens. La dernière décennie a été riche en mouvements populaires et manifestations de masse qui se sont emparés de toutes les causes imaginables. Des révoltes à Hong Kong à l'action climatique en passant par le mouvement Black Lives Matter, de nouvelles façons de communiquer et de se coordonner, combinées au fort désir des jeunes générations d'agir, font avancer le changement social à une vitesse sans précédent. Chaque mouvement obtient des résultats inégaux dans la progression de la société, mais tous sont confrontés au même risque, celui d'une absence de débouchés et de perte d'élan au-delà de l'étincelle initiale.

Cette génération numérique voudra aller plus loin. Avec le token, elle peut trouver comment activer durablement le capital social, financier et humain inhérent aux communautés de toutes tailles pour créer des solutions aux défis les plus importants de l'humanité. Avec un milliard de participants attendus d'ici 2030, le Web3 a le potentiel non seulement de nous émanciper des monopoles du numérique et du pire des réseaux sociaux, mais surtout de fournir la superpuissance manquante qui transforme les mouvements populaires en micro-économies durables, avec des incitations à l'action continue. Que cette souveraineté retrouvée du citoyen-consommateur commence !

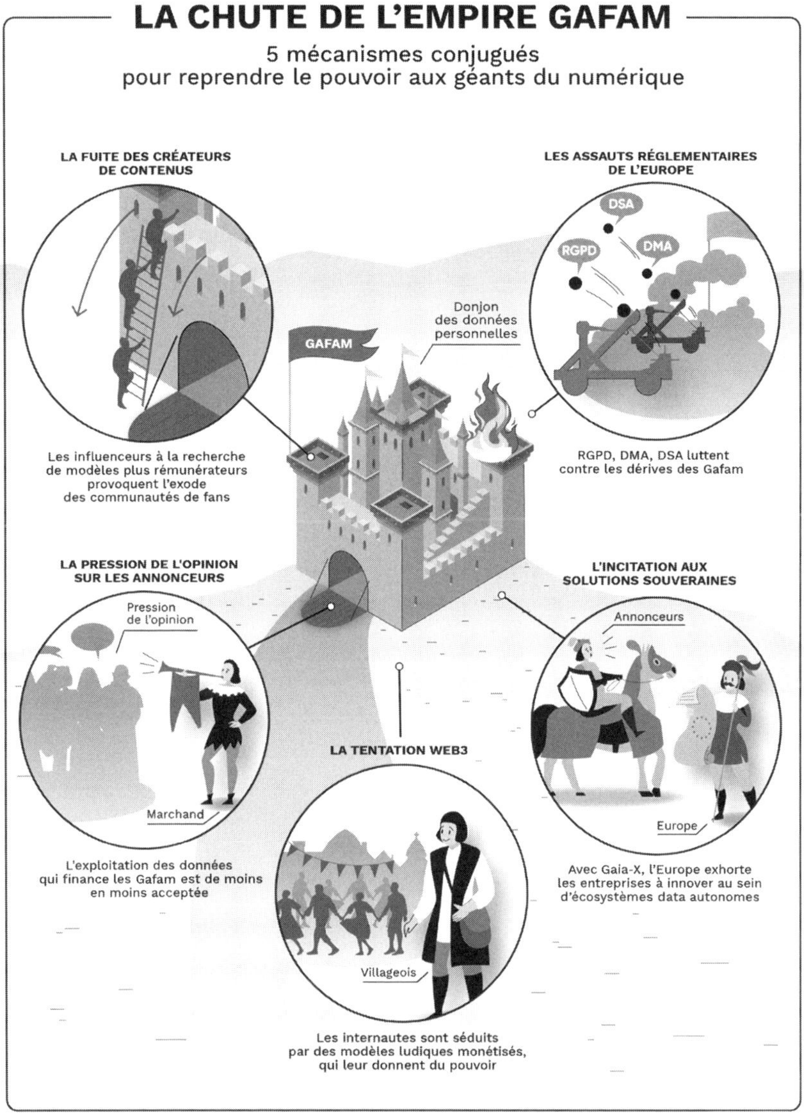

Figure Ccl.1 – *La chute de l'empire Gafam : cinq mécanismes conjugués pour reprendre le pouvoir aux géants du numérique*

Glossaire

BATX : sigle formé sur le modèle de Gafam juxtaposant les initiales des géants du Web chinois : Baidu, Alibaba, Tencent et Xiaomi.

Bloc : élément principal d'une blockchain. Chaque bloc contient un ensemble de transactions qui, une fois validé, permet au mineur de gagner une récompense. Sur Bitcoin, un bloc est intégré à la blockchain toutes les dix minutes.

***Blockchain* (chaîne de blocs) :** technologie qui permet de stocker, certifier et partager des informations de manière décentralisée.

***Coin* (pièce) :** cryptoactif qui repose sur sa propre blockchain. On parle souvent d'*altcoin* pour désigner un *coin* autre que le Bitcoin.

Consensus : divers algorithmes (PoS, PoW) permettent de parvenir au consensus sur une blockchain. La force d'une blockchain est dès lors de parvenir systématiquement, efficacement et de manière décentralisée à un consensus : on parle de « protocole de consensus » ou de « mécanisme de consensus ».

Cryptoactifs : actifs numériques virtuels qui reposent sur la technologie de la blockchain à travers un registre décentralisé et un protocole informatique crypté.

DAO (*decentralized autonomous organisation*, organisation autonome décentralisée) : organisation fonctionnant grâce à un programme informatique qui fournit des règles de gouvernance à une communauté.

DApp (*decentralized application*, application décentralisée) : application logicielle dont le fonctionnement est assuré de manière partielle ou totale par un ensemble d'acteurs différents.

DeFi (*decentralized finance*, finance décentralisée) : services financiers de pair-à-pair (P2P) sur les blockchains publiques, principalement l'Ethereum.

DEX (*decentralized exchange*, échange décentralisé) : plateforme permettant aux individus de s'échanger des actifs sans tiers de confiance sur la blockchain.

Exchange : entreprise qui permet à ses clients d'échanger des monnaies cryptographiques ou numériques contre d'autres actifs tels que de la monnaie fiduciaire classique ou d'autres monnaies cryptographiques ou numériques.

Gafam : acronyme qui désigne les géants du Web américain, à savoir Google, Apple, Facebook, Amazon et Microsoft.

ICO (*initial coin offering,* offre initiale de jetons) : méthode de levée de fonds fonctionnant via l'émission d'actifs numériques, les tokens, échangeables contre des cryptomonnaies durant la phase de démarrage d'un projet.

Interopérabilité : processus visant à rendre une blockchain capable de fonctionner en coordination avec d'autres blockchains ou d'autres systèmes.

***Layer* (couche) :** les différentes couches de la blockchain vont regrouper un ensemble de composants pour permettre à la blockchain de fonctionner et d'assurer trois fonctions fondamentales : la scalabilité (rapidité des transactions), l'interopérabilité (communication entre différentes blockchains) et la sécurité (par la cryptographie). Layer 1 correspond aux blockchains qui ne dépendent d'aucune autre pour fonctionner (protocoles Bitcoin, Ethereum).

Minage : miner une cryptomonnaie signifie résoudre le problème mathématique qui permet de valider la transaction (*proof of work*) et l'enregistrer dans la blockchain. Les mineurs reçoivent en échange une récompense financière.

***Mint* (ou *minting*) :** processus de création de nouveaux blocs qui permet la génération de cryptomonnaie et de NFT par l'utilisation du *proof of stake*, par opposition au minage qui requiert le *proof of work*. Les utilisateurs sont appelés *minters* ou forgeurs au lieu de mineurs.

NFT (*non-fungible token,* jeton non fongible) : catégorie d'*utility tokens* non fongibles, c'est-à-dire qui sont uniques et ne peuvent être reproduits. Le jeton représente le certificat d'authenticité du fichier numérique qui y est rattaché (par exemple une image, une vidéo…).

Nœud : participant à un réseau pair-à-pair qui assure certaines fonctions comme la sauvegarde, la validation, la vérification, le transfert de données, le minage (PoW) ou le *minting* (PoS).

Oracle : source d'informations qui permet d'intégrer des données issues du monde réel dans des contrats intelligents.

PoS (*proof of stake,* preuve d'enjeu) : système de validation des blocs d'une blockchain qui repose sur la quantité de jetons que les participants sont prêts à mettre en jeu. Ce système est fondé sur l'idée selon laquelle plus un nœud d'une blockchain est en possession d'une grande quantité de jetons, plus il a intérêt au maintien de la sécurité du réseau auquel il participe.

PoW (*proof of work*, preuve de travail) : système de validation des blocs d'une blockchain à l'aide de la puissance de calcul fournie par un ordinateur pour la résolution d'une énigme mathématique. La blockchain Bitcoin, par exemple, fonctionne ainsi.

SaaS (*software as a service*, logiciel sous forme de service) : logiciel accessible depuis un navigateur Internet, hébergé dans le *cloud*.

***Security token* (ou *equity token*, jeton-valeur) :** titre financier qui permet à des investisseurs de financer un projet de blockchain. Il représente l'équivalent numérique d'une prise de parts de capital dans une entreprise ou une part de propriété dans un bien immobilier. En France, il est de fait encadré par l'AMF.

***Smart contract* (contrat intelligent) :** programme informatique, le plus souvent déployé sur une blockchain, qui exécute un ensemble d'instructions prédéfinies et garantit ainsi l'exécution d'un contrat.

***Stable coin* :** actif numérique qui réplique la valeur faciale d'une monnaie fiduciaire.

***Staking* :** désigne le fait d'immobiliser ses cryptomonnaies dans un *smart contract* de façon à participer aux opérations qui se déroulent sur une blockchain selon le mécanisme du *proof of stake*.

***Token* (jeton) :** cryptoactif qui repose sur une blockchain préexistante, à la différence du *coin* qui repose sur sa propre blockchain.

Tokenisation : processus de numérisation d'un actif sur un token.

***Utility token* (jeton utilitaire) :** actif numérique dont la principale fonction consiste à permettre l'accès futur à un service ou à un produit proposé par une entreprise. Il ne peut être considéré comme un instrument financier mais sa valeur fluctue selon l'offre et la demande.

***Wallet* (portefeuille) :** application qui sert à stocker et gérer ses cryptoactifs comme le fait un compte en banque avec son solde. La sécurisation repose sur le chiffrement asymétrique avec une clé publique (par exemple l'adresse Bitcoin) et une clé privée pour le déchiffrement connue du seul propriétaire.

***Zero party data* :** informations facultatives que le consommateur choisit de fournir volontairement à une entreprise.

Bibliographie

Publications en français

Agora 41, Cercle de la donnée, « Souveraineté numérique : essai pour une reconquête », 2022.

Babinet G., *Transformation digitale : l'avènement des plateformes. Histoires de licornes, de data et de nouveaux barbares,* Le Passeur, 2016.

Bloch L., *L'Internet, vecteur de puissance des États-Unis ? Géopolitique du cyberespace, nouvel espace stratégique,* Diploweb, 2017.

Chavalarias D., *Toxic data. Comment les réseaux sociaux manipulent nos opinions,* Flammarion, 2022.

Colin N., Verdier H., *L'Âge de la multitude. Entreprendre et gouverner après la révolution numérique,* Arman Colin, 2015.

Danet D., Desforges A., « Souveraineté numérique et autonomie stratégique en Europe : du concept aux réalités géopolitiques », *Hérodote*, n° 177-178, avril-septembre 2020.

Galloway S., *The Four, le règne des quatre. La face cachée d'Amazon, Apple, Facebook et Google*, Quanto, 2018.

Isaac H., *Business models de plateformes. Les clés pour accélérer votre transformation numérique*, Vuibert, 2021.

Kerdellant C., *Dans la Google du loup,* Plon, 2017.

Leloup L., *Blockchain. La révolution de la confiance,* Eyrolles, 2017.

Longuet G., « Le devoir de souveraineté numérique », rapport n° 7 de la commission d'enquête sur la souveraineté numérique du Sénat, octobre 2019.

Morozov E., *Pour tout résoudre, cliquez ici. L'aberration du solutionnisme technologique*, Fyp éditions, 2014.

Patino B., *La Civilisation du poisson rouge,* Grasset, 2019.

Qiao L., Wang X., *La Guerre hors limites,* Rivages, 2003.

de Rochegonde L., Tenenbaum É, « Cyber-influence. Les nouveaux enjeux de la lutte informationnelle », *Focus stratégique*, n° 104, IFRI, mars 2021.

Zuboff S., *L'Âge du capitalisme de surveillance,* Zulma, 2020.

Publications en anglais

COUVAT E., *The Social Token Revolution. The next big thing in crypto is here, and it will revolutionize how people work together*, 2021.

MUELLER M, *Will the Internet Fragment? Sovereignty, Globalization and Cyberspace*, Polity Press, 2017.

PEREZ C., *Technological Revolutions and Financial Capital. The Dynamics of Bubbles and Golden Ages*, Edward Elgar Publishing, 2003.

PINE II, B. J., GILMORE, J. H., *The Experience Economy. Competing for Customer Time, Attention, and Money*, Harvard Business Review Press, 2019.

VOSHMGIR S., *Token Economy. How The Web3 reinvents the Internet*, 2020.

84585 - (I) - SOP 90° - NOC - BTT

DUPLIPRINT

733, rue Saint-Léonard, 53100 MAYENNE

N° 2977007V

Dépôt légal : octobre 2022

Imprimé en France